日米野球の架け橋

鈴木惣太郎の人生と正力松太郎

波多野勝 著

芙蓉書房出版

はじめに

電報が語る日米野球

大日本東京野球倶楽部のマネージャー役だった鈴木惣太郎は、一九三四（昭和九）年三月二八日、全米オールスター・チームの団長アール・マックに次のような電報を送った。

「……読売新聞は父君の来日を絶好の機会として大きく発表するでしょう。

一月一日から始まった『アメリカの野球』という読売新聞で始まった私の連載記事では、ランディス・コミッショナー……など彼らの人柄や働きぶりをファンに紹介しています。またアメリカの球界の動向なども詳しく日本のファンに伝えています。これらの記事は日本のファンにとって極めて新しい内容のもので、今まで知らなかったことを日本の聡明なファンは知ることになるでしょう。あなたの父君（コニー・マック）のことも書きたいと思っています。

あと期限まで六〇日です。すでにアメリカの新聞や雑誌で父君について興味深い話やエピソードを集めました。もし貴君が父君についてとても興味深い、また日本の野球ファンが知らないような情報があるなら教えてほしい。そうすれば私も心強い。……」

これは、ベーブ・ルース一行の来日を、日本のファンが期待する電報である。ルース一行の日本遠征は、日本野球の歴史の中で、画期的な出来事だったが、交流のマネージメント役だった鈴木の高揚感溢れた感情がはっきりわかる。

続いて同年の九月三〇日、渡米していた鈴木惣太郎が読売本社に送った電報である。

「……ベーブ・ルースは日本のファンに大ホームランを打って見せると張り切っているから、必ず素晴らしいことをやって見せることに間違いないでしょう。アール・マックにも昨日会いました。今回の遠征について、ランディス・コミッショナーはアメリカン・リーグが全責任を負うもので、かつての米国の野球界に前例がありません。したがって、日本のファンに米国野球に対する信頼と満足を与えるために、選手選抜にはあらゆる注意が払われています。いまやオールスター・チームの訪日は、ワールド・シリーズよりここでは人気があるようです。」

これは、全米チーム訪日直前の電報である。遠征にはメジャー・リーグ側が最大限の配慮を払っていた。またルースの元気ぶりも伝わってくる。引退間近のルースはホームランを量産し、日本でも伝説を作り上げた。対戦した沢村栄治も好投した草薙球場で伝説の選手となったことはあまりにも有名だ。

一九三四（昭和九）年は日本プロ野球の転換点だった。それはベーブ・ルースという天才打者が来日したという記念の年というだけではない。同時に、ルース来日が日本に東京ジャイアンツ（読売ジャイアンツ、巨人）を結成する引き金になったからだ。こうした電報や書信の存在がいままで漠然としていた日米野球交流の背景、なかでも正力松太郎や読売の意図、メジャー・リーグ側の意向、さらには当時の日米関係を下支えしてきた関係者の本音を知ることを可能にする。

かつて池井優慶應義塾大学名誉教授が、『白球太平洋を渡る』の中で、初めてベーブ・ルースを招聘する外務省電報を紹介された。この電報の意味するところは、当時の日米関係の緊張状態において、日米野球が日米親善に寄与するとの判断で、外務省がこの交流に協力したということだ。ところが、外交文書を眺めていくと、外務省の協力は何もルース来日に限定されたものではないことが判明する。彼らの海外遠征は、外交レベルのスポーツ交流というべき取り扱われ方だが、それに留まらず、当時の陸上、水泳といったオリンピックが牽引していたスポーツが国家間のスポーツであり外務省が支援しているのである。その中でメジャー・リーグはアメリカを代表するスポーツであり、海外交流の推進役になっていた。

その代表的なチームは、ニューヨーク・ヤンキースである。ルースを始め多くの殿堂入り選手を輩出したヤンキースはプロ野球ファンが憧れる最高のチームだった。

二〇〇八（平成二〇）年九月二一日、旧ヤンキースタジアムは八六年の歴史の幕を閉じた。一九二三年に開場し「ベーブ・ルースが建てた家」といわれるスタジアムは、メジャー野球の象徴的な球場だった。この日、試合前のセレモニーにはヨギ・ベラら往年の名選手が次々と紹介され、栄光のポジションに立った。そして最後のゲストのジュリア・ルース・スティーブンス（九二歳）が始球式をおこなった。緩いワンバウンドのボールが捕手ポサダのミットにすい込まれ万雷の拍手が起こった。

「私がこの場所でボールを投げるなんて、父も驚いたと思う。」

ジュリアは記者会見でこのように述べた。彼女は、一九三四（昭和九）年秋にメジャー・リーガーらと共に来日したベーブ・ルース夫妻と記念アルバムの中で囲まれて、笑顔の愛らしい姿で映っている。ジュリアは戦前の日米野球交流を知る貴重な生き証人の一人であり、同時に日本プロ野球幕開けに来日した生き証人でもある。

彼らの来日記念アルバムには、ルースのほかにルー・ゲーリッグや沢村栄治、水原茂、三原脩など野球殿堂入りした名選手と共に二人の日本人が写っている。一人は日本プロ野球の振興に尽力した読売新聞の正力松太郎であり、もう一人はマネージメント役で、また野球評論家でも知られる鈴木惣太郎である。彼らは、今日の巨人を創設した功労者である。ベーブ・ルースたちは、読売のプロ野球チーム創設の夢をかなえるため来日し、同時にメジャー野球の真髄を見せつけ見事にその期待に応えた人たちである。

こうして始まった日米野球交流は、当初は親善試合の形式をとっていた。だが野球人なら、どちらが強いか真剣勝負をしたくなるのは当然だ。惣太郎は、創設した巨人の第一回渡米遠征直後の一九三五（昭和一〇）年八月一〇日、郷里の伊勢崎工業学校（現伊勢崎工業高校）の学生を前に講演をおこなっている。席上惣太郎はプロ野球の興隆を宣伝すると共に職業野球創設は「世界争覇戦が終極の目的」と熱弁し、最後に「近い将来に大リーグと堂々太刀打ちする」（惣太郎メモ）と少年たちに披露した。チーム（巨人）が誕生して一年も経たない中で惣太郎は意気軒昂だった。プロ野球人なら最終的にはメジャー・リーグのチームに勝ちたいと思うのは当然である。

だが簡単に実現できるものではない。巨人創設後に日米交流が加速する中、立ちはだかったのが戦争だった。第二次世界大戦が勃発すると、戦時中、野球は敵性スポーツとして迫害視された。結局、日米野球決戦は夢のまた夢に終わった。敗戦の空虚感で打ちひしがれる国民が、娯楽としての野球に関心を見せ始めたころ、惣太郎は、再招集された野球連盟の会合で再び夢を語った。
「連盟としては比の際大きな目標を立ててもらいたい。それは日本野球の建設なんて抽象的なことでなく、バットとボールを以って、アメリカの誇るベースボールを叩きのめすことである。……」

敗戦で世情が混乱する中で、日本人が、巨人創設時のころと同様にメジャー野球を倒すことを詠うローガンは脈々と生きていた。正力松太郎や鈴木惣太郎の願いは、敗戦を乗り越えて再開された日米野球交流に賭けることになる。

戦後の二人の目的は日米交流を通じて、興行もさることながら技術を学んで巨人を強化し、メジャーに追いつき追い越すことだった。昭和六年から始まる二人の歴史は、夢と現実の狭間で葛藤にゆれながら、また権力闘争に巻き込まれながら、野球を愛してやまない人生を過ごすことになる。

鈴木惣太郎と正力松太郎

横浜市山手、小高い丘の一角に、故鈴木惣太郎邸がある。惣太郎の死後、自宅は一度改築されたが、一階居間の隣室は現在も惣太郎の部屋として残されている。壁には、二回にわたって大日本東京野球倶楽部として渡米したときの記念写真、沢村栄治や巨人草創期の選手の写真が飾られている。また昭和六年、九年のメジャー・リーグ・オールスターチームの来日アルバムに目を通すと驚くばかりである。それもベーブ・ルース（一八九五～一九四八）やルー・ゲーリッグ（一九〇三～一九四一）など参加選手のサイン入りである。

また戦後ではフランク・レフティー・オドール（一八九七〜一九六九）率いるサンフランシスコ・シールズのアルバム、ヤンキース、ドジャースなど、来日した各大リーグチームの何冊ものアルバムには、ジョー・ディマジオ（一九一四〜一九九九）、ウォルター・オマリー（一九〇三〜一九七九）、ピーター・オマリー（一九三七〜）との交流を物語るアルバムが存在する。

筆者が鈴木家に調査に入ったのは二〇〇〇年のことだった。二回の調査で、全資料をお預りして「鈴木惣太郎関係文書」なるものを作成した。同家には一三〇冊を越える日記、さらにベーブ・ルース招聘などの一九三二年以降の三〇〇通を越える膨大な電報、書簡、他にもメモや書類、球界関係者との交流を物語る葉書を確認した。資料紹介は別の機会に譲るとして、彼の残した資料はプロ野球の財産である。惣太郎は次のように述べている。

「故正力松太郎社主が日本プロ野球の父ならば、オドールは師であり、兄でありそして日米親善のスポーツ外交官だった。」

この意味するところを今日多くの人は知るよしもない。なによりも日米野球交流において大きな役割を果たした惣太郎はいかなる人物かを知ることが重要だ。

鈴木惣太郎は、一八九〇（明治二三）年五月伊勢崎に生まれた。惣太郎は、旧制前橋中学在学中に札幌農学校から赴任した二人の教員に影響を受けて野球に取りつかれた。明治四一年同校を卒業後、早稲田大学へ入学したが結核を患い中退、そして大倉商高（現東京経済大学）を卒業して、一九一六（大正五）年、小松商店という生糸取引をする会社に就職した。

社長の小松晋助は桐生市生まれで、惣太郎の中学の先輩だった。彼は早稲田大学を卒業後、農商務省の研修生として東南アジアを渡り歩き、帰国後の大正五年、横浜市太田町に小松商店

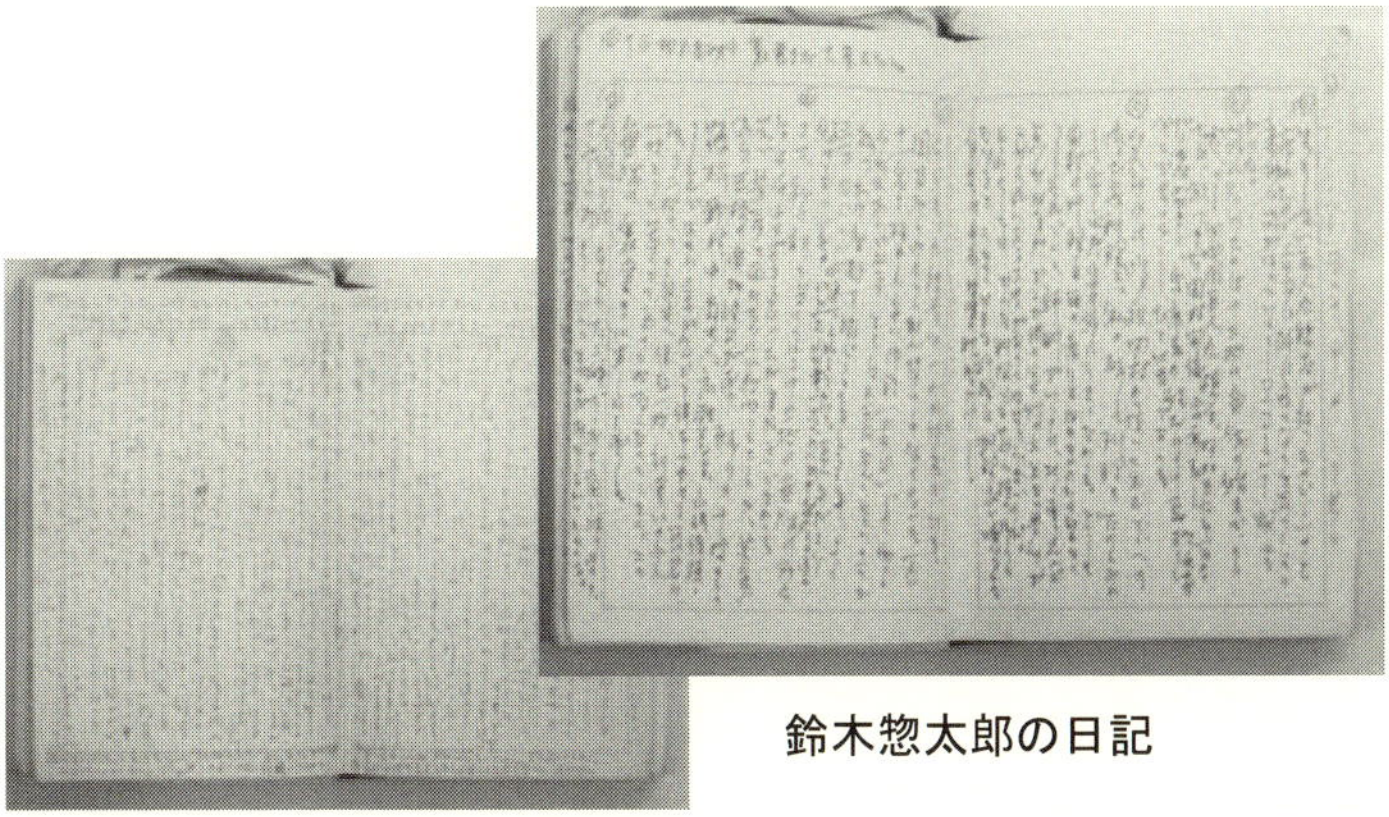

鈴木惣太郎の日記

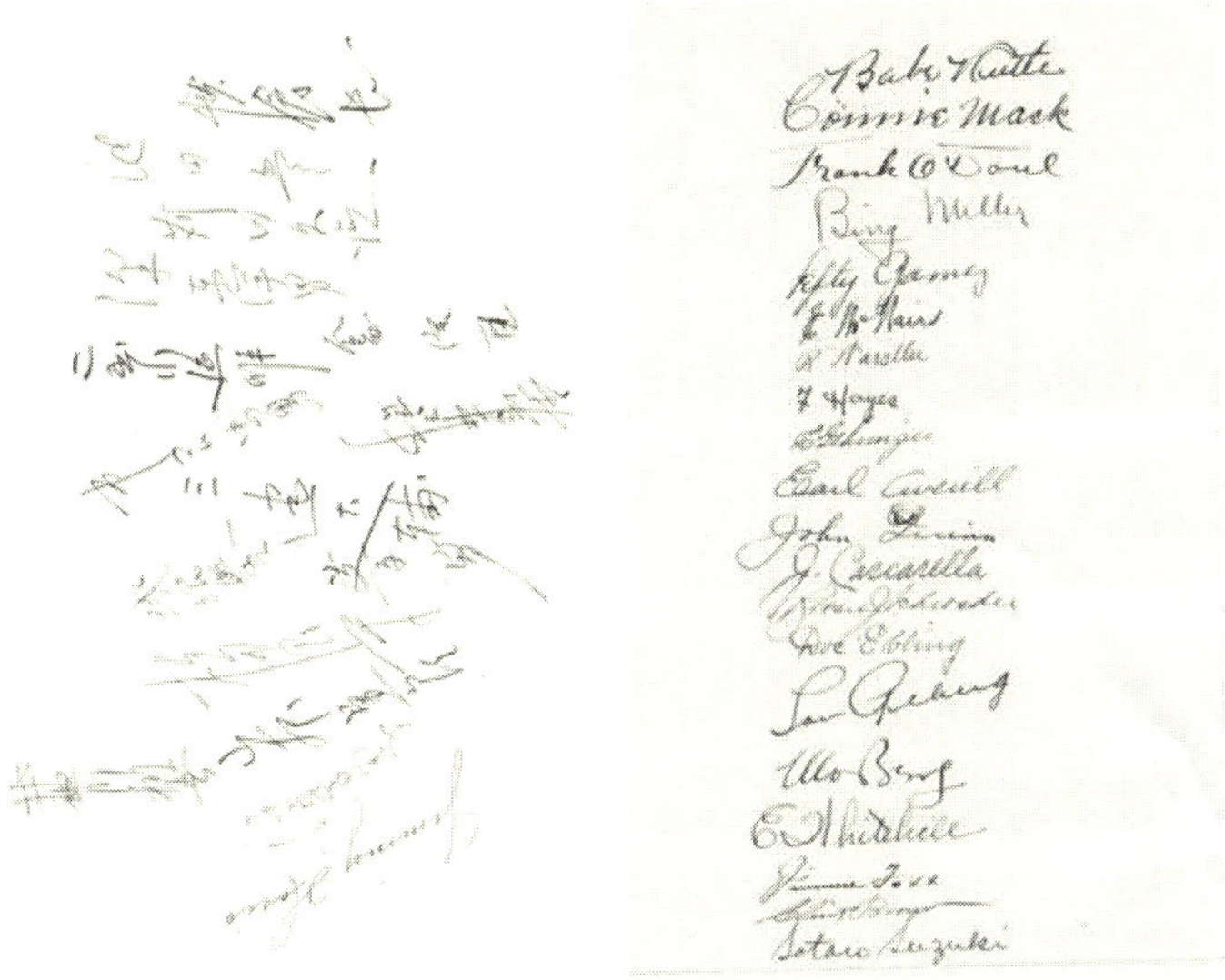

鈴木家に保管されている昭和9年メジャーリーグオールスター来日アルバムには日米両チーム選手のサインが入っている

を開いた。つまり惣太郎は小松商店が開店したころに入社したことになる。従業員が三〇人ほどの同社は生糸貿易で成功し、ニューヨークなど海外に支店も構えた。当時生糸貿易は日本の主力産業のひとつであり、横浜には群馬から多くの絹織物の会社が支店を置いていた。惣太郎がニューヨークに派遣されたのは、その後まもなくだった。

惣太郎は縁者の山本久三郎（一八七四～一九六〇、慶応卒業、帝国劇場の専務、取締役などを歴任し、海外アーチストなどの招聘で著名だった）の紹介でニューヨークのウォール街の株式取引所の支配人ジャクソンを紹介された。ほどなく彼は、ジャイアンツのホーレス・C・ストーンハム会長、ジョン・マグロー（一八七三～一九三四）監督を紹介された。惣太郎のポログラウンド通いは始まった。このころジャイアンツは強豪で二一年からリーグ優勝を続けていた。

マグロー監督は一九一三（大正二）年ジャイアンツを率いてシカゴ・ホワイトソックスと共に世界周遊で訪日している。いまから百年も前のことだ。このとき田町の慶応のグランドで彼らの試合を惣太郎は観客の一人として見ていた。後世に知られる「芝から麻布へのホームラン」という特大のホームランを見たかもしれない。惣太郎はメジャーの迫力に驚かされた。この奇遇に驚いたマグローが野球好きの東洋からやってきた惣太郎に興味を持ち、フリーパス券を渡した。惣太郎は暇を見つけて球場に通い、メジャー・リーグを間近で見ることができた。

惣太郎は、メジャーを見て、昭和四年まで『横浜貿易新報』に「紐育球信」を寄稿している。彼はニューヨークで、ウィルソン家に世話になったが、同家の息子はタイタニック号に乗船していた生き残りで貴重な証言を惣太郎は聞くこともできた。惣太郎は仕事の合間を見て野球観戦に没頭した。コロンビア大学には聴講生として通い英語を学んだ時期もあった。当然リーグ関係者に知人も増えた。メジャー・リーグでは、世紀の八百長事件のブラックソックス事件が発生して野球人気に陰りがさしていたが、ベーブ・ルースがレッドソックスからヤンキースに入団しホームランを量産するという華やかな時代が到来しようとしていた。惣太郎はメジャー・リーグの華やかな時代到来をニューヨークで見ていたのである。

しかし、夢のようなニューヨーク生活は長く続かなかった。大正一二年関東大震災が発生、横浜の小松商店は大損害を受けた。そこで同社は横浜を引き上げ、東京に六邦商店を開店した。この地で惣太郎は取締役となった。

ところで惣太郎は、日本に帰国したときは郷里の伊勢崎に必ず立ち寄っていた。地元の伊勢崎商業の練習に顔を出してメジャー・リーグ式の練習を教示したりしていたのである。一九二八(昭和三)年三月一五日の『東京朝日』には、惣太郎の動静として「米国の親しい友人が是非帰って来いと再三手紙が来ますのでつい出かける気になりました」と伝えている。このとき四度目の渡米だった。当時、一般人が渡米することがちょっとしたニュースになるほどのころだった。

一方、この当時、東京では読売の社長正力松太郎(一八八五〜一九六九)が新聞の拡販に奔走していた。富山県に生まれた正力は、高岡中学校を卒業後、第四高等学校、東京帝国大学を一九一一年に卒業、一三年に警視庁に入り、警察署長を二度経験、米騒動の鎮圧に名をはせ、一九年警務部刑事課長となった。二一年官房主事、警務部長のときに虎ノ門事件に遭遇、二四年一月懲戒免官になり、摂政宮の婚礼で恩赦となった。内務省を退職した正力は、同年、後藤新平などからの支援を受けて弱小新聞社読売を買い取った。

ここから始まる正力の野望の歴史は、昭和を駆け抜けた一大興行師らしい人生だった。彼の目標は、わずか数万部の読売をいかに大きくするか、この一念だった。そこで正力が目をつけたのが大衆の娯楽志向だった。当時、新聞は知識人のステイタスでもあったが、正力は違った。彼は、読売を大衆の新聞に位置づけ、さらに庶民の娯楽やスポーツへの関心に結びつけようとしていた。当時としては大変な眼力だった。戦後もプロレス人気を日本テレビで盛り上げ、ボクシングなどスポーツを紙面で紹介するなどいくつかのオプションを正力は大衆に提供したが、野球はもっとも成功した興行の一つになった。

本書の目的は、カリスマ正力が読売のスポーツ興行、特に日米プロ野球交流でいかなる役割を果たしたのか、また惣太郎や当時の関係者は正力の野望に合わせていかなる対応をしたのか、日米野球決戦をどう考えたのか、正力や惣太郎の史料や回顧録、外務省の公文書など一次資料を駆使して再考することにある。特に、当初、日米野球交流の窓口は、ハーバート・H・ハンターなる人物だった。それが、なぜレフティー・オドールや原田恒男に移り、さらにウォルター・オマリーに転じていくのだろうか。日米野球交流のいわゆる前面に立った人々の動きを見ていると、読売内の力関係が影響を及ぼしているようだ。

この日米交流の中で、惣太郎が最も敬愛したオマリー家との絆を明らかにすることが実は現代の巨人の歴史を明らかにすることであり、今日、日本プロ野球がいかにWBCにおいてスモール・ベースボールと呼ばれ優勝したのか、また日本チームの王貞治監督がなぜそれをスローガンにあげたのか、その源泉が明らかになるはずである。

なお本文中には惣太郎の「日記」「電報・書信」「書簡」を多用していること、また「体育並運動競技雑件」（外交史料館）が入っていること、掲載した写真は鈴木洋子氏よりの提供であることをお断りするとともに、引用文献は巻末の「主要参考文献」を参照されたい。重要な人物は生没年を記し、また主要な文献は本文中にも記した。

日米野球の架け橋
——鈴木惣太郎の人生と正力松太郎

目次

第１章
❖正力松太郎の野望

正力の戦術

一九二四（大正一三）年二月、正力が読売を獲得したとき発行部数は五万部、だが昭和四年の夏には四倍の二〇万部になっていた。正力の右腕として手腕を振るった務台光雄（一八九六〜一九九一）は正力の拡販術について驚きをもって語っている。

「紙面つくりに対する正力さんの創意というのは大変なもので、まず右に出るものはいなかったね。ラジオ版というのは、実は僕がアメリカへ行って、これだと思って報知にやらせようとしてできなかったものだったんだが、だが正力さんはそれを独自にやった。」

ラジオ版は定価を上げずに二ページ増やした。さらに婦人欄をつけ、碁や将棋の対局と解説、関根金次郎名人と坂田三吉といった夢の対決を実現した。そのうえ娯楽性の豊富な日曜夕刊を発刊し、数年で二二万部に増えた（『月刊現代』一九八五年六月号）。知識人が読む新聞のイメージを大衆紙へ変貌させたのは正力の手腕だった。

『時事新報』の伊藤正徳の回想は面白い。各紙の激しい販売合戦が続く中、伊藤は「低級なる読者層が教養ある読者層の何倍も多い」ので、拡販は「いよいよますますこの薄識層に売り込んでゆく」ことになると指摘する。そうなると「高踏的な編集は歓迎されるはずはない」ので、「卑近、簡単、早分かり、煽動といった紙面が、販売には有利である」とは当時の新聞事情を見事に伝えている。伊藤は昭和六年、ライバル『朝日新聞』が紙面を一新してさらに格調が高くなった「尊敬する競争紙」を凝視したという。ところが、五日も経たないうちに元の姿に戻ってしまった。引き締まった新しい紙面は、大衆紙を望む朝日の販売店の総攻撃にあって逆戻りした。朝日の編集部の敗北だった。販売店の力は紙面作成にまで力を及ぼしている。販売の実力者たる務台が読売で存在感が増したのは言うまでもないが、読売はその時流に乗ったのである。

朝日や毎日が読売に対抗してさらなる紙面改革に着手すると「これを救ったのは、アメリカから呼んだ大リーグの野球ですよ」とも務台は述懐している。正力は述べている。

「催し物に対する私の考え方は絶対に第一級主義、第二級はとらぬという主義である。……初めは誰も不可能と思うのだが、私はその不可能をいつでも可能としてきた。」

恐るべき自信だが、大衆の要望を感じとる正力の嗅覚、先見性、洞察力は驚くばかりである。正力の嗅覚は超一流であり、興行師としてそれは天才だったといえる。

伊藤は、「紙面が面白いことは確かだ。黄色的といわれたって少しも臆することがない自由さが、飄逸というか、奔放というか、とにかく軽く面白く、時にはエロもありまぜた牽引力を紙面に伝える。またそれが読売の名前に合っているところにいっそうの強みもあって読者は増えてゆく」と読売を評している。

正力の一流好みは集める人材にも反映されている。まず読売を買い取ったころは、側近を自身の出身の内務省ＯＢで固めた。さらに、一九二九（昭和四）年報知から早稲田ＯＢの務台光雄を獲得したのを手始めに、後述するが三〇年には早稲田の野球部監督市岡忠男（一八九一～一九六四）、野球事情と英語に秀でる商社マンだった鈴木惣太郎、時事新報から安田庄司（一八九五～一九五五）、東京毎日から四方田義茂など次々と有能な人材を呼び集めた。実は、後年、こうした人材が正力と敵対関係を生ずることになる。

それは左翼と思しき人物でも例外ではない。漫画家の柳瀬正夢（一九〇〇～一九四五）をスカウトするときである。柳瀬について、正力の側近が「赤旗」などに寄稿しているとして反対すると、正力は「赤だろうと白だろうと、画がうまければそれでよい」というのである。まるでかつての中国の指導者鄧小平の「鼠を取るなら黒猫でも白猫でもかまわない」といった現代化政策に通じるものがある。ストロングマンは、尋常の物差しでは押し計れない。

正力は新聞の拡販戦術として野球興行ばかりに奔走していたわけではない。外交史料館所蔵の「体育並運動競技関係雑件」を見てみると、これが興味深い史料である事がわかる。大正時代後半から昭和において、日本ではスポーツ文化に花が開き始め世界に向かって躍進していった。これを側面からサポートしたのが外務省だった。

第一次大戦後、五大国の一国として国際社会で重きを成すようになった日本では、デモクラシーの影響を受けつつ、文化やスポーツで様々な社会構造の変革期を迎えていた。なかでもスポーツは躍進する日本を世界に発信する重要かつ明快な手段だった。これを証明するのが、この史料である。

ところで大戦後、国内では中等野球や東京六大学学生野球が隆盛を迎えていた。また明治の末ごろから慶応や早稲田、明治大学野球部は毎年、交互してアメリカの大学野球チームと交流を続けていた。確かにシベリア出兵問題や軍縮問題、移民問題で日米間は緊張する場面もあったが、それらは致命的な対立ではなかった。文化・スポーツ交流はアメリカやヨーロッパで順調に発展していた。

野球と同様に大きなスポーツ活動が注目を浴びていた。それが、オリンピック・ムーブメントである。主役は、一九一一（明治四四）年に成立した大日本体育協会（大体協）だった。初代会長は嘉納治五郎（一八六〇～一九三八）である。嘉納は講道館柔道の発展に寄与した人物だが、同時にオリンピック・ムーブメントに並々ならない尽力をした人物である。協会設立と同時にＪＯＣ（日本オリンピック委員会）が組織され、オリンピックへの参加を始めたころだった。幹部は嘉納治五郎ＩＯＣ委員、岸清一（一八六七～一九三三）大体協会長、平沼亮三（一八七九～一九五九）陸連会長等である。陸上、水泳など主要なオリンピック種目と野球が日本スポーツの両輪として隆盛を迎えていたのである。正力のスポーツ興行を考える上で、押さえておきたい背景だ。

さて一九二〇（大正九）年二月一日報知新聞主催で箱根駅伝が始まり、一一月にはマイナー野球のコーストリーグ・オールスターズが来日した。このなかにハーバート・Ｈ・ハンター（一八九五～一九七〇）という選手がいた。彼こそが初期の日米野球交流のキーパーソンである。彼はボストンに生まれ、ジャイアンツ、カブス、レッドソックス、カージナルスを転々とした選手で、第一次大戦中は海軍の軍役につき、戦後日米野球交流に従事した。

早稲田大学の安部磯雄（一八六五〜一九三二）野球部長はハンターを野球部の臨時コーチで招いた。飛田穂洲（一八八六〜一九六五）は、「この商売人一行は随分下等な者も見られて決して歓迎されざるべきもののみではなかったが、ハンターだけを得たことは日本の大学野球にとって最大の幸福であった」（『白球太平洋を渡る』）と振り返っている。当時、日本の野球関係者には「商売人」というのがプロへの卑下した言葉だった。この認識が日本の各種スポーツのプロ化を遅延させることになる。

一九二一（大正一〇）年にはワシントン大学、シアトル朝日倶楽部、ハワイ・ヒロチームが来日、一一月には初のプロチームである日本運動協会が結成された。翌二二年ハンターはメジャー・リーグ選抜を率いて来日した。このなかには後年名物監督として知られるケーシー・スティンゲル（一八九〇〜一九七五）も入っていた。いずれにせよハンターは野球交流でエージェントとして有名になった。

一九二四（大正一三）年七月、岸清一が嘉納に続いてＩＯＣ委員に就任した。オリンピック・パリ大会のころである。岸は島根県松江市生まれで、後に首相となる若槻礼次郎とは小学生時代から同期である。岸は、同地で国際陸上競技連盟（国際陸連）の初代会長ヨハネス・ジークフリード・エドストローム（一八七〇〜一九六四）の知遇を得て、この結果、全日本陸上競技連盟（日本陸連）が国際陸連への加盟に道を開くことになった。陸上が世界に羽ばたくことになった。

翌（大正一四）年三月大日本体育協会（大体協）は、岸清一を中心にした総合競技団体に再生した。内紛があった全日本陸上競技連盟も再編して加盟した。以降スキーなど七競技団体が参加し、大体協は一本化され日本を代表するスポーツ組織になった。

こうした組織が成果を出したのが、一九二八（昭和三）年のオリンピック・アムステルダム大会だった。同大会は、日本が本格的に参加したオリンピックだ。ここから日本のスポーツは急速に上り調子になっている。またこの大会は長年禁止されていた女性の参加が認められたオリンピックでもあった。蛇足だが、コカコーラが初めて公式スポンサーになった大会でもあった。

この大会で日本人選手の活躍は目覚しかった。女子選手では人見絹枝（一九〇七～一九三一）が八〇〇m陸上に登場して銀メダル（日本女子では初）を獲得、三段跳びでは織田幹雄（一九〇五～一九九八）、二〇〇m平泳ぎで鶴田義行（一九〇三～一九八六）が競泳で初の金メダルを獲得した。日本選手が輝いたオリンピックだった。新聞各紙はこれを大きく取り上げ、拡販の戦術に使った。こうして陸上と水泳の二大競技が日本スポーツ発展の両輪になった。このとき早稲田の陸上部が黄金時代を迎えていた。なかでも三段跳びの織田幹雄、南部忠平（一九〇四～一九九七）は注目され、同年には山本忠興監督に率いられた選手団がイギリスに遠征を敢行した。関東と関西の学生連盟が合同して日仏陸上対抗が開催され、翌四年には日独陸上対抗も開催された。

以降、日本人選手の活躍がオリンピック・ムーブメントを動かしていく。それは、野球の興隆と同じ時期だった。戦後、日本を取り巻く国際社会は大きく変化した。スポーツが広く認知され、平和の交流としても高く評価されたからに他ならない。

新聞とスポーツの関係をさらに緊密なものにしたのは、毎日新聞が学生生活を終えた人見を同社に入社させたことである。人見は、毎日の支援を受けて多くの国際大会に出場して世界記録を出すなど、日本人女性の陸上スポーツの草分け的な存在として有名になった。

その後、人見は日独対抗、プラハ、ワルシャワ、ブリュッセル、パリ大会を転戦した。今でこそ移動手段は飛行機で便利になったが、当時の交通機関といえば船と列車である。移動時間を考えれば尋常なことではない。体調管理は大変なことである。無理がたたった人見はついに病気になり、一九三一（昭和六）年八月、二四歳の若さでなくなった。ともかく日本人がヨーロッパで競技に参加することはかなりのハンディを背負っていた。

一方、こうした優秀な選手の登場を大衆が歓呼の声で迎えられれば、正力が目をつけないわけがない。陸上、水泳、ボクシング、テニスなどオリンピック種目での選手たちの活躍は朝日、毎日、読売というように大手の新聞社の拡販の手段として、またスポーツの国際交流の手段として次々と参入していった。同時に新聞社によって得意分野を生かすという種目の棲み分けも起きていた。こうした新聞のスポーツ支援がオリンピックや日米野球の底力になっていたのである。

ただ課題もあった。新聞などは大会のスポンサーにはなるが、アメリカと違い日本ではスポーツにアマチュア意識が強かったため、各種スポーツのプロ化は相当遅れたことは否定できない。つまりプロ＝商売人といった意識が強く、これが長く日本スポーツ界を支配していたことは事実である。

さて昭和三年、四年は全日本学生剣道連盟が成立、日本はオリンピック・アムステルダム大会、サンモリッツ冬季大会に参加、早慶戦の復活、シカゴ大学やスタンフォード大学、カリフォルニア大学、イリノイ大学野球部が来日、日米野球交流はますます盛んだった。そして新聞やラジオがこれを報じて、大衆娯楽として発展していくのである。

このころ次のような外務省電報も存在する。昭和四年四月一六日、サンフランシスコ総領事井田守三は、近々カリフォルニア大学野球部の来日を控えて、これが日米の「親睦了解を計る上に多大の利益」（「体育並運動競技関係雑件・第一巻」、以降「体育雑件」とする）であり、「本邦事情了解の上に不尠貢献する」と送っている。一例にすぎないが、この種のスポーツ交流に外務省が「親睦了解」を書き込むことに注目しなくてはならない。

さらに国際陸連のヨハネス・ジークフリード・エドストローム会長が来日して日本のオリンピック開催を支持する発言もあった。日本のＩＯＣ委員はこれに触発された。田中義一内閣が山東出兵を実行して日中間に緊張が走っていたころである。

一方、スポーツの興隆に敏感だった正力は、同年六月一日婦人欄、商況欄に加え、新たに「スポーツ欄」を設置、九月一八日からは「スポーツ時代」が社会面に登場した。このような正力の試みは的外れではなかった。社会的ニーズがあったからである。

読売運動部の誕生

一九三〇（昭和五）年八月、新設された読売運動部は所属の部員の四人を各地のラグビー、バスケットボールのコーチや講演に派遣した。新聞社が自らスポーツ啓蒙運動までおこなっていたが、こうした振興策が将来のスポーツ人口を増やし、力のある選手が登場すること、それが新聞の記事にもなるとの思いがあったからだ。

同年秋、シカゴ大学野球部が来日した。同チームの転戦には市岡忠男監督率いる早大野球部も同行していた。その市岡は九月二二日、帰京すると監督を辞任した。野球部上層部の紛糾に疲れたという話もある。というのもプロチームの宝塚運動協会が財政的に行き詰って解散し、責任者の一人河野安通志が退任して早稲田大学野球部の総務として入ってきたからだ。彼は市岡の大先輩である。伝統的に学生野球部の先輩後輩は、両者が指導者となると微妙な関係になる。市岡は身を引いたのであろう。

このとき、すぐに読売は彼に接触した。最後に市岡に読売入社を説得したのは正力本人だった。正力は世の中のスポーツ熱の高まりに、市岡を部長にして運動部を強化しようとしていた。このあたりの正力の着眼点は群を抜いている。当時、運動関係は新聞社では社会部所属が普通だった。読売はあえて運動部を独立させたのである。これも正力の先見性のなせる業である。二三日、日比谷公会堂で六大学野球部監督の講演会があった。そこに正力が訪問して市岡の入社を勧めた。数時間も説得したが、彼はなかなか容易に承諾しなかった。

「市岡君……読売はアメリカからチームを呼ぶんだ……」(市岡の回想)

正力が日米野球という切り札を出したとき市岡の心が動いた。従来、アメリカからチームを招くとき、それは東京六大学野球連盟が中心となっていた。そこへ読売が乗り出すというのである。二五日の読売紙上で市岡の運動部長就任が発表され注目を浴びた。

市岡は岐阜県中津川の生まれで、父親が大蔵省の官僚だったため、長く税務署長の父と各地を転々とした。その後京都一商に入学、投手や捕手をして早稲田大学に入学した。京都一商といえば、沢村栄治の母校であり、後に沢村獲得に市岡が動いたのは先輩だったからである。

市岡が早大でレギュラーをとったころは、六大学では横浜商出身の加藤吉兵衛、後に高等学校野球連盟会長も歴任した佐伯達男など好打者がそろっていた。一九一六（大正五）年シカゴ大学の招きで早稲田野球部は渡米、帰国後、極東オリンピックに出場、大正八年市岡は首位打者に、翌九年卒業後、横浜の安部幸兵衛商店という貿易会社に入社した。ほどなく転職、大正一四年秋、安部磯雄教授から監督就任の依頼を受けて監督に就任していた。

さて市岡の読売入社まもなくの翌六年一月、前述したハーバート・H・ハンターが来日した。ハンターは、一九一六年ジョン・マグロー監督率いるニューヨーク・ジャイアンツの選手だった。その後彼は芽が出ず、各チームを転々とし一九二二年、エージェントとしてケーシー・スティンゲル、スタン・ミュージアルなどメジャー・リーガーと審判を帯同して来日、関東で早慶明と、関西ではダイアモンド倶楽部などと対戦した。

一九二八年、ハンターは再び訪日を企画した。だがこのときはチーム編成に失敗した。フルメンバーを揃えられず、タイ・カップ、シャーキー・ホフマンなど数名のメンバーを連れての来日で大毎野球団や東京倶楽部に混じっての試合となった。ハンターのこの経験が後に読売との提携に発展する。

このころオフ・シーズンになるとメジャーではチームを組んで海外ツアーすることが盛んだった。そしてこのときも早慶明の三大学の野球部と試合をして翌年一月帰国した。このとき早大野球部はハンターやメジャー選手から、打撃やピッチングのコーチを受けていた。かくしてハンターは日本通になっていったのである。早大監督の飛田穂洲は「商売人」には嫌悪感をもっていたが、他方でハンターの指導は「最大の幸福だった」と絶賛している。まだプロ選手が広く認知されなかっただけに、「商売人」ということが野球のプロ化への阻害要因になっていた。

さて市岡は彼を出迎え、ほどなく正力・ハンター会談が始まった。

「アメリカからチームを呼ぶのは読売新聞を宣伝して、もっと売れる新聞にしたいからだ、…

…もうひとつは、これによって少しでも日米親善につくしたいからだ……そこで、ギャランティーと実費を引いて、若し利益が出たら、それは貴方アメリカ側にみんな差し上げる、……もちろん、損が出たらみんなこちらで引き受ける…」

このときのメジャー・チーム招聘の経緯は『白球太平洋を渡る』を参照されたいが簡述する。報知新聞に池田林儀という記者がいた。秋田県生まれの池田は東京外国語学校に学び、卒業後大日本雄弁会に入社、そして報知新聞に転進した。語学に堪能で社交性に富んだ池田は、大正六年ドイツに出張、昭和二年のころは報知の文化事業の中心だった。彼は正力に対し、ベーブ・ルースを日本に招聘すれば、新聞社の行う事業企画として成功すると力説した。正力は関心を持ったが、二〇万部に満たない弱小新聞ではルースを呼べる財源はなかった。

正力は社会部長の玉虫孝五郎（昭和六年に退社し小説家寺尾幸夫となった）に「野球のことは誰が詳しいか」と尋ねると「六大学リーグ理事長芦田公平がよかろう」というので芦田に面会、芦田は外務省を勧めたがそこから進展はなかった。そこで鉄道局の新設で観光局長に就任した新井暁爾経理局長に逢った。正力の回顧がある（「米大リーグ招聘秘話」『読売スポーツ』昭和二六年一一月号）。当時政権は緊縮を標榜し、ロンドン軍縮調印で国際協調を推進する浜口雄幸内閣だった。正力は一切の費用は読売で全部持つと述べた。新井は東大時代の同期だった。しかし、江木翼鉄相から緊縮財政を理由に企画を拒否され、鉄道省へのアプローチは失敗した。次に向かったのは外務省である。幣原喜重郎（一八七二〜一九五一）外相は日米協調という視点で快諾した。

幣原喜重郎外相はニューヨーク澤田節蔵総領事宛電報（昭和五年一一月二〇日付）で、ルース一人だけであまりに資金が大きいため『「ベーブ・ルース』外十五六名（ベ以下八二流選手ニテ差支ナシ）ヨリナル職業野球団」（「体育雑件」）を招きたいことを伝えた。その後、澤田にはハンターから「経費の関係上ルース到底同行し得さるべし」と連絡があった。

この秋の招聘は不成功だったが、翌年にこれは繋がった。ルー・ゲーリッグを中心とした選抜チームの来日である。外務省は日米親善という視点でこのプランを支持していたこともあり、正力構想は修正となった。

務台光雄はこのときのことを「正力さんが、当時雲行きの怪しくなっていた日米関係の空気を良くするためと、読売の宣伝になれば一銭も儲からんでもいいと引き受けた」と述懐している。正力の本音がうかがい知れる。新聞拡販と日米協調の合わせ技である。さらに務台は「僕は、読売の読者以外に切符は売らない、ほしければ新聞を取ってくれとやった」とも述べている。さすが販売の神様の務台というべきだろう。

務台も野球と無縁ではない。大正一三年にアメリカ出張中にメジャー・リーグを見て堪能していた。その分、正力より本場のメジャーの空気を知っていたかもしれない。読売に入った務台は持ち前の行動力で東京日日新聞などの販売店を読売の専売店に鞍替えするため販売店を駆け回った。これで読売の販売力が飛躍的に増大した。さらに販売店の懇親会には正力を呼んで酌をさせるなど正力も彼には一目置いていたようである。務台も後年また巨人のカリスマ的支配者となる。

ゲーリッグ来日の成功の意味

正力が日米協調をどこまで真剣に考えていたかはわからない。ただ日米野球が日米親善の上に成立していることは理解していた。しかし彼の一流好みをもってしても、国家の非常時には対処は難しい。だがだからこそ外務省の協力は互いに利益がある。スポーツ交流が一大ムーブメントを迎え、正力が新聞拡販のため不安定な日米関係に対しスポーツを通じて、外務省の支援で乗り切ろうとしても不思議ではなかった。

さて読売は一九三一（昭和六）年一月三一日、メジャー・チーム招聘を発表した。ハンターと交渉の結果ギャランティーは一一万円、滞在費一〇万円、宣伝などは読売の仕事となった。しかし問題があった。読売の地盤は東京で、関西地方で日米野球を興行するには環境が整っていない。なかでも大阪での試合が問題だった。協力を申し出たのが朝日新聞の石井光次郎（後の自民党幹部）業務部長だった。

朝日と毎日の争いがあり、あえて毎日とトラブルを回避した正力は、結局両紙と関係の深い甲子園という大球場をもつ阪神電鉄と交渉、二試合五万円のギャランティーで引き受けることに成功した。これが後に大阪タイガース創設の遠因となる。このような交渉術を見ていると、惣太郎も正力が率いる読売新聞の力を認めるほかはなかった。

「……日本における野球の年中行事を見ても解るように、独立独歩で立派に育って来たのは、従来の高等学校、専門学校、大学野球などの範囲だけで、その他は概ね『新聞』の事業と連関してその援助を受けていると考えよう……」（『野球界』）

何よりも惣太郎は、正力のワンマンながら独創的かつ先見的な手腕を見抜き、日本においては「新聞と野球は宿命のもの」とさえ述べている。

「日本の野球、……とりわけ日本のプロ・ベールボールは野球と新聞の宿命的関係ともう一つの電鉄会社の庇護と支援のもとに、今日の域に進んできたことは、何としても間違いない事実で、この点アメリカのプロ・ベースボール発達とは、根本的に異なるものがあるのだ……」

惣太郎は、新聞の実力を認めている。しかも正力と読売は同一であり、また昭和初期急速に成長する電鉄会社との連携に触れている。要するに日本のプロ野球は企業の宣伝が色濃いスポーツになっていた。それもジャーナリズムが球団経営に乗り出したために、メジャー野球とは大きく違う野球の発展を始めたのである。確かにアマチュア野球が全盛だった日本で、こうした形態がなければプロ野球は発展しなかったかもしれない。そして正力の一流好みと興行師としての勘所が実に冴えていたのである。

さて、惣太郎はメジャー野球を日本に紹介し、『東京日日新聞』に掲載した記事を『米国の野球』として出版した。この本を店頭で見つけ惣太郎を見出した人物、それが運動部記者で相撲通だった江馬盛だった。江馬は惣太郎に会い、正力を紹介し彼を読売の嘱託としてスカウトしたのである。かくして惣太郎と正力の付き合いが始まった。

このころ東京六大学野球は隆盛を極めていた。なかでも早慶戦が迫ると、各紙は連日選手の動向や試合予想を紹介し、ファンからは手紙や電報がチームに殺到するという一大エンターテインメントだった。早稲田の伊達正男、慶応の水原茂（一九〇九〜一九八二）の対決は大きな人気を呼んでいた。またリーグ優勝をすれば時事新報社から殊勲選手にブロンズ像が送られた。もちろんメジャー・リーグに倣って創設されたものである。それも当時の政財界人、マスコミ人、芸能界百人から投票をして決めるという大掛かりなものだった。それだけ大きなイベントだったのである。正力はこの大学野球交流に挑戦したことになる。

市岡が惣太郎に日米野球で協力を依頼したのは昭和六年夏のことだった。満州事変が始まろうとしていたころ、野球交流は転換期を迎えていた。これを機に二人は親交を深めた。八月三日から惣太郎は「米国野球史」を読売に寄稿し、合計五五回掲載された。

読売では、「……すいと投げ込む速球の、目にも止まらぬ物凄さ」といった記事や、また久米正雄作詞、古関裕而作曲による「日米野球行進曲」、西条八十作詞、堀内敬三作曲の「日米大野球戦応援歌」などが作られ、ラジオでも流された。

ルースは来日しなかったが、ゲーリッグ一行を招いての日米野球交流は大成功だった。一一月八日の神宮での最終戦終了後、デッド・ボールで負傷したゲーリッグを見舞いに帝国ホテルに向かう中、市岡が「惣さん、職業野球を日本に起こそうじゃないか」と言ったのがプロチーム結成話の発端だった。

この年、国内は、大変な野球ブームだった。京都一商の沢村栄治が甲子園に登場し、中京商業対明石中学の延長二五回など話題は事欠かなかった。そんなときにプロチーム創設の話が浮上していた。

惣太郎は、オーナー中心のメジャー流のチーム創設を考えていた。ニューヨーク生活以来、惣太郎と知遇があり、また来日していたフランキー・フリッシュ（一八九八〜一九七三、カージナルスの監督兼選手）にも語っていた。フリッシュは「大賛成」と述べ、「君がやる気があるなら、ブランチ・リッキー・ドジャースオーナーに話をして援助してもらってやる」と返事があった。ゲーリッグ一行の団長フレデリック・リーブは、「日本に職業野球の生まれないのは、むしろ不思議だ」と述べるほどで、「ぜひ実行されたほうがいい」と賛同した。来日したメジャー関係者から多くの声援があったのである。

この話を聞いていたのがチームの一員だったフランク・オドール（一八九七〜一九六九）だった。彼は、協力を約束した。彼こそ、これから戦後にかけて日米野球の架け橋になる人物だった。ここに惣太郎、市岡、オドール三人が結びついた。市岡の申し出はまさに渡りに舟だった。惣太郎の野球への思いが昭和六年一一月読売紙上に掲載された。

「現在、日本球界の持つ力量技術では多大の懸隔のあることはかなりはっきりわかった。しかし、彼らは決して悲観をしていない。当然近く何人かによって手をつけられるべき運命にある職業野球という新しい境地を本来にもつ日本の野球界は、今回米軍のもたらした幾多の事績をきっかけにして各方面に於て時代を画すべきめざましい大躍進が必ず起されるべきものと信じるからである。」

務台はチーム来日にあわせて朝日や毎日の有力販売店主数十人を招いて読売の専売店への切り替え工作を行い、またチケット販売を手段にして拡販工作を実施した。この組織的工作は、その後の新聞社の常套手段となる。読売は折からの満州事変の報道競争も加わって売り上げを十万部以上伸ばしていた。皮肉というべきか、スポーツと国際情勢の非常時という両輪が読売の拡販の推進力になった。それは他の新聞も同様だった。

ところで、野球熱に物言いがついた。同年六月田中隆三文相の諮問機関で一七名からなる体育運動審議会（安部磯雄、東龍太郎、飛田穂洲、平沼亮三など）が設置された。同会は、このころ問題になっていた野球の加熱に一石を投じる規定を作成した。入場料など経理報告、応援のスタイル、土曜や休日の試合開催、クラブチームの参加禁止、来日外国チームとの対戦禁止、文部省の許可のないプロチームとの対戦禁止など厳しい統制を翌七年二月発表した。いわゆる野球統制令の施行である。プロ・アマ野球には実に厳しい野球環境となった。

この中で、読売の積極的な姿勢は続いた。三二年一月一日からは川本信正「オリンピックを語る」を、九日からは「米国大野球の精髄」を、一二月六日からは下田辰雄が「拳闘明暗録」、三月四日から天竜三郎が「相撲スポーツの将来」を運動面に連載を始めた。他方で、一月末からの上海事変の発生で、多くの特派員やカメラマンが中国に渡った。紙面はスポーツと軍国話が踊っていた。

オリンピック・ムーブメントの到来

浜口雄幸内閣がロンドン軍縮に調印して国際協調を推進する中、スポーツ交流はますます盛んになった。こうした中、朝日や毎日が水泳、陸上競技の大会を開催した。読売も野球だけではなく、昭和六年に日米陸上対抗競技会開催を目論んでいた。そこへ九月一八日の満州事変の勃発である。関係者には厳しい環境が予想された。非常時と平和の象徴というべきスポーツの興隆が併存するというのは皮肉なことだった。

それでもスポーツの交流は続いていた。国際水泳連盟に加盟していた日本水上競技連盟の活躍が著しい。中心人物の朝日の田畑政治（一八九八～一九八四）はアメリカのエール大学のロバート・キッパス監督と親交を深め、米水泳界の至宝一〇〇m金メダリストのジョニー・ワイズ・ミューラー（一九〇四～一九八四、後にターザンの主人公）らを招聘し、朝日の主催により玉川プールで国際水泳大会を開催した。若槻礼次郎首相やキャメロン・フォーブス米駐日大使も開会式に出席、多くの観客を集め日米の協調を謳い上げるセレモニーとして象徴的な大会でもあった。

この大会を経て田畑とキッパスの親交が深まり、これが戦後の水泳王国日本復活の大きな背景になっていくのである。野球もそうだが、戦後のスポーツ交流の復活には、このように井戸を掘った人々の親交が存在していたことを忘れてはならない。また陸上でも第一回の一般対学生陸上対抗で、織田や南部が世界新記録を樹立して国内のスポーツ熱は盛り上がっていった。オリンピックでの日本人の活躍は、日本の会場で国際大会が開催されて人気を呼び、外国人選手にも日本が重要なマーケットになっていく。

だが大きな問題が二つあった。地理的問題と資金である。日本が極東といわれるように欧米からあまりに遠く、飛行機はまだ導入されておらず、列車移動や船旅は時間もかかった。それだけに金銭的な支援もないと大会は成立しない。これを打開するには、大手企業の支援を得る必要があった。熱心だったのが新聞社だった。このまま順調に進んでいたら日本のスポーツ環境は各紙の支援を受けて大きなピークを迎え、東京オリンピックも間違いなく開催されただろう。

事実、一九三二年六月一〇日、永田秀次郎（一八七六〜一九四三）東京市長は斉藤実首相に対して「今や我がスポーツが列強と覇を争わしむとしつつある」と日本のスポーツ興隆への自信を表明した。そして、永田は東京招致運動を始めるにあたって、昭和七年のロサンゼルス大会での「外務省側の格別なる御配慮」を依頼した。日本としては「皇紀二千六百年」にオリンピック東京大会を開催したいとのことだった。

これを受けて招致運動が始まった。このとき日米のスポーツの架け橋になった一人に笠井重治がいる。当時東京市会議員で、シカゴ大学、ハーバード大学を卒業し、英語に堪能だった彼は、アメリカの一部にあった排日運動を牽制して「太平洋の優越権」と題した講演を行い、カーネギー財団から表彰を受けた知米派日本人だった。東京オリンピック開催に向けて彼の猛烈な広報活動が始まった。

ロス大会を控えて笠井は訪米し、東京招致運動に奔走した。斉藤実兼任外相が「日支事件勃発以来米国に於ける対日感情は相当悪化し居り之が対応措置としてわが朝野協力して日米関係の改善に努力する必要痛感せらるる次第」として東京招致へ「各方面に運動」し、アメリカに日本の「公正なる立場を了解せしむる」（「国際オリンピック競技大会一件　本邦大会関係第二巻」）という電報がある。こう主張することがオリンピック招致への重要な役割でもあった。

ロス大会では、南部忠平、清川清二、西竹一などが活躍して金メダル七個、西田修平、前畑秀子らが銀メダル七個、大島鎌吉らが銅メダル四個とメダル合計ではイギリスやドイツを上回る成果だった。数多くのメダルを獲得した日本はスポーツ大国への道を歩みだしていた。

正力の次なる狙いはボクシング

ロス大会（昭和七年）参加で国内が盛り上がる中、正力はボクシング興行に取り掛かっていた。一九三二（昭和七）年四月四日付で、芳沢謙吉外相が堀内謙介ニューヨーク総領事に送った「読売新聞社主催米国拳闘選手招待」（『体育雑件』）が興味深い。読売のプランに対し、外務省が支援した。すなわち、「日米親善に貢献する意味を以て昨年米国野球団を招待し多大の効果ありたるに鑑み、今回更に米国著名拳闘選手を招請し度き希望あり」と堀内に打電した。正力がスポーツに熱心なことを外務省もわかり始めていた。

そこで堀内総領事は八方手を尽くし六月七日、米人ボクサー数名に「本邦来訪意思無きや」を確認し、日本での大会開催を通知、ついては往復旅費及び滞在費の一切を読売が負担することになった。外務省も「日米親善に寄与」すると考えていたが、このボクサー来日の件は結局実現しなかった。プロ選手に対する読売側の扱いが不透明だったからだ。国際交流は、アマ交流ばかりではない。さらに企業が大会を主催すれば赤字を出せない。ましてやプロ選手への慣れない対処にも直面した。これで意思疎通に失敗するのである。

ところで、受け皿の日本のボクシン界はそれまで混乱が続いていた。昭和六年乱立する各拳闘倶楽部は日本プロフェッショナル拳闘協会を結成、メキシコ人ボクサーを招聘（『訪日墨国学生団の不始末」）したが、トラブルが発生、警視庁外事課が介入して事態を収拾するという事件が発生した（「体育雑件　第二巻　読売新聞社主催米国拳闘選手招待関係」）。

このような海外交流は失敗例も数多く存在した。そこで正力が乗り出して事態収拾に一役を買い、海外のボクシング選手との競技会を企画した。この蓄積が読売主催の日仏対抗戦に発展する。仲介役はまたしても外務省だった。

一九三三（昭和八）年六月二八日、外務省情報部の仲介で「読売新聞社招聘仏国拳闘選手一行」（「体育雑件」）の三名が来日し、国技館や歌舞伎座で試合を開催するということになった。この日仏戦を盛り上げるため読売は、四月二五日に国内予選を実施した。ボクシングが大衆娯楽スポーツとして登場した日だった。フェザー級では早大の堀口恒雄（一九一四～一九五〇、後のピストン堀口）がデビューした。早稲田の試合会場は大盛況だった。中でも堀口とエミール・プラドネル（一九〇六～一九八〇）の対決は会場に押し寄せた観客を熱狂させた。

大盛況だった日仏対抗戦は引き分けに終わり、興行は赤字だった。しかし会場の熱気を見て正力の興行意欲はますます掻き立てられた。こうして正力がボクシング対抗戦に熱中しているため野球どころではなかった。日仏戦のさなか、惣太郎は昭和六年に続いて二度目の日米野球交流を模索していた。

読売は他にもいろんなプランを実施している。五月には三原山噴火口探検、六月にはロス大会参加の選手を送る夕べの開催、七月には相模湾の海底冒険撮影である。いずれも正力らしい新しいもの好きさがわかる。客寄せとしては十分な企画を次々と行っていた。

さらに、人見や織田の活躍に正力も触発されていた。日仏対抗戦後の八月二日、内田康哉外相は正力からの依頼を受けロサンゼルスの佐藤敏人総領事に、読売が一〇月に「米国陸上競技選手の招聘を計画」(「体育雑件」)しているため「尽力」方、「至急回電ありたし」との電報を送った。二五日、読売の依頼で松平恒雄駐米大使は米陸上選手と接触した。残念ながら選手の多くがヨーロッパ遠征中で招聘に失敗している。

新聞社はまだまだ特派員が少なく、海外との情報の多くを外務省に依拠していた。さらに、国を代表する著名選手や伝統ある大学のスポーツ交流が多かったので、安全を保障する意味で外務省が関与していたことも忘れてはいけない。水泳、陸上、ボクシング、テニス、野球など、いずれも国際的に盛んなスポーツだった。このような点を考えると、緊迫したヨーロッパ情勢や中国問題、さらに日米関係を眺めれば、読売や各新聞のスポーツ交流に親善の目的で外務省が手を貸す例は多くなっていたのである。結果的に、日本のスポーツ交流は新聞社と外務省の連携の深さが大きく、それが底上げになっていた。

一方、正力の関心はスポーツと同時に満州問題にも移ってもいた。満州事変は不況で閉塞状態にあった日本では、世論を沸騰させる十分な材料だった。各社は事変を機に満州に飛行機を飛ばしてまで情報を得る速報合戦を始めていた。ついしばらく前まではスポーツ報道に奔走していた新聞社が、スポーツという平和の象徴の報道に飽き足らず、日本軍の奮闘を礼讃する新聞となっていった。

第2章
❖「電報・書信」からみえる惣太郎とオドールの交流

親日家となったオドール

ゲーリッグ一行の来日を終えて、オドールは、日本側の歓待に親日家になって帰国した。彼は、翌一九三二（昭和七）年一月一九日、惣太郎に「日本の人々はとても素晴しい野球ファンで、彼らのために「また訪日してプレーしたい」と報告した。惣太郎とオドールの書信や電報の交換が急速に増えていた。

一八九七年にサンフランシスコに生まれたオドールは、ハイ・スクール卒業後、二〇歳のとき左腕投手としてサンフランシスコ・クラブに入団した。二年目にヤンキースに、二シーズン後再びサンフランシスコへ、一九二三年再びヤンキースにもどった。同年彼はレッドソックスへ入団、しかし調子は出ず今度はソールト・レークに落ちた。

ここから打者へ転向した。その後オドールはマイナー・チームを転々として、やがてジョン・マグロー監督に見い出されてジャイアンツに入団した。一九二八年のことである。この年三割一分九厘を残したが、翌年ナショナルズにトレード、三割九分八厘の成績を残した。

オドールの野球人生はまもなく終わろうとしていた。次なる人生は日本遠征で得た経験を生かして野球をプロデュースする仕事に携わることだった。惣太郎が職業野球チーム創設に奔走していた時期とオドールの思惑が一致していたことも好都合だった。

ところで、惣太郎や市岡以外に早稲田の大隈信常（一八七一～一九四七）、早大野球部主将も経験した浅沼誉夫（一八九一～一九六四）、慶大野球部監督も務めた三宅大輔（一八九八～一九七八）らは、プロ野球新設に興味を抱いていた。

メジャー・リーグ選抜と学生野球の対決で日米の優劣をまざまざと見せつけられた惣太郎は、社会人や学生によるアマチュア野球に限界を感じていた。アマは仕事や授業もあり、さらに独立採算のチームということを考えれば現在以上の実力を出すことは難しい。かくして彼らは日本にメジャーを意識した本格的なプロ野球創設で一致した。惣太郎らは市岡の自宅近くの洗足池周辺や読売講堂、青山の大隈邸で何度も会合を重ねたという。だが結論は出なかった。

惣太郎たちは二〇〇万円で株式会社を設立して、水道橋近くに新球場を建設すること、日本最強チームを創設することなどを論議した。問題は商業ベースで運営できるかである。プロなるものが日本では定着していない。むしろ卑下されていた時代である。前途多難だった。

浅沼は「球団だけの編成は不可で、是非とも球場を持たねばならぬ」と述べ、また特定の資本家の支援では、チームの独立性が保てないと主張していた。彼らはメジャー流の独立採算制の球団を結成するのが夢だったのである。会合は紛糾した。この問題に行き詰ったとき、結局彼らは、正力にチーム結成など支援を仰ぐことになる。

さて、オドールからの連絡があったころ、惣太郎は昭和六年の一二月末から虫垂炎のため翌七年一月一二日まで入院し、その後自宅で静養していた。惣太郎はチーム編成に奔走するなかで、かつての貿易商の経験を生かして資金を投じて野球用のバットやボールの商売に着手した。窓口はやはりオドールだった。当時バット生産は名古屋が有名であり、惣太郎はオドールへの報告（同年九月二八日）で、ボールを含めてバットなどをアメリカに輸出したいので彼に商社を紹介してほしいという書信が見受けられる。そこでスポーツ店の石井順一と協力してアメリカに販売しようとしていた。

また同時に、惣太郎は高島屋と「ミヅノ、ミマツ、タマサワ」などのメーカーをあげ、中等野球や六大学野球、また学校教科スポーツも増え「野球は国民的スポーツになると確信している」ことを述べて、今後のスポーツ用品ビジネスの拡大を力説した。いくつかのスポーツ店と提携してバットやボールの販売を目論んでいたのである。調査では約二万本のバットが日本に輸入されており、中等学校や六大学などの野球熱を考えると十分商売として成立すると考えていた。この商売がチームの資金作りの手立てか、どうも判然としないが、彼も野球に関わる貿易商を営むことを考えていたようでもある。

渡米した惣太郎とオドール

大阪の吉岡合名会社にバットの専売権を与えて学校スポーツに参入したいという内容も散見できる。惣太郎はサンプルとして「日本ボール」一ダース（一二円）、「基本ボール」一ダース

（九円）をオドールに送り、チェックしてほしいと依頼、オドールも「日本ボール」はアメリカのボールとあまり変わりはないとの返事があった。

残念ながらこれらの取引がその後いかに発展したか不明だ。報告を見る限り、この件で二人のやり取りは続かず、オドールから用具の返品の話も出ているので不調に終わったと思われる。ただ一つ日本人選手に最適なバットのモデルを知りたいとアドバイスを要求していることは興味深い。

「秘密にしてくれ」

一九三三（昭和八）年一月二六日、惣太郎は、オドールにメジャー野球情報記事を送ることを依頼した。この情報を利用して雑誌『野球界』や新聞にアメリカ野球事情を紹介し、メジャー熱を呼び起こしたいという気持ちが惣太郎にはあった。そのうえで、また「来る秋に日本に再び来ると決めたら、できるだけ早く知らせてくれ」、正力社長に掛け合い「君にいい条件、コンディションを提供できるよう取り掛かる」と報告した。協力してもらえれば「読売は君に同じように報酬を渡す」とまで勧誘している。巧妙な誘いである。

惣太郎は、読売がゲーリッグ一行来日の成功、また同紙が東京で第三位の売り上げ紙に躍進したことなどを紹介し、「もし僕にすべてまかせてくれたら首尾よくする」と送った。またプロ計画についても報告している。さらに、このことで社長の正力を説得するとまで言い切っている。二人の駆け引きは実に面白いが、互いにその後の人生がかかっておりも必死だった。

一方で惣太郎は、球団の独立性を保つため有力な支援者を探していた。

「プロ計画、とてもゆっくりだが着実に進行中。昨日、日本電力社長の池尾芳蔵氏に会った。彼は、調査と大隈侯爵と大倉男爵との話し合いの上で、資本金を出すことを断言した。」（一月二六日）

ついに惣太郎は、昭和七年二月八日、オドールに、次のように報告した。惣太郎は読売新聞に「真実の大リーグ野球」というテーマで記事を寄せたと紹介して、続けて、プロチーム結成計画にふれて、「私の友人二人以外、今は誰も知らない。事がスムーズに進められたら、アメリカから道徳的サポートや助けが不可欠だから君を頼りにしている。しかし、正式に発表するまでは秘密にしてくれ。直木氏やハンター氏にも、このことは話さないでくれ……」と連絡した。これ以後、惣太郎はチーム組織について秘密裏に奔走する。

惣太郎は二月九日、オドールに「白紙の契約用紙」を用意してほしいと連絡した。読売に任せれば大丈夫とのお墨付きを与えたような文脈だった。さらに「このプロ野球構想については、私達は来る今春スタートさせたいと考えている。これは、今は少数案だが、将来的には大きく膨らむ話だ」と伝えた。

惣太郎らは、はやる気持ちを押えられなかった。「今春」とは、昭和八年のことだ。「少数案」としながらもルース来日の一年前、つまり昭和八年にプロチームを東京に創設しようというのである。だが資金、球場、選手獲得などいずれも問題はクリアーされていなかった。この書信を見て驚いたのはマイアミでトレーニングをしていたオドールだった。彼は性急な惣太郎の意見に困惑し、返事を回避した。

三月二九日、惣太郎のオドールへのさらなる書信の一部である。

「純利益は全て君へ支払われる。昭和六年のハンターの時には、総入場料として ¥283,191.70（二八万三一九一円七〇銭）あり、その中から読売はハンター氏に ¥244,153.90を実際に支払った……総運営費は ¥58,501.57で、それゆえ読売は ¥19,463.77の損失となった。その損失は契約が原因ということで読売の負担となった。大リーグチームを招待するというこの企画について、これを見れば読売は儲けたいと思っているわけではないことを、君は分かってくれるだろう。もし最悪の場合、一〇万円まで彼らが負担するだろう。」

数字に目を配る正力のこと、惣太郎はやはり赤字が怖かった。赤字が続けば日米野球の継続は難しくなる。

チームの選手獲得は急ピッチになっていたが順調ではなかった。『私の昭和野球史』（伊達正男）によると、同年になると市岡、浅沼など早稲田ＯＢが伊達を次々と訪れて「我々はプロ野球をつくるプランを持っている、どうだ、一緒にやらんか」とチーム加入の勧誘をされたと伊達は回顧している。結局、伊達は日本生命に入社しているが、水原、三原などこの勧誘に同意した選手もいたのである。その触手は中等野球の選手にまで延びていた。それがゆえに批判も浴びる。ましてや「商売人」の野球ということであまり評判はよろしくない。

ベーブ・ルース訪日の提案

四月二四日、オドールは、惣太郎に米チームの訪日を逆提案した。

「……君の新聞社が日本にチームを呼びたいと考えているなら、それについて知らせてくれ。もし、大リーグのチームを望むなら、時間に余裕を持って知らせてくれ、一流のチームを連れて行けるように準備する。もし、ベーブ・ルースを連れて行けたりしたら、日本野球界にとって、とてもすばらしいことだと思う。時間があるうちに話してくれれば、僕が彼とマネージャーに話し、日本へ彼が旅するよう説得してみる。」

今度こそルースを訪日させればオドールの評判は不動になる。その一方、オドールはチーム編成には各チームのオーナーやコミッショナーの許可が必要であること、また「僕が君に書いたことを君の新聞に載せるのをまだにして秘密にしてください」とも付け加えた。ランディス・コミッショナーや各球団のオーナーもまったく知らないこと、慶応大学の直木がこの書信を読んだら「ハンターに手紙で知らせる」から「秘密」だと念押しした。重大なオドールの連絡だった。

続けてオドールは、今度はコーチとして「また来年日本へ行きたい」が、だが「これは秘密にしてくれ。でも僕の望みは日本で野球を教えることだ……」と伝えた。

オドールは積極的に売り込んでいた。それもハンター以上の働きをしなくてはならない。その切り札がベーブ・ルースの来日実現だった。ただ問題はルース説得だけではなかった。前述したが、メジャー・リーガーたちがオフ・シーズンに海外遠征するビジネスが盛んだった。しかし、一方で一部オーナーの反対もあり、またランディス・コミッショナーが歯止めをかけようとしていた。事態は流動的だった。

そのために、オドールも保険をかけていた。彼は、何度も何度も惣太郎にメジャー野球情報を伝え、さらに野球指導、つまり「君の新聞のため、敬意を持ってコーチとして働きたい」と提案していたのである。

オドールの野球教室開催話は続いた。「僕は東京の学校、大学生から中学生まで本当にあらゆる学校で教えてあげられる。もし、新聞社が望んでいるなら野球教室（学校）を始めても良いし、指導する」として、学生がどのようにトレーニングすべきかを記して惣太郎に伝えた。ただ正力が再びメジャー・チーム、それもルースを呼ぶには前回以上に多額の資金が必要であり、また必ず成功するとは限らない。オドールはそれも心配していた。

「ベーブ・ルースが日本へ行くのにはものすごくお金がかかると思う。今の時点では彼が要求する金額を君のところが払うのは、おそらく難しいんじゃないかと思う。新聞社がどうしたいかを教えてほしい。僕がこの国で、君と君の新聞社の手助けをできる限りする。」（四月二二日）

オドールと惣太郎の駆け引きが続いた。多額の資金は問題だったが、惣太郎にしてもプロ野球チーム結成のためにルースを招くことは絶対必要だった。お互いに win,win の話ではないとメリットはない。六月五日の惣太郎の書信は長文だがとても興味深い。

「……とても長い間手紙を書けなかったことを謝らせてくれ。仕事が忙しく、英語で手紙を書く時間を取れなかった。……僕は今、ベーブ・ルースを含めたメジャー・リーグ・チームを日本へ呼ぶ君の提案を、読売社長の正力氏に話そうと思っている。偶然にも読売は三人のフランス人ボクサーを招待して、今彼らは日本に来ているから正力氏は日仏国際ボクシングマッチで忙しい。来週、君の提案について話し合う時間をもてる予定でいるから、次回の手紙ではより明確なことを伝えられると思う。……ベーブ・ルースは野球選手として年をとりすぎているように感じる。そして、今年が現役選手としては最後のシーズンになるのじゃないかと思える。もしそのとおりだったら、それは読売にとって来る秋にベーブを招待することが来年招待するよりも、より好都合だと思う。彼が日本へ来るのにはいくら欲しいか、日本のファンにベーブのホームランの妙技を見せてくれるのにいくらかかるか、僕にこっそり教えてくれ。もし、もっと明確なアイデアがあったら、その話が通るよう、全力を尽くす。」

もうすぐ四〇歳になろうとするルースの野球生命は、終焉に近づいていた。惣太郎は引退が迫るルースを、一刻も早く招こうとしたのである。彼の存在感は日本のプロチーム創設を触発する意味で絶対に必要だった。

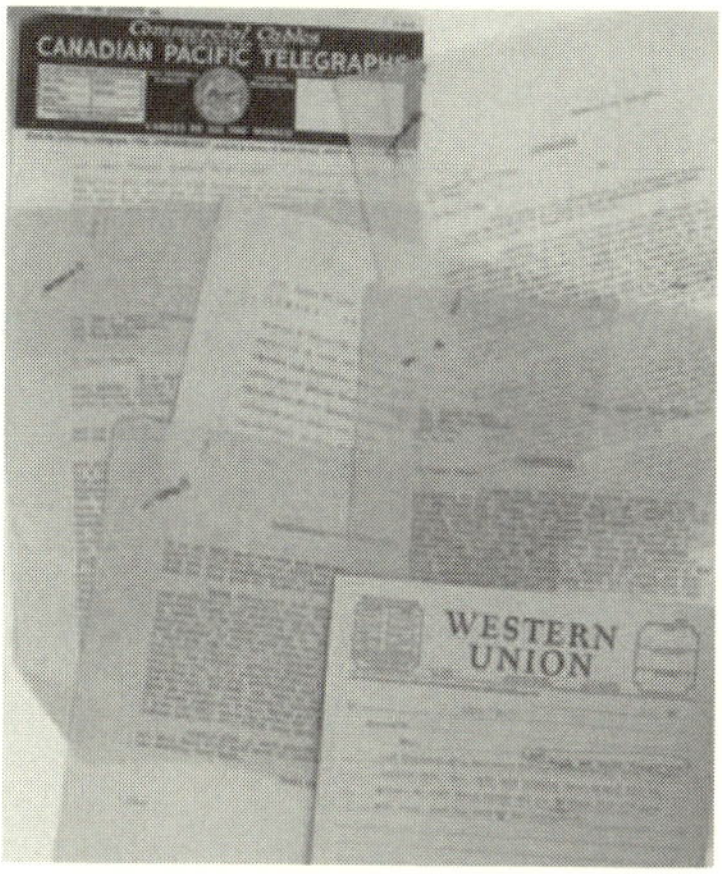

ベーブ・ルース来日実現のために頻繁に送られた大量の電報

さすがにオドールとの頻繁なやり取りに惣太郎も「ペナント・レース中で、君の本職を邪魔してしまったようで、とても申し訳なく思っている」とも陳謝している。

今日の常識では考えられない悠長な時代というべきだろうか。オドールの提案を正力は惣太郎と協議した。すでに夏も近く、さすがにこの年（昭和八年）秋の日米野球開催は物理的に無理だった。七月四日、惣太郎は正力との協議で、来年の実行を内定した。

すなわち、①オドールの提案を正力は受け入れる。六大学側やハンターにはこの件を「秘密と」する。②正力は来年（昭和九年）のチーム来日を希望する。それは広告宣伝に時間が必要のため。③万が一この秋がいいなら早く連絡をほしい。なぜなら保証金など正力を「説得」する必要があるから。④ベーブ・ルースは必ず帯同すること、また五人のスタープレーヤーも必要である。⑤昭和六年に来日した選手の再度の招致を正力は希望していない、ゲーリッグがホームラン王になったら別である。

この書信は読売側の意向を知る上で極めて重要だ。日米野球開催は昭和九年であり、これがハンターや六大学側には「秘密」という点で両者に合意ができたことは注目される。またルース以外に五人のスタープレーヤー招待に言及するなど、もはやルース以外は二流選手でかまわないといったかつての緊縮予算ではなかった。日本のプロチーム結成のためにも超弩級のメジャー・チームの来日が不可欠だった。

「日仏国際ボクシングマッチは、次週の月曜日（七月一〇日）の横浜での試合が最後です。正力氏はこの件（メジャー・リーガー来日）について、私と相談をする時間を取れるようになります。もし何か重要なことが起きたら、すぐに君に知らせるようにします。」

これは前述した読売の日仏ボクシング興行のことである。惣太郎は、この興行が「財政的立場から見るとむしろ失敗」で大赤字だったことを知っていた。しかし正力は人気を呼ぶスポーツと見れば、多少の赤字に目を瞑り、先行投資として、また新聞拡販の戦術としてスポーツ娯楽に力を入れていた。

大衆娯楽の到来を先読みする正力の嗅覚は抜群だった。同時に交流を推進していくために、「正力氏は政府高官の間でも大きな影響力がある」ことも強みだった。やはり惣太郎には強力な後ろ盾だったのである。
「僕は今、日本のプロ野球組織について考えている。君も知ってのとおり、それはとても偉大な未来だ。」（七月一八日）
未来話が現実になろうとしていた。

オドールとハンターの対立

正力や惣太郎、オドールが危惧したのは、ハンターが昭和九年に東京六大学連盟と連携して再びメジャー・チームの訪日を企画するとの噂だった。これは読売の計画と抵触する。

そこで八月八日、惣太郎は再度メジャー・チーム来日の骨子をオドールに伝えた。それは①読売は来秋メジャー・チームを招聘する、②チームにはベーブ・ルースが必ず入ること、③多才に富んだ首位打者が含まれること、④両リーグで最高の投手が含まれていること、⑤さらに三～四人のスタープレーヤーがいること、⑥残りのメンバーは報酬の少なくて済む並みの選手でよいこと、を伝えた。

前回の報告より条件は落ちたが、ルース招聘に正力は固執した。読売の野球興行はひとえにルース招聘にかかわっていた。

オドールは、九日の書信で親友のアール・マック（一八九〇～一九六七）を惣太郎に紹介してきた。実はアール自身もチームの海外遠征計画を立てていた。読売には幸運なニュースだった。

そのアールが「大リーガー達は日本への旅にハンターには同行して欲しくない」とオドールに

話したのである。強力な味方を得たオドールはアールと組んで、来年の訪日には「スタープレーヤーを連れていく」と断言した。

だが問題があった。彼が、ルースと交渉したところ「彼（ルース）は僕に日本へは行かない」と話していたのである。引退目前のルースはヤンキースの監督就任に執着していたとの噂もあった。オドールはさらに説得工作することを約束している。

ともあれオドールからの連絡を受けて、アールはハンターに対して手を組まないと通告した。日米野球の窓口は自分との自負があるだけに、ハンターも引き下がれない。ハンターはアールに対し六大学と交渉するため訪日することを言明した。また席上「自分が六大学リーグの契約を取れる唯一の人間である」と六大学とのパイプを強弁している。まさに主導権争いである。読売のプロチーム組織設立の動きを全く知らないハンターは、従来通り日米野球はメジャー・チームと六大学チームとの対戦と信じて疑わなかった。

このように、第二回の日米野球開催の主導権を巡って二つの路線が表面化した。ハンターは何度もアールに提携を迫ったが、アールは拒否していた。オドールは言う。

「ハンター氏が日本へ大リーグの選手を連れて行く許可は（大リーグ側から）もらえないと、僕は確信している。知ってのとおりハンターは賢く、彼がしようとしたことは、契約を取りアメリカへ持って帰ってマックに見せ、一緒に日本に行こうということだ。」

すっかりハンターが悪役になった感がある。だが中味はそうではない。読売側がオドールと手を組んだことを秘密にしたため、惣太郎はハンターや六大学連盟と距離を置いたのである。

オドールもそれはわかっていた。彼は「アール・マック氏の一九三四年の訪日について関わっていることをハンター氏に絶対知られたくない」ので、必ず「正力氏と市岡氏に僕の名前を出さないように言ってくれ」と念押しをしていた。

さて、オドールは来年の準備のためこの冬に訪日すると連絡があった。また「僕の報告を誰にも見せないでくれ、君を友達として信じている。そして全てを内密に進めていると思っている」と付け加えた。極秘事項の交渉だった。アールを交渉の前面に立てて、オドールは水面下で読売と交渉する作戦だった。その後、予想どおり両者の接近を知らないハンターは、再びアールに「日本へチームを連れて行けるのは自分（ハンター）だけだ」と豪語していた。

さらにハンターは、もしアールがチームを連れて訪日する時に自分を同行させないならば、別途パシフィック・コースト・リーグの選抜軍を訪日させるとも伝えていた。オドールに対しても、彼は「六大学リーグは日本へチームを連れて行くことに関して、彼（ハンター氏）を通してしか協力しない」とハンターが述べ、「チームが日本へ行くのならば、六大学リーグはその旅の資金を、一九三一年のように読売や他の新聞社に金を作らせずに出したい」という提案もして来たのである。

ハンターは、あくまで強気に従来の日米野球の構図を描いていた。さらにハンターは先手を打って八月二〇日シカゴでアールに会見することになった。訪日の連携を図るためだ。しかし、アールは「ハンター氏と一緒に動きたくない」と再三オドールに伝えていた。他方で、アールは「君からの手紙か電報を僕が受け取るまでは契約にサインする気は無い」と言明していた。

惣太郎も、来日したハンターが恐らく日米野球のために「マック氏から契約を得たふりをして会うだろう」と情報を持っていた。惣太郎には、ハンターの「契約を得たふり」が厄介だった。

虚虚実実の駆け引きである。

さらに惣太郎は六大学連盟最高顧問の早稲田大学の安部磯雄教授に面会した。そこで読売が来年にアール・マックのオファーを受けてメジャー・チームを招待するすることに理解を求めた。あくまで惣太郎とオドールの関与を隠している。

一方で、惣太郎はオドールに「とても厳しい規則が文部省によって定められ」て、「六大学リーグチームはどんなプロチームも相手に、政府が特別に許可しない限りプレーすることはできない」と指摘していた。このころ熱を帯びてきた野球は、入場料の過大な徴収、不明朗な入試、学業を疎かにする状況など、大きな問題が起きていた。日米野球はこれに抵触する。これを逆手に取ろうとしたのが惣太郎だった。つまり、日本側もプロチームを結成すればいいのである。この統制令が読売には順風になった。九月六日の惣太郎のオドール宛報告でも判明する。

「とても面白いニュースだ。今朝、直木氏が同じ用件で会いに来て、直木氏は私に、六大学チームが大リーグチームを相手に来年プレーできるよう、文部省の許可を得るために文部省へ行くように頼んだ。今、リーグの現会長の平沼氏が、ハンター氏や直木氏の要望により、すでに文部省担当者に会いに行っているが、きっぱりと拒否された。このため学生は大リーグチームを相手にこれからプレーすることはできない。」

六大学連盟と文部省の交渉は不調だった。だが内務官僚ＯＢだった正力は、政府にも財界人にも顔がきくだけに自信があった。それでもルース説得には正力の力は及ばない。八月二九日、心配していた惣太郎は、「ベーブ・ルースは来日チームになくてはならない。どうか、彼をチームに加わるように説得してくれないか」とオドールに念押しをした。

さらに、三〇日の惣太郎の報告である。

「どんな犠牲を払っても、次の大リーグチームに私達はベーブ・ルースを入れなくてはいけない。もしベーブが来なかったら、正力氏は契約条件を拒むかもしれない。」

惣太郎も必死だった。彼らのプロチーム結成のためにも必要なのである。実現すればオドールに純利益と一〇万円を保証するとまで惣太郎は言及している。だがルースが来日しないのならば一切保証金を支払わないと牽制するほどだった。日本のファンは来日した多くのメジャー・リーガーを見てきたが「世界に評判で高名なホームラン王は見ていない」、ゆえにルースを見たいのは「今の日本での一般的雰囲気」とも強調している。さらに「日本のファンはベーブ・ルースが現役を引退する前に見られることをとても楽しみにしている」と期待の声を伝えている。

だが、来日不可となれば、読売は大きな赤字を抱えることになる。そこで九月一日、惣太郎はオドールに、ルース来日が不可なら、正力は交渉を継続しないとも強気に送った。それだけではなかった。本当にルースが来日しない可能性がある。そこで、惣太郎は正力を説得しようとしていた。①ルース来日不可でも「読売の将来に多額の利益となる」としてチーム来日に尽力したい、②ルース以外に「他のすばらしい選手を連れてくる努力」をすること、③ルース来日を正力が強く希望し、それらが不可なら取り引きしないということになれば、どうするか？他の大手新聞社や頼りとなる興行者を探すということだった。

もしものことを考えて、惣太郎は正力とオドールに配慮を怠らなかった。ともかく前回の日米野球を今回は絶対に越えなくてはならない。惣太郎には大変な日米交渉だった。

「……君は知っているだろうか、日本で新聞社の後援無しで野球の大会が成功することはない。一九三一年とは事情がすっかり変わってしまっている。そして、正力氏でさえ、六大学リーグの選手がメジャー・リーガーと対戦することを文部省から許可されないかもしれないと僕は恐れている……」

野球交流を推進するには新聞社の応援は不可欠だった。これを自身が認めることが、その後の葛藤にもなる。

正力の決断

惣太郎は日米野球交流の許可を得られない時のことを正力に尋ねた。統制令に拘束されない方法、それはやはりプロチームを作ることだった。二年間の協議では惣太郎ら四人はオーナー中心のメジャー・リーグ流、独立採算のチーム創設、独自の球場所有を夢見てプロ創設を考えていた。だがいずれも実現は難しく、浅沼もチームが読売の私物化する懸念を指摘していたが、ついにその工作は力尽きた。正力の回想である。

「鈴木、浅沼、三宅の三人が市岡に連れられて僕のところにやって来て、プロのチームを作りたいと言ってきたが、なかなか考えがまとまらなかった。ところが文部省の連中が全日本チームを作ってもアメリカが帰ったら放り出すであろう、と言ったのを聞き、プロチームをつくろうとのるかそるかの大決心をした。僕が今までやったことは全部あたっている。」

自信たっぷりだが、その正力も当時は「のるかそるか」の思いだった。だが惣太郎と違ったのは、ここで正力が「プロチームを組織する。東京と他に大阪に」と明言したことだった。惣太郎たちは、まず一チームを結成することだった。だが正力は複数チームをつくることを描いていた。

惣太郎は、「これが、プロ野球について正力氏が発言した最初だ」と記している。正力もプロチーム結成に本腰になった。鈴木龍二も認めているが、プロ野球といっても読売のチームをつくるだけでは採算がとれないとして「リーグを作らなければプロ野球は成功しない」との確信を持っていたことである。これが従来のプロチーム結成とは違う状況があった。なにしろ莫大な資金が必要となる。そこは正力、やはり稀代の興行主の面目躍如だった。

財界人の集まりだった番町会など正力の人脈の豊かさも味方した。こうした新興勢力との交流が、その後、正力が危機に遭遇したときに大きな役割を果たすことになる。九月一日の惣太郎の書信は内情を語っている。

「……正力氏が日本でプロチームを作ろうとしているのを、僕は長い間知っている。この計画によると、彼はとても多くの仲間がいて、もし文部省の許可を得られなかったときは、彼はメジャー・リーグ選手と六大学のチームよりも強い日本のプロ選抜チームと戦わせるつもりでいる。そうなれば日本人がプロをとても早く作るのを目撃することになる。六大学リーグだけに固執しているのはおかしい。直木（松太郎）氏は日本の野球界の本当の状況を知らず、それはハンター氏を六大学リーグに固執した間違った方へと導くだろう。」

直木は東京六大学連盟の幹部でハンターと親交があった。彼は京都出身で慶応大学に入学し、在学中にアメリカの野球ルールブックを翻訳し、卒業後は連盟の規則委員を務め、野球博士とまで言われ近代野球発展に寄与した人物である。惣太郎はこうした連盟の幹部と渡り合わなければならなかった。

さて、惣太郎は、こうしたことも秘密であり「決してこの件を口外しないから安心してくれ」とオドールに述べる一方で、さらに「もしベーブ・ルースを連れてくることができたら、読売はおそらく君に一五万円まで保証金を出すだろう」とまで伝えた。金額がまたアップした。まさに飴と鞭である。今やオドールこそが惣太郎ら読売側とルースの接点だった。緊密な連絡も必要だが、苦労したのはペナントレース中のため、オドールが常に転戦中ですぐに情報を共有できなかったことである。オドールは念を押した。

「惣太郎、僕がアール・マック氏の一九三四年の訪日について関わっていることをハンター氏に絶対知られたくないので、必ず正力氏と市岡氏に、僕の名前を出さないように言ってくれ。」

訪日話が明確になるまで絶対秘密であることは、彼らには重大事だった。

第3章　❖ハンターとの決別

孤立するハンター

ハンターの意向を受けて直木ら六大学側も一九三四年にメジャー・チームを招くため文部省に働きかけていたが、これは不調だった。惣太郎は、今こそプロチームを設立すると伝えた。

「私はいつも日本にもプロ野球チームができることを望んでいる。多くの利点があるためで、学生のうちはプロになることから保護することができると思うからだ。」

選手が学業を終えたらプロ入りできるとは当然な発想だった。その後の読売は焦りもあって選手の獲得のため学生を引き抜くという強引な手段を始めていく。

ところで八月二二日、惣太郎はオドールから、ハンターが読売の動きを知ったとの報告があった。ついに惣太郎たちの動きを彼は察知した。このため九月初めに慶応OB直木と早稲田OBで読売の市岡が会見した。会見を一部紹介しよう。

市岡「直木さん、ハンター氏が数日のうちに日本へ来ることを知っている？　彼は、今年か来年に大リーグチームを日本へ連れてくる計画なのでは？」

直木「彼（ハンター）が日本へ来ることは本当だ。私は彼の計画についてなにも知らない。彼は六大学リーグの試合を見たいのだろう。私は来年ハンターが日本へチームを連れて来ようということについてはなにも知らない。」

市岡「分かった。そこで読売の来年大リーグを招待しようという計画について、君に話さなければならない……読売は来年アメリカから大リーグのチームを呼ぶつもりだ。契約は殆ど済んでいる。前回同様、チームが日本へ来るときに、君に協力して欲しい。」

直木「その計画は鈴木惣太郎氏によるものか。」

市岡「違う、全く違う。オファーはマック氏から正力氏に直接来た。私達はマック氏はすでに野球機構からの許可、すなわち来年ハンターが日本へチームを連れていくということを得ているのだと理解している。そして、他の誰も来年チームを連れてくることはできない。」

直木「そうなのか。マック氏が許可をすでに得ているなら、ハンター氏はたとえ何か計画があったとしても、何もすることはできない。」

互いに腹の探りあいのような問答である。メジャー・チーム招聘はマックからのオファーであると貫いたのが印象的だった。しかし六大学側には、メジャー・チーム訪日の予定がなかったことは判明した。市岡は、メジャー・チーム来日は最後まで惣太郎やオドールの動向については沈黙していた。一方、惣太郎はこの会談の報告を受けて、核心に触れた内容をオドールに伝えた。

1、直木は市岡と直木との間の話をハンターに電報で連絡したはず。

2、ハンターは六大学とはなにも出来ないことを知って来日してもアメリカへ帰るはず。

３、ハンターは直木氏の仲介で時事新報に近付こうとしている。
４、ハンターはアメリカへ帰るのを急いでいる。なぜなら、アール・マックと歩み寄る考えを確実に持っているからで、君はこれについてとても気をつけてもらいたい。
５、ハンターは、アール、オドール、鈴木惣太郎が一緒に動いて、来年メジャー・チームを訪日させる計画を進めようと努力しているとの情報を得ている。
惣太郎はオドールに対し「市岡氏がどんなに賢く直木氏に状況を説明したかわかるだろう」と苦労のほどを報告した。

九月一一日、何も知らないハンターは横浜に到着した。市岡は彼を表敬訪問という形で出迎えた。「外交上は歓迎した」との惣太郎の報告も的を射ている。ハンターは昭和六年来日とは全く違って読売側に冷ややかに出迎えられた。ハンターは直ちに文部省に赴いて日米野球試合開催の許可を得るため話し合いをもったが、統制令を盾に断られた。埒が明かないと見るや、ハンターは外務省に赴き内田康哉外相らと会見したが、これも不調に終わった。ハンターをもってしても野球統制令を乗り切るのは不可能だったのである。

ついにハンターは直木と共に正力に直談判に及んだ。席上、正力は「日本で初のプロ野球チームを作ろうとしている」と断言した。ハンターはここでようやく読売主導の日米野球とプロ創設話を理解するのである。驚きは尋常ではなかったと思われる。こんな魅力的な話なら彼も参加したいに決まっている。だが、それはアールが握っている。ハンターは彼と協力するほかはなかった。ハンターは、早々に帰国して、アールに再度交渉するため面会を求めることになる。これに成功すれば、アールのチームをハンター自身が仲介役になり、彼が再び日米野球交流の中心になれる。読売側と交渉しても埒が明かないと知るや、ハンターは即座に帰国を決意した。

ハンターの帰国を知った惣太郎は、オドールに「ハンター氏がアール氏に接触する前に、アールにその内実を説明してほしい」と伝え、こう冷静に送った。

「ハンターは何もせず明日浅間丸で横浜を出る。」

ついにハンターは、アールとの交渉の方が早いと判断した。そのため急いで帰国して、彼らと契約準備を整えて一一月にも再来日して読売側と交渉する腹積もりだった。帰国を前に、ハンターは各紙に対して「大リーグチームを次の春に連れて来る」と公言し、また「そこでベーブ・ルースも含まれている」とまで放言して周囲を驚かせた。せっかく来日したから日本人にリップサービスをしたかったのだろう。

読売側は驚いた。その交渉は読売がやっていることだった。ハンターがいくら記者団を相手に大見得を切っても、アメリカの「選手が誰も春に来ない」ことはわかっている。しかし、ハンターの放言は何も知らない日本の野球ファンに変な噂を引き起こす可能性があった。これでは、ハンターがメジャー・チームを来日させると大衆は理解することになる。といって内幕を暴露するわけにいかない。読売はどうしたのか。正力は文部省に対し、ハンターに直接話をしてハンター単独の日米野球を見送るように要請した。

これを受けて、文部省は横浜に見送りに行く松本滝蔵（一九〇一〜一九五八）に、ハンターの提案は受け入れないとダメを押すことを依頼した。惣太郎は、こんな話まで情報を把握していたのである。松本については後述するが、アメリカ生まれで明治大を卒業し、昭和六年に日米戦で通訳をしていた。

正力の勝利

横浜に見送りに行った惣太郎は、ハンターからメジャー・チームを連れてくるのかと聞かれた。惣太郎は「確かに企画している。しかし、秘密なので詳細を言うことはできない」と口を濁した。同様に見送りに来た松本は惣太郎や市岡たちの目前で、ハンターに対し「学生が大リーガー相手に試合することは許可できない」と述べた。ハンターの交渉は徒労に終わった。一四日には帰国の途についた。わずか四日間の日本滞在だった。

こうした状況をみながら、惣太郎はオドールに、「大リーグのチームを連れてくるというこの計画はどんなことがあっても実現されなければならない」、「正力氏がハンター氏よりも君の方に好意を持っている」とオドールに送り、さらに一四日「ハンター氏が唯一できたことは、六大学と接触をもてたこと」ぐらいだと皮肉ると共に「日本の野球の将来はとても成功に満ちていて、プロ化に取り組むのに今を逃すことは決してできない」と断言していた。

ハンターの動きは「六大学リーグ中心の交流を考えすぎているため間違っている」と惣太郎は言うが、ハンターは日本の内情を知るよしもない。結局、ハンターの野球交流は、再び六大学と米大学野球部との交流に回帰する。

ハンターが横浜を離れてアメリカへ向かったまさにその日、正力と市岡は鳩山一郎（後に巨人の後援会長）文相に会見した。日米野球実現に改めて理解を求めたのである。ハンターにも出来なかったことを正力は可能にしようとしていた。そのため正力は文部省と妥協点を探っていた。

　他方で惣太郎たちは、日本人選手の選抜を続けていた。これが大変だった。大衆のプロへの認識は低かった。というよりも商売人という言葉への嫌悪感が根強かったというべきだろう。学生たちのプロに対する不透明感、現に中等野球と六大学野球が全盛期を迎えていることなど、そして何よりも職業として成り立つのか、課題は多かった。九月二一日、惣太郎は重要な情報を送った。

「私達は今、手に入る日本の選手を選抜していて、今の六大学リーグよりも強いチームを作れると確信している。君も良く知っての通り、日本の野球の将来はとても成功に満ちていて、プロ化に取り組むのに今を逃すことは決してできない。……」

　九月末コミッショナーのランディスは米球界に対し、来年許可するメジャー・リーグ遠征チームは一チームと発表した。

　一〇月一一日、惣太郎はオドールに「来年大リーグチームを招待する準備は全て整った」と伝えた。六大学の平沼会長からも同意を取りつけて「新聞発表したい」という。早く発表したいのにはワケがあった。

　それはハンター再来日話が国内では様々な憶測を生んでいたからだ。たとえばハンターがアールと組んで、アスレチックス主体のチームを全米選抜チームとして来日するという噂があった。惣太郎は「この種の噂を鎮めたく、事実を発表したい」のである。読売としてはいち早くアールと契約してメジャー・チーム一行の来日を発表して宣伝したかった。

ハンターのやり方は、「日本でのアメリカの野球ビジネスすべて独占しようというもの」と理解する惣太郎は、読売とハンターとはもう仕事はできないと判断するほかはなかった。ここまで来ると日米野球交流の主導権争いはプロチーム成立を期する正力の勝ちだった。それだけに惣太郎は早く正式に決定し、世間に公表したかった。

同月一二日、正力は正式にアールに「私は来年、日本へ全米スターチームを招待することを非常に喜んでいる」と伝えた。他方で正力は平沼と会見し、再度六大学連盟の読売への協力を取り付けるなど働きかけていた。早大の安部教授からも後輩市岡に「出来る限り君を助ける」と述べたことも大きな成果だった。

「文部省はもし読売新聞がその試合を主催するなら、六大学リーグの選手が大リーグの選手との試合に参加することを許可するだろうと正力氏は言っている。（ハンター氏が日本を発ってから読売に認められた特権。ハンター氏が日本にいる間彼にはこの特権は与えられなかった。）また正力氏は、六大学リーグ連盟の会長である平沼氏が読売新聞にできる限り協力することを請合い、大リーグのチームを来年読売が招待する場合には、平沼氏が大学生にアメリカチームと対戦するように頼んでくれる、と正力氏は僕に言った。（この断言はハンター氏が日本にいたときには得られなかったものだ）」

アールは一〇月二一日付で惣太郎に報告した。

「……野球シーズンの後半に、フランクと連絡を取り続け、そして、ワールド・シリーズ後、ニューヨークで長時間彼と話をしました。会話の最後のほうで、フランクは冬の間に日本へ行き、ツアーに関してすべての詳細を説明するべきだと決定しました。」

アールは一九三四（昭和九）年秋の日本遠征を言明した。ところで一一月六日、オドールはルースと長時間面会したところ、ルースは「大きな契約が取れたら、私と日本へ行く」と初めて訪日をほのめかした。ようやく正力も手ごたえを感じていた。

一方、急いで帰国したハンターはアールやオドールに接触して協力を依頼したが、何の成果もなかった。ハンターは一一月五日、一途の望みをかけて再来日した。読売との仕事を求めて正力や市岡にも会見したが、結局徒労に終わった。

惣太郎は「ハンター氏が頻繁に日本へ来日することにより、何かあると考えています」と疑っていたがそれも杞憂だった。粘るハンターは六大学側にメジャー・リーグチームとの対戦を提案をしたが、逆に、①学生チームは、野球統制令のため「あらゆるプロ野球選手とプレーする事が出来ない」こと、②六大学リーグ選手は新聞社の奨励する試合参加が認められない、と言われてこれも不調に終わった。

ともあれこの結果、従来日米野球交流の中心にいたハンターはベーブ・ルース来日と大日本東京野球倶楽部誕生に貢献するという二つの歴史的名誉を得ることなく、惣太郎と離れて六大学連盟とアマ交流を継続することになる。彼は、昭和九年のハーバート大学野球部来日の代理人となる。

オドールとの契約

一九三三（昭和八）年一二月一五日、オドールとニューヨーク弁護士会副会長エイ・ホリデーの一行は、日米野球契約のため来日した。早速オドールは惣太郎や市岡と会見した。惣太郎は現状を報告し、正力社長は全面協力を伝えた。帝国ホテルに宿泊した一行は翌一六日、惣太郎、市岡、直木松太郎、松本滝蔵と会食、日米野球の説明があった。この会食は六大学連盟側とのいわば手打ちでもあった。正力は「ハンターが交流試合に関心があれば計画に参加してもかまわない」との配慮をみせた。ともかく日本側の窓口は読売に一本化された。

残る問題はすっかり浮いてしまったハンターへの対応だった。これにはオドールの方が強硬だった。奪った窓口を取られまいとする意図である。一九日、東京に滞在するオドールはアールに「正力氏は妥協も考えているようだが、ハンター氏は追い出す」と報告した。だが、彼はここではまだいくらか影響力を持っているので、「彼と交渉しないで欲しい」と注意を促した。当然の決断でもある。契約がほぼまとまった二三日、彼らと銀座を歩いていた惣太郎は皇太子誕生（明仁皇太子）の号砲を聞くことになる。惣太郎は二重の喜びに満ち溢れていた。

この間にも惣太郎は、滞在中のオドールを「ルースに次ぐ人気選手」「鉄腕の巨人」と読売紙面で紹介、そして今回の交流試合は日本野球を「アメリカの最高級のベースボール標準にまで引き上げる」と熱っぽく伝えた。

惣太郎は翌二四日、オドール、ホリデーと共に列車に乗車、午前一一時過ぎ前橋駅に降り立った。惣太郎の故郷で約束の野球教室を行うためである。直ちに敷島球場に向った。そこには前橋中学、前橋工業、高崎工業など群馬県内の多くの選手が参集、熱心にオドールの指導に耳を傾けた。思いがけないクリスマス・プレゼントだった。翌二五日帰京、契約書は完成して二八日、惣太郎はオドールに説明した。金銭、宿泊、日程などを記した詳細な契約書のコピーが残っているが、本論と離れるのでここでは割愛する。

二九日、読売本社で正力を前にして市岡、オドール、惣太郎で契約について円満にまとまった。オドールにとってこれから長い日本との関わりの始まりだった。

一九三四（昭和九）年一月一日、惣太郎は市岡、三宅と共に明治神宮に参拝した。元旦に期するものがあったのだろう。それは以後プロ野球に身を置く惣太郎にとって、喜びと葛藤、出会いと別れの波乱万丈の野球人生の始まりだった。

年末年始を日本で過ごしたオドールは、五日横浜から帰国の途についた。惣太郎は滞在費の半分を彼に手渡した。帰途ホノルルからオドールは惣太郎に書信を送った。

「鈴木様　私は本当に今回の旅で日本を離れるのは嫌だった。今回の私の滞在中、みんなが私を兄弟のように接してくれて。私は、君たちを素晴らしく思う。……私が家に帰ったら、君にもっと重要なお知らせをします。正力氏と市岡氏によろしくお伝えください。そして、皆さんに私達は最善を尽くすので心配しないでくださいと伝えてください。友情を込めて」

かくしてオドールはハンターに代わって日米野球の担い手になった。一月二四日帰国したオドールはアールに契約書を送ってランディス・コミッショナーの承認を得る手続きをとった。

だが、問題が起きていた。メジャー・リーグでオーナー会議が開かれて、ナ・リーグのオーナーの一部（ジャイアンツのストーンハム会長）に海外遠征反対の声が上がり、訪日はア・リーグ選抜のみとなったのである。これは不幸中の幸いだった。ルースの所属するヤンキースはア・リーグだったからだ。

読売は、全社を挙げてメジャー・チーム招聘のキャンペーンを始めた。ア・リーグのハーリッジ総裁も訪日に積極的だったことが幸いだった。アールは父親のコニー・マックと選手の選抜に入ることを報告した。コニー率いるアスレチックスもア・リーグだった。惣太郎には冷や汗ものの報告だった。惣太郎にしてみれば最高のメンバーを集結させるという野望は崩れたが、それでもア・リーグ選抜でも日本の大衆には十分豪華メンバーだった。

渡米遠征計画の挫折

契約後、惣太郎はいささか前のめりの構想を明らかにした。チーム創設直後に渡米遠征をするとオドールに連絡したのである。つまり全米チームの来日前の春に日本チームが渡米遠征するということだった。同年二月一日の惣太郎の書信を見ると、その理由がわかる。

惣太郎は、「チームは二月の最後から組織化されるでしょう」と述べながら、準備の作業で「私達が大学生達に私達のプロチームに参加することを尋ねるとき、私達は彼らに、今年アメリカに行くであろうことを伝えます」と報告していた。選手を募集する宣伝として渡米を打ち上げたのだ。そのため、どうしても惣太郎は「今年、アメリカにチームを連れて行きたい」のである。ともかくこの遠征で「いくつかのチームと対戦させてほしい」と訴えていた。

惣太郎は遠征実現に燃えていた。チーム渡米を新聞で宣伝することで、選手集めをするという奇策だった。困ったのがオドールである。彼はほかならぬ惣太郎の要望に答えて、パシフィック・コースト・リーグを中心に西海岸の各チームに今春、日本チームと試合すべく交渉を重ねていた。だが他方でオドールは惣太郎に、今春来米するならば、アマチームとは対戦できる。

だがシーズンが始まっており「コースト・リーグ・クラブは君とは対戦する事は出来ない」と伝えた。オドールにしてみれば、メジャーもマイナーのチームもキャンプが始まっていたので、それどころではない。無理難題な要望で日本チームを受け入れる余裕はなかった。

そこでオドールは、マイナーチームとは何試合かは可能であろうが、それでは財政的に見て日本チームには「利益の成功はないだろう」と渡米に反対した。日本チームの訪米は確かに大きな評判になるだろうが、失敗したら「台無し」とまで言い切って止めようとしたのである。それに開幕目前で日本チームとの試合をセットすることは困難だった。だが惣太郎はチーム結成ですぐにでも形だけでもメジャーに肩を並べられると思っていたのである。

オドールの制止にも関わらず惣太郎は新チーム渡米に執着した。二月七日付書信でも惣太郎は、日本チームの訪米で人気を高め進展しない新人選手獲得につなげたいことを吐露している。これが本音だった。だが、これはギャンブルに近い。またこの日の報告で、日本のチーム名が「大日本東京野球倶楽部」であることを明らかにしている。

惣太郎は不確定要素を抱えながら新チームの渡米を急いでいたことになる。惣太郎は渡米遠征で新聞を賑わして、選手集めと共にチームの株主が集まると考えていたのだろう。二月一二日の惣太郎のはやる気持ちを吐露した途中経過報告である。

「もし、私達が今年アメリカに行ったならば、それはチームに大変刺激を与える。この結果、私達はもっと良い選手と契約することが出来ると思う。……私達は、可能ならば、パシフィック・コースト・リーグチームとの試合を持ちたい。そして、君が推薦するセミプロチームとも。私達は、ウエスト・コーストの日系人チームとも対戦したい。……」

これを読むと、やはり進展しない選手獲得工作への伏線と理解できる。いずれにせよ見通しが甘いことは間違いない。彼も後年、この甘さを自戒している。

一方、惣太郎はオドールにチームの「顧問または相談役」（一二月一四日付）になってほしいと依頼し、彼はチームの株をも後に収得する。二一日、ついにオドールは渡米遠征に執着する惣太郎に「日本チームが渡米してくることはばかげている」と言い始めた。

「今年チームと一緒に来るなら、いくらかのお金を作ることは不可能だろう、そして、それは、日本のプロチームの未来をすべて破壊することになるだろう。」

当初はチーム訪米をやんわりと否定したオドールは、遠征に執着する惣太郎についに、「私は君にこのような落胆させるような内容を書いて申し訳ない」としながらも、「私としても仲のよい友達だから理解してほしかった」と本音を伝えた。両者の関係が良好だからこその書信のやり取りである。

さらに、オドールは「私は今年が終ったら、大リーグから引退しようと思います」として、それゆえ、「一九三五年の春にここに来たとき、私は君のプロチームとずっと一緒にいられる。……今年来ることは間違いになるだろうと、君に教えるためにこう書いている……私はすべて君のためにただ行動している。そして、私の真意を理解して欲しい。間違った道を選ばないで欲しい」とアドバイスした。

ついにオドールは自身が引退したら支援するとまで言及して止めようとした。未熟なチームが訪米して散々な結果になれば、野球通のアメリカ人の悪評となり、取り返しがつかないと力説したのである。

この説得工作は功を奏した。二月二八日惣太郎は、この問題について読売で幹部会議を開き、ついに「私たちはこの春、アメリカに日本チームを連れて行かない」とオドールに報告した。「君の優しさと思いやりにとても感謝している」とする惣太郎は、三月三日「君の提案にとても注意深く考慮した後、私達は今年アメリカの太平洋沿岸に私達のチームを送る事を止めよう」と中止を伝えた。

オドールの必死の説得に読売は遠征を撤回した。ともあれ、昭和九年の春、幻に終わったが、渡米遠征計画が存在したのである。いずれにせよ、惣太郎は二月から三月にかけて局面を打開するため、焦っていた。会社組織も不透明で、選手も集まるはずもなかった。

さて、正力は、米チームを来日させるため、事前にメジャー野球の視察、渡米遠征の対戦試合プランも含めて、惣太郎をこの昭和九年の秋に訪米させ、その足で全米チームに帯同して訪日させることを決めていた。紙面では明らかにしていなかったが、一番の目的はルースの説得だった。また、すでに一月三日から読売紙上では、惣太郎の「米国職業野球」の連載を始めていた。

ところで、ハンターの身には、とんでもない事件が発生していた。三月中旬、宝石の窃盗容疑で拘束される騒動があったのである。これがしばしの間、彼の動きを止めることになる。アールとの連携に失敗したハンターは、結局東京六大学側に再接近することになる。

一方、四月一一日読売の夕刊で、長谷川如是閑が「スポーツの浄化と職業野球団」という職業野球の発展を促す記事を掲載して側面から支援をしている。昭和九年の読売の紙面は野球の文字が連日躍っていた。

正力への不満

読売のチーム編成は遅れていた。三月一〇日、惣太郎はオドールに、「新しい野球会社はまだ開業されていない」と認めつつ、数年間「私達は、君達アメリカの野球関係者には想像がつかないような、多くの困難と闘ってきた」が、この計画は順調であり、「私達はもうすぐ日本で最強のプロ野球チームを作る」との確信を伝えていた。惣太郎たちの執念と正力の人脈、そして何よりも「第一級」のスポーツ興行開催への欲求が、彼らを揺り動かしていたのである。

プロチーム結成は五月に入りようやく動き出している。ともかく将来職業野球団に残る選手と、米チームと対戦するためだけに集められるアマ選手の両方を合わせて全日本チームがつくられることになった。会社の責任者に大隈信常、市岡は新しい取締役となるだろうこと、また三宅や浅沼が管理者側の一員となるだろうことも判明していた。

しかし惣太郎は、読売内の微妙な空気に悩んでいた。昭和九年五月一五日付でオドールに彼の苦悩を打ちあけている。

「……正力氏は、私が新しい会社に対して、市岡氏、三宅氏、浅沼氏やその他の人材と同様な会社に貢献する貴重な人材だと理解していないようです。私はこれらの状況に満足していませんが、私の今の地位についてどんな不平も言いません。万が一、私が私の地位について強く主張したとしたら、そのことが会社に迷惑をかけ、またこの秋のメジャー・リーグ日本遠征のための業務に支障をきたす可能性があると心配するからです。私はいつか必ず、正力氏や他の人達が私の尽力を明確に理解し、将来は十分に公平に私を待遇してくれる事を信じています。……これらの情報は君と私の間だけの厳重な内密ごととして約束を守って下さい。……」

惣太郎が残している書信で、自身の葛藤を初めて吐露した内容だ。それもオドールにである。いったい読売の中で何が起こっているのだろうか。少なくともここで判明するのは正力から見れば、惣太郎のポジションが市岡、三宅、浅沼と比べかなり低い認識にあったことが窺える。市岡、三宅、浅沼の三人は早慶出身で監督経験もある。管理役としては経験がある。一方惣太郎は、元は貿易商社マンであり、野球が本業ではなく、役割は交渉役兼通訳、つまりマネージャー役だった。ここに格差が存在する。

控えめな惣太郎としては、今は大事のため我慢と自らに言い聞かせている。この姿勢が惣太郎なのである。実は、会社の中枢に位置しなかったことで、結果的に権力闘争に巻き込まれなかったともいえる。三宅は第一回チーム遠征後、監督の職を解かれ、浅沼は第二回の遠征後に職を解かれ、ほどなく巨人を去り、総監督、運動部長、代表を歴任した市岡は戦後、正力の機嫌を損ねて巨人から離れている。そして惣太郎だけが脈々と読売と関係を保つことになる。これは偶然ではない。

惣太郎は早めに単独渡米してルース来日工作や来年度の日本チームの遠征スケジュールを立てることになった。だが市岡の態度が曖昧で進展しない。市岡は正力と似て権力志向が強く、運動部長として辣腕を振るっていた。惣太郎は社内で愚痴を話せず、思わずオドールに愚痴を述べるようになった。

惣太郎は、市岡ら三人と違い一流選手でもなければ監督の経験もない。読売の嘱託からスタートした惣太郎の立場は確かに三人よりも弱かった。絶対的な権力を有する正力は三人の監督経験者に管理部門を委ねながら、惣太郎にはマネージメントの役割を担わせた。現場でオドールと窓口を拡大し、日米野球交流の先頭に立っていたのは英語に秀で、アメリカ通の惣太郎である。

六月九日に職業野球団発起人会が開かれ、一一日には創立事務所が日本工業倶楽部に置かれた。「創立趣意書」には「米国のプロフェッショナルのような完全な組織施設の下に行われなければ真の技術進歩は到底期待することはできません」とメジャー野球に倣った事を訴えている。さらに「目的及方針」では、第一期は、パシフィック・コースト・リーグのチームと対戦を繰り返し、第二期はメジャーと対戦して「世界選手権争奪試合を行ふものであります」とした。彼らは日米野球交流を繰り返し「近き将来に実行できることを確信して居ります」と明記した。興味深いのは、日米決戦をここでうたっていることである。目標は高かった。メジャー野球に追いつけ、追い越せ、彼らは真剣だった。

さて、華やかな発起人会の会合で、社内で管理部門から遠い位置にあった惣太郎は、アメリカの友人との交流で読売内での孤立を忘れ、またそのこと事態が日米交流推進力のひとつになっていった。ともあれ正力の新会社では早くも複雑な人間模様が起きていた。

ところで六月一五日、アールから惣太郎に「先週ベーブ・ルースが、日本行きについて不安があるので会ってほしいと言ってきました」という電報が入った。また振り出しに戻った。ネックはルースが引退目前にあり、その後の生活のこともあり訪日に消極的になっていたのである。惣太郎も心配がまた増えた。アールはこのこともあったのだろう、惣太郎に夏に渡米することを進言していた。

六月二〇日のオドール宛の報告も紹介しよう。

「私は新しいプロ野球会社を読売新聞の建物の中に開いたことを伝えます。そして、実際に仕事を始めました。けれども、会社は公的に登記をまだしていません。私は朝早くから夜遅くまで会社に出ています。

そして、私の役割は主に市岡氏と三宅氏と浅沼氏が世話しているチームの管理をすることです。私達は、前法政の優秀なショートストップの苅田氏、前早稲田の迅速な二塁手の三原氏、前早稲田の強打者外野手の中島氏と契約しました。上の三人は会社を設立した最初の一週間に契約をしてくれました。」

今日では三原がプロ契約第一号（六月五日）といわれているが、著名な選手に声をかけていたことがわかる。三原は早稲田を卒業して、知人の紹介で日本生命に入る予定だったが、市岡がやってきて、プロ入りを口説き落とされた。三原は早大選手のときの監督だった市岡には根負けしたようだ。他方で、惣太郎の不満は膨らんだ。不満をオドールに伝えてしまう。

「正力氏の私への待遇にはうんざりしている。そして、私は会社の将来の私の立場がとても窮屈に感じる。しかしながら、私は君と大きな信頼関係がある。私が君の存在によって守られていると思うと、とてもうれしく感じる。」

惣太郎が読売と関わりが増える中で、彼の複雑な思いが湧き上がっていた。彼の正力や読売に対する思いや葛藤は巨人誕生直後から始まっていた。

第４章
❖ベーブ・ルース来日

ベーブ・ルースの説得

日本チームが編成に追われるなか、アールはすでに四月以降、盛んに惣太郎の訪米を促した。惣太郎はこれを市岡に話すのだが、どうも取り合ってくれない。そこでアールやオドールから読売に対し訪米を促す書信を送って本社を翻意させる工作を始めた。

七月一八日、読売は全米チーム来日の公式発表をおこなった。内実は、ルース来日も未定での見切り発車だった。だが新聞に取り上げてムードを盛り上げなくてはならない。八月三日、大日本東京野球倶楽部所属の惣太郎としてオドールに連絡した。倶楽部は実態としてすでに動いていたようだ。

「私達のプロベースボールクラブ、大日本東京野球倶楽部は、実際に仕事を始めました。私達は今、予算案と一九三五年の試合日程を作る準備をしている。それゆえ、私達は出来るだけ早く、パシフィック・コースト・リーグ側と交渉をしたい。……」

正力は、運動部嘱託だった惣太郎を臨時の特派員という肩書きで訪米させることにした。

また同時に翌年の遠征でパシフィック・コースト・リーグ所属のチームと対戦日程を組ませることも目的にあった。さらに読売側はオドールに翌年の遠征について、いくつかの問題を提示した。

①日本のチームは翌年春に米に遠征し、約二ヶ月で四〇～五〇試合おこなう。②遠征は主にパシフィック・コースト・リーグに限定する。③セミ・プロチームの対戦も望む。④三月、四月、五月あたりまで滞在可能である。⑤パシフィック・コースト・リーグとメジャーのチームと公開試合をおこないたい。⑥この遠征で「出来るだけお金をつくりたい」。

このなかで⑥、つまり黒字を得ることが実は全く予想がつかなかった。海外での野球興行は、初めての試みで不安はあったが、それよりも海外遠征という高ぶる気持ちが彼らの頭を支配していた。

惣太郎は七月一五日以来ルースのことも読売紙上で紹介し続けていた。これはいうまでもなく、オドール情報である。惣太郎はこれをフルに活用し、日本の野球ファンの気持ちを高揚させていた。結果論だが、これでルースが来日しなかったら、読売は大損どころか、社会的信用さえも失墜しかねないギャンブルだった。八月一七日から、惣太郎はさらに選手紹介を兼ねた記事も書き始めていた。他方で惣太郎はアールやメジャー首脳との協議も急いでいた。

惣太郎はオドールに対し、メジャー・リーグ選抜が一〇月一五日のサンフランシスコ発の船で日本に向かうことを要求した。日本郵船が割引で協力してくれることが強味だった。そこへ七月一五日マックから「ベーブ・ルースがサインした」とうれしい電報が届いた。

これを聞いた正力は一七日、「ルースが来ることを聞いて喜んでいます」と返事した。翌一八日、読売はこれを受けてベーブ・ルースやオドールからなる一行のメンバーを発表した。実はルースが訪日するという報告も危ういものだった。

そこでオドールは正力・市岡宛に二七日、惣太郎を早く渡米させることを促した。社内で混乱しているときは、相手側にむしろ招致を要請する電報を打たせる戦術である。オドールからの連絡で、惣太郎は必然的に読売でのポジションを高めることになる。戦後の日米野球交流でも惣太郎はこうした方策を何度も使っている。

二九日、市岡はオドールに、惣太郎を「代理人として君の国に送ることを決めた」と報告した。九月一五日惣太郎は横浜を出発した。使命重大と認識した惣太郎は、ルースの訪日実現が「これは一番厄介な問題」だが「何としても満足に片を付けなければ、全日本の野球ファンの失望を買って大変なことになる」と自覚していた。ともかくルース説得が大きな課題だった。以後一ヶ月余をかけて彼はアメリカで奔走した。

「この一九三四年の筆者の旅行目的のひとつに、次の年アメリカに渡る日本最初のプロチームの試合日程を作ることがあった。ところでプロ野球組織というものが未だ曾て絶無であった日本で、どんな程度のチームが生まれるのかを説明するのは、決して容易なことではない……たとえ説明し得たとしてもアメリカ側の方では決して納得し得る説明にはなり得ない。ところが、ベーブ・ルース一行を相手にして試合するチーム、……それが日本最初の本格的プロチームといえば、それだけチームの力量なり全貌なりが直ぐ呑み込み得るのである。」

船中では二人の記者がやって来て野球話で質問攻めにあった。惣太郎は、ベーブ・ルース一行を迎えに行くためニューヨークに行くこと、翌年日本の職業チームを率いて訪米することを紹介した。これが海外に伝えられ、日本のプロ野球についての最初のスクープとなった。惣太郎の乗船したエンプレス・オブ・ロシア号は九月二四日、バンクーバーに到着した。惣太郎はすぐオドールに連絡し、日本チームのことを広くアメリカ人に紹介するために現地の記者と会見した。

「……以下のような重要な用件があります。第一に来春の日本チームの五〇試合のスケジュール。第二に読売新聞のためのワールド・シリーズを取材すること。第三に広報のためにより多くのニュースを日本に送るためマック氏に会うことです。」

ニューヨークに向かう惣太郎は各地で途中下車して、精力的に根回しに動いた。彼は、午後五時四五分発の列車に乗る前にバンクーバー・アスレチックスの会長ボブ・ブラウンと会見して、翌年五月、バンクーバー・シニア・リーグのチームが日本のプロ球団との試合（合計五試合）をすることを内定した。この契約は、日本のプロチームの最初の契約だった。

二五日ロッキー山脈を越えた列車はカルガリーに着いた。約四五分の停車時間に、ブラウン会長の手回しでカルガリーの球場主のＥ・Ｗ・コルブと会見、翌年六月やはり日本のプロチームと試合することを内定した。二八日オタワ、モントリオールと続き、ニューヨーク行きの列車に乗り換えた。モントリオールには、アメリカとカナダをまたいでパシフィック・コースト・リーグなみに強いマイナー・リーグがあり、来春ここまで遠征する目論見もあった。二九日夜、列車はニューヨークのグランドセントラル駅に到着した。駅にはオドールなどが出迎えた。オドールの新車ヴューウィックに乗車して夫妻のアパートに向かい、しばらく日本プロ野球の話に花が咲いた。同夜、惣太郎はホテル・マカルピンに宿泊した。深夜三時すぎまでオドールと語りあったが、オドールは朝九時にはやって来た。二人は早速アール・マックと会見した。

「ベーブが日本行きはいやだと言い出している。」

開口一番、アールはルース訪日が不可能との話を伝えた。ルースの訪日は二転三転していた。オドールは試合があるのでひとまず別れて午後再会することとなった。その間、読売と提携していたハースト系通信社と連携してルース説得工作の下準備を依頼した。午後アールは、父コニーもルースの日本行きを勧めると惣太郎に話し、別れてフィラデルフィアに帰った。

そして惣太郎がオドール宅に行くと今度は朗報が待っていた。オドール夫人から、ルース夫人と娘（ジュリア）が日本行きに賛成と言っているというのである。オドール夫人は機会があるたびにルース夫人や令嬢ジュリア（二〇〇八年秋ヤンキースタジアム閉場式に登場した）に日本行きについて話を向けていた。説得工作はルースの家族にまで及んでいた。二人は訪日に好意的になり、あとはルース本人だった。

一〇月一日午前一〇時、惣太郎のところにルースが床屋に入ったことを球団関係者が知らせてくれた。すぐ車に乗り、西八十八丁目のルースのアパート近くの床屋に向かった。惣太郎に会うなり、ルースは「ハロー」と言って握手した。だが、やはり機嫌は悪く、彼は「日本へは行かない」と述べた。そこへ、オドールとルースのマネージャーのクリスティ・ウォルシュがやってきて助け船を出したが、ルースは頑強に行かないと言い続けた。

この場面は後世に残る有名なエピソードになった。そこで惣太郎が日本でのルース人気や子供たちが待ちわびていることを熱弁した。日本から持参したルースのポスターを見せたとき、ルースは初めて日本行きを了解したのである。一〇月一日、それは日本プロ野球にとっても重大な日となった。これは書信にも残っている。

「ルースは九月一五日の読売新聞のポスターを大いに喜んだ。それは、私があらゆる情報をルースに紹介し、日本のファンの熱狂ぶりを見せて安心させたからだ。その後ルース、奥さん、娘、オドール、私自身は、ワールド・シリーズを見るためにデトロイトに飛んだ。そして、今日の午後、日本へ向かう。ルースは日本を見ることを、大きな赤ん坊のように喜んでいる。」

惣太郎は、小躍りしてこのような報告を送った。だが残念なこともあった。最初から交渉を続け、全米チームの団長となるはずのアールは妻の重い病気で来日は不可能となったのである。

一方、惣太郎はワールド・シリーズを本社に報告した。

「オールスターチームの日本行きは、今はワールド・シリーズよりもここでは人気がある。…… ベーブ・ルースは日本のファンに大ホームランを打ってみせると張り切っているから、必ず素晴らしいことをやってみせるに違いない。」

ワールド・シリーズ取材のために集まっていた記者たちは、オドールや惣太郎に訪日話など、日本のプロチームに対して興味津々だった。アメリカの野球界はこぞって援助する旨など彼らは大きな関心を寄せていた。惣太郎の感触では、ワールド・シリーズが「脇役」になっているというほどであった。

ところで訪日メンバーで、候補にあがっていたコロニン、マヌシュ、ディフキー、ヒギンズ、ストランジ、エバンスが不可となり、またハーリッジ総裁が病気のため訪日不透明と送った。この結果、アスレチックスのコニー・マック監督が責任者になる。

最強軍団の来日

一〇月一九日、惣太郎は、出港するバンクーバーから本社に次の報告をした。

「多数の熱狂的なファンがホテル・バンクーバーと桟橋に続く道に一団を見送るために殺到した。バンクーバーはかつて見たことのない、実に多くの観衆が押し寄せて信じられない光景だった……」

もちろんメジャー・チーム見送りに殺到したものだが、同時に日本プロ野球の前途を祝福するような船出だった。コニー・マック監督は使命感にも燃えていた。

「航海する前に、大きな会合がコニー・マックによっておこなわれた。選手それぞれが一生懸命プレーすること、日本選手とファンはもちろん、日本選手を指導している野球の間違った方法に対して正しく指導しなければならないと厳しく注意された。」

マックが厳粛に伝えるとルースが一歩進み出て宣誓し、次々と選手が誓った。航海中、海は荒れた。しかしルースの食欲はひときわ目立ち、日本に関心を持ち、惣太郎からも日本語のサインを習った。七四歳のコニー・マック監督も元気で惣太郎に、「プロフェッショナルのチームにできるだけの援助をするし、優秀な選手がいればフィラデルフィア・アスレチックスに迎えてもよい」と語った。すでにメジャー・リーグ入団やトレードまで語るくらいの冗談がコニー・マック監督の口から出るほどだった。

シーズン中の死球から立ち直ったフォックス、結婚して「この前とは見違えるほど優雅な紳士」となっているゲーリッグもいた。そのゲーリッグは「今度こそは、存分にホームランを打ってみる」と意気込んでいた。彼はこのシーズン、三冠王を獲得して絶好調だった。だが不吉な事件が夏にあった。ゲーリッグは一塁ベースに駆け込むとき、背中に激痛が走っていきなり倒れている。すでに病魔が彼を襲い始めていた。

ともあれ惣太郎は今や伝説になった殿堂入りの選手たちと旅をともにし、日本に向かったのである。かくしてベーブ・ルースが来日した歴史に残る日米野球交流が催された。

一方、日本チームは一〇月一五日、千葉の谷津球場に参集して練習を開始、一一月二日にマック率いるルースのチームが来日して試合が始まった。このあたりは『日米野球史』など多くの文献を参考にされたい。ルースやゲーリッグのホームランなどが観客を引きつけ、空前の大センセーションをおこして幕を閉じた。ルースは断トツの一三本を打ち込んだ。また伝説となったのは、沢村栄治が草薙球場でルースなどから連続奪三振で快投するものの、0対1で敗れた試合があった。次々と三振を奪う沢村の豪腕にメジャーの誘いもあった。また雨の降るなか多くの観衆を見て試合を強行したルースが傘をさしながら守備をした試合、引退寸前のルースのホームラン連発などメジャー・リーグの実力を余すところなく見せつけ大衆を魅了した。

この結果、読売とオドールの関係がいっそう緊密になった。オドールは倶楽部の技術顧問となり、ルースのチームに帯同した惣太郎の立場が読売内で上昇した。ルース一行の来日は大成功に終わった。一二月二六日、大隈信常を社長に、大日本東京野球倶楽部（巨人）が正式に創立された。二七日付の『中外商業』である。

「同野球団の出現は近来兎角行詰まりを伝えられているわが球界に回生の息を吹き込むもの……球界の先輩市岡忠男、三宅大輔、浅沼誉夫三氏の人力に負う所大で、更に米国職業野球団の

試合前、子供たちと談笑するベーブ・ルース

米国野球選手歓迎会

熱狂的歓迎を受けるメジャーリーグ選手

一員として来朝したニューヨーク・ジャイアンツの名打者フランク・オドール選手の奔走によった結果で、先に失敗した日本運動協会の職業野球団の失敗に鑑み、対戦チームを米国に求め得た点において、その将来の発展性に多大の期待がかけられている。……」

新聞をもってしても惣太郎の獅子奮迅の活躍は記されていない。チームには、沢村栄治、三原脩、水原茂、スタルヒンなど名だたる選手が入団した。かつて大日本運動協会、宝塚協会、天勝野球団とプロチームの結成が続いたが、財政的基盤が弱く、対戦相手はノンプロチームや大学野球部で当然商売としてうまくいかない。

だが読売を掌握した正力は宣伝媒体を活用してメジャーとの対戦をうたい、また各新聞社を通じて仲間を呼び込み、プロとプロの対戦を実施したことは従来のプロチームで失敗したことへの教訓だった。他方で選手獲得では、巨人ならではの強引さがあった。慶応大に入学予定の沢村栄治を説得、旭川では、亡命ロシア人スタルヒンの父親の犯罪を軽微にする条件で入団を促したり、野球統制令で中退を余儀なくされた長崎商業の内堀保など入団交渉では尋常ではない工作も行われた。

全日程が終了し、一二月二八日、ルース一行に帯同していた記者の一人ジェームス・R・ヤングは、本国に、全米チーム一行の写真アルバムを送った旨を報告した。そして、日本での試合に八〇万人もの観客が押し寄せたこと、また正力自身が世界事情に長じており、「日本とアメリカの友好関係にも興味を持っている」こと、「日本のプロ野球チームを編成するというように彼は野球に熱中することとなった」と伝えた。そして日本チームが翌年二月にはロスで二四試合、サンフランシスコで一二試合をするため訪米する予定で、また「将来、アメリカ・日本間で頻繁に野球の試合が行われる」こと、この「事業計画の成功促進に参加してくれることを望んでいる」と報告していた。ルース来日の成功は随行記者団のニュースから、本国アメリカに宣伝となって広まることになる。

全日程終了後、ゲーリッグ夫妻は新婚旅行を兼ねてヨーロッパへ回り、オドール夫妻はルース一行と共にマニラ遠征、その帰途再び日本に立ち寄った。しばらく日本に滞在して日本のプロチームの渡米について惣太郎たちと協議した。オドールは何かとチームについてアドバイスし、また新会社の顧問に就任した。また、帰国後サンフランシスコ・シールズから監督就任要請を受け、選手を引退して監督に就任した。これが戦後のシールズ来日につながる。

読売にしてみればオドールの監督就任は渡米遠征で好都合になった。一方、惣太郎には新たな使命が加わった。チームの遠征に先だって渡米し、急いで完全なスケジュールを作成することだった。

巨人の渡米遠征

オドールの尽力もあって、「日本・東京の読売新聞社のスポーツ担当記者である鈴木惣太郎を紹介する」といったものが米マスコミ関係者に配布された。翌一九三五（昭和一〇）年一月三〇日、大洋丸に乗船した惣太郎は先発役としてアメリカに向かった。その間も惣太郎は各地の野球関係者に書信や電報を送り続けた。

大洋丸に乗船した惣太郎は二月一五日、サンフランシスコに上陸した。到着するやシールズ監督に就任していたオドールが乗船してきた。だがあまり浮かない顔をしていた。聞いてみると、サンフランシスコでは対戦相手としてシールズとミッションズとの日程は作れたが、ロス付近でのスケジュールが組めないというものだった。また自身も監督に就任したため十分な手伝いができないということだった。

「ここまでやってもらえば充分だ。あとは自分がやるから、心配しないでくれ。」

本当は困惑していたのだが、これ以上甘えるわけにもいかなかった。惣太郎は船からニューヨークの知人に電報してサンフランシスコでの協力者探しを依頼した。さらにパシフィック・コースト・リーグ幹部のウェブスター・ノーランとも連絡を取った。かくして、惣太郎は西海岸から北はカナダ、東はシカゴ近くまでの試合スケジュールを作成し、その間に新聞やラジオなどにも日本初のプロチーム渡米遠征について取り上げてもらったのである。こうした苦労が惣太郎のアメリカにおける知名度を上げていく要因になった。

一方、日本では一月一四日、練習のためチームの全選手が静岡の草薙球場に参集した。一行は、総監督が市岡、監督は三宅、浅沼は留守役となった。参加選手を見ると初期メンバーの久慈次郎は家業の都合で合流できず、中島治康、三原脩は入営、また卒業直前で野球統制令に抵触した内堀保や中山武はギリギリまで上京できなかった。

ゴタゴタの中で練習は始まり一行は秩父丸に乗船した。船上では長い道中のため午前中はランニング、午後はトスバッティングをやり続けたという。いまでも記念写真が残されている。

二月二二日、読売本社前で車からおりた正力が長崎甚助に切りつけられ重傷を負うという事件が発生した。この事件の背景には東京日日と読売の販売競争があった。遠征は中止かとも声があがったが、生命に別条なしということもあって遠征は続いた。もし正力が命を落としたら野球はここまで発展しなかっただろう。

ハワイを経由して二七日、チームはサンフランシスコに到着した。実はこの秩父丸にはハンターも乗り合わせていた。皮肉なめぐり合わせである。巨人の渡米についての詳細は、永田陽一の労作『東京ジャイアンツ北米大陸遠征記』を参考にされたい。

上陸したチームは、車十台に分乗し、サンフランシスコ市庁に向かった。ローシィ市長と会見後、惣太郎は、地元ラジオ局で日本チームの遠征についてPRした。そして一行はウィットカム・ホテルに入った。メジャーのスカウトもやってくるホテルであった。二月二七日、惣太郎はサンフランシスコのシティーホールで市長や市民を前にして、「我々はここに野球での我々の能力をお見せするためだけに来たわけではなく、昨秋ベーブ・ルースたち優れたメンバーによる訪問のお礼のためだ」と述べて注目を引いた。御礼とはいうものの、実は惣太郎には日本プロ野球の偉大な一歩だったのである。

一行は水原、田部武雄、苅田久徳が六大学出身ということもあって在米邦人に人気があり、アメリカ人からは、スタルヒン、ジミー堀尾、そして沢村に人気が集まった。日系二世のハリー正男は、沢村がブルペンで練習を始めると「一世たちは大喜びでした」と回想している。試合模様は三宅が「遠征記」に残している。

出迎えたオドールは選手を引退し、シールズの監督として巨人と対戦した。その際、沢村が投げ、マイナーにいたジョー・ディマジオが特大のホームランを打っている。沢村はこうした選手がマイナーにたくさんいることに驚いた。ディマジオは翌年ルースと入れ代わるようにヤンキースに入団した。一方、遠征では観客がなかなか入らず赤字続きで、宿泊費や旅費の捻出に苦労した。

チームは七月一六日に帰国した。惣太郎は「古くからの友人の君を忘れることはない」とオドールに送った。一七日、東京会館で帰朝歓迎会が開かれた。チームが食したのは、天ぷらでもそばでもなかった。スープに、ビーフソテー、鶏肉グリル、サラダ、アイスクリーム、果物、コーヒーと実に西洋的な料理だった。帰国後の七月一六日、オドールは「もし正力氏が今秋、日本にチームを呼びたいのであれば、すぐに電報してくれ」と送った。国内試合開催に奔走する惣太郎は一九日「今秋チーム招待することを希望しない」と返答した。オドールは、ビジネスとしての野球交流に動き始めた。

ところで、大日本東京野球倶楽部の名称についてであるが、「日本」は日本を代表するという意味、東京はフランチャイズが東京という意味、この東京の名を入れることは浅沼の発案だったという。次にニックネームについてだが、当然親しみやすいことが重要である。三宅は「金鵄」、惣太郎は「トンボ」といった案を出していたが英語名では具合が悪かったため保留状態だった。この「トンボ」にこだわったのが安楽兼道、彼は「トンボ」は「勝虫」という根拠もあり、古くから武士の刀剣の飾りにも使用されているとして、この会社のマークとして使い始めていた。このままだったら「トンボ」になっていたかもしれない。

ところで、チームが渡米して、オドールと惣太郎の話の中で、「マグロウ監督のいるニューヨーク・ジャイアンツが一番知られている」という話があった。この発言が決め手となって「東京ジャイアンツ」となったのである。だが惣太郎に決定権はない。惣太郎は、チームの報告を本社にするとき、このニックネームを多用して正力の目にふれる作戦にでた。惣太郎の電報は、運動部の山口幸一が対応していた。ある日、この電報が正力の目にとまった。

「この電報のジャイアンツとはどういうことなのかね。」

山口は、「巨人と訳しますが…」と答えると、正力は「なるほど巨人というのはいいニックネームだ」とうなずいたことが決め手になった。東京巨人の始まりである。さらに留意したいのは、惣太郎たちは東京をフランチャイズにするという意識を持ち始めていたことである。今日、その意識は巨人にはないようだ。ただ大日本東京というネーミングは、いかにも日本代表の感があり、日本国内の第二、第三のチームのネーミングも混乱することになる。しかし、いつしかこれが読売ジャイアンツになっていくのである。

日米修好八〇年事業

満州事変後日米関係は緊張し、外務省は両国の友好親善維持に苦労していた。幸いにも昭和九年は日米修好八〇年記念式典が開催される時期と重なった。三月には、ペリーディと称されて、下田や東京で記念行事が開かれ、グルー大使は、「日本が大国になりましたのはひとり西洋の模倣のみならず、自己の建設能力に目覚めたからであります」（「体育雑件」）と評価していた。正力と親交のある郷誠之助東京商工会議所会頭も「私どもにとってアメリカは凡ゆる意味において過去八十年間に亘り私どもの先生であり、指導者であり、水先案内人者」と持ち上げ、「友情と好意」に感謝の意を表明している。財界人のほうがある意味率直とも言える。

さて、七月二三日、ワシントンの藤井臨時代理大使から次のような紹介があった。フロリダ州の上院議員の仲介でフロリダ大学啓発部長のフランク・S・ライトの手がけている野球団が訪日を希望していると連絡があった。藤井は、青年チームがやって来てプレーすることは、「時節柄極めて有意義なる考案」（「体育雑件」）で「日米親善のうえより見て多大の効果」もあるため、日本側から「招聘を取らるるの可能性あるや」というものだった。来日するメジャー・リーグ・チームや大学野球チームに比べると「遥かに簡易に取扱ひ得べきもの」で「国交上にも裨益する所尠からさる」と推奨していた。これに対し、一一月二二日天羽英二情報部長が在米藤井参事官に返電した。

「……最近数年来各種スポーツの国際的競技か相当頻繁に挙行せられたる為か何等か、特別の意義ある物の外は殆ど民衆の興味を惹かさる有様に有之、例へは今秋来朝せる米国陸上競技連盟代表選手及目下来朝中の米国職業野球団の如き特に目新しきものは別として米国内第一流大学野球団、例へは今夏来朝せるハーバード大学野球団の如きに対してもさしたる興味を感せさる様見受けられたる次第……先方の期待すること効果を収むるは極めて困難。」（「体育雑件」）

外務省もスポーツの交流が盛大になっていること、友好親善に寄与していることは認めている。だが野球に関して言えば、メジャー選手のプレーを多くの大衆が観戦したため、日本人の目も肥えてきている。ゆえに学生野球交流では目新しいものではなく、観客を動員できないとの判断だった。プロ選手チームの来日は、新たな段階を迎えようとしていた。

そのためかハーバード大学野球部来日は静かな訪問となった。これを手がけたのは、ハンターだった。当然読売は全く無関係で、仲介役は慶応野球部の野球部長恒松安夫と直木松太郎で、昭和九年八月一六日来日した。ルース一行の訪日前だった。慶応側も微妙な日米関係を理解しており、直木は、一八日の最初の試合には「広田（弘毅）外務大臣の始球式の投球を仰ぎたく、日米親善の為めお取次ぎを乞ふ」（「体育雑件」）と政府に依頼した。またこのときの「捕手はＪ・グルー大使に御願致す心積もりにて、同大使は在学中ハーバードの捕手たりしに依り」というものだった。グルー大使に野球経験があるとは筆者も知らなかったが、外務省には幸運だった。

しかし広田外相は職務多忙で当日は欠席、代わって知米派の斉藤博にも声がかかったが、東京不在で残念ながら外相と大使の始球式は幻と終わった。始球式は松田源治文相とグルー大使だった。

不安定な日米関係を改善する材料のひとつがスポーツだったが、他方で、盛んになるほどに大衆の一流プレーへの渇望も浮き彫りになってきた。野球は言うまでもなくオリンピックへの期待も陸上、水泳など世界を相手に活躍する選手が登場するほどに大衆は一流の外国人選手との対決を期待しているのである。

同年は前述した第一回日米陸上競技大会（九月）も開催された。大日本体育協会の副会長を兼ねる平沼亮三の日本陸連は財界に支援を要請した。六月二八日、三井の池田成彬、三菱の木村寿太、安田の安田善次郎など財界の後押しを受けて、日本陸上競技連盟の方針で、重光葵外務次官から「日米対抗陸上競技を開催すること」（「体育雑件」）を発表、これが「日米両国民の理解を増進する上より見るも頗る有意義なる企画」と伝えたのである。昭和六年の第一回日米水泳対抗に遅れること三年、第一回日米陸上対抗戦の企画だった。その後、朝日新聞をスポンサーにして古河鉱業、大倉組、片倉製紙といった企業の応援を得た陸連の企画は大成功だった。米陸上選手団一七名は同年九月二日横浜に到着、三日には重光外務次官主催の歓迎会、四日は「米国選手団の夕べ」と称して平沼会長、グルー大使、牛塚東京市長、松田源治文相などを招いての歓迎会が開催された。選手団の経費の補填として鉄道省から彼らに鉄道パスや寄付金集めも行われた。まさにルース一行が来日する前夜、国を挙げての陸上大会が開催されたのである。朝日や読売も、日米協調という文言で競い合うように大会の後援者となっていた。

すでに日本は前年に国際連盟を脱退、九年三月には満州国が誕生し、陸軍では統制派と皇道派の対立が深くなる中、一二月三日、日本はワシントン条約を破棄するという事態に発展していた。日本を取り巻く環境は徐々に悪化していた。日米友好八〇年の記念の年でありつつも、実はスポーツ交流にとっても大きな節目の年だったのである。

国際協調の綻びが始まり、都市文化は繁栄を見せる中、農村部は飢饉などで疲弊し、日米交流は時代のうねりの中に飲みまれていく混迷の時代に突入しようとしていた。

巨人における惣太郎の立場

渡米遠征を終えて、三宅は「巨人軍悪戦苦闘記」(『文藝春秋』)を記している。そこには、「日本人は礼儀が正しい、その証拠には打者がバッター・ボックスに立つ前には帽子を脱いで、審判官にお辞儀をする」ということも評判の良かったひとつと紹介している。甲子園野球の伝統のなせる技だった。マナーの良さというよりも東洋人への珍しさもあった。実力の差となると三宅は率直にその落差を認めるほかなかった。まずメジャー・リーグが飛び抜けているとして、２Ａ（コーストリーグ等）との差はあまり大きくないので、巨人はＡクラス、このＡクラスのチームと試合をおこなえば、五割程度の勝率となるだろう。２Ａに対して「四割以上の勝率を得るには、未だ今後の努力が余程必要である」とした。なかなかの自信である。だが一方で、アメリカのスポーツアナウンサーには親しみを感じていた。

「私がコーチャーに出ると、直ぐ『今一塁側のコーチャーは東京ジャイアンツのコーチの三宅君と伝えます。彼は東京のケーオー・ユニバシティー出身で、学生時代にはベースボール、陸上競技、其の他の選手で、米国に来たのは何度目で……等々、一寸すみませんが挨拶をしてください』と伝わったと感じた……」

三宅のコーチングは定評があった。惣太郎は三宅のように技術指導に熱心でアメリカ野球の理解に熱心な監督に好意を持っていた。だが彼は権威主義的な市岡とは馬が合わなくなっていた。

一方、日本では続々と新チームが誕生していた。だが問題も存在した。前述したが長年、中等野球や六大学野球に慣れ親しんできた日本人のアマチュアリズムはプロ＝商売人に対する抵抗感であり、プロ野球に踏み込むことをためらうため選手不足が蔓延していた。圧倒的なアマ野球志向の中でプロ入り希望はまだわずかだった。

他方でアメリカとの交流は深まっていた。昭和一〇年一一月二三日、惣太郎は、友人のパシフィック・コースト・リーグ幹部ウェブスター・Ｋ・ノランへの書信で、巨人渡米中の協力への御礼と、翌一一年春、再度の渡米遠征を考え、「先の遠征で試合の予約を助けてくれたように今回もお願いしたい」こと、今回はニューヨークまで行きたいと伝えた。時を同じくしてルーニー・グッドウィン（ホワイトソックス球場管理者）から、ネグロチームを日本に連れていくプランを聞かされた。交流はメジャー・リーグとはいわないまでもその周辺チームに広がっていた。

一九三五（昭和一〇）年一一月一〇日、惣太郎はオドールに、「新愛知は正力氏と別のプロチームを編成中。彼らはコースト・リーグ・レベルの投手二〜三人、捕手を一人君に選んで欲しい。一年間の実績で報酬は一ヶ月五〇〇円が上限」と送った。二人は助っ人外人獲得の仲介も行った。野球チーム創立で名古屋軍の河野安通志総監督と親しくなった惣太郎は、オドールを通じてメジャー選手のスカウトを依頼、そして来日したのがワシントン・セネターズの捕手バッキー・ハリスだった。いわゆる助っ人外国人第一号である。昭和一一年春のことである。惣太郎の助っ人外人獲得のルーツはここにある。日米交流の副産物だった。

彼の能力はすばらしく、ディレード・スティールは秀逸で、また捕手として打者の耳元に「モーモタロサン、モモタロサン」と歌って打ち気をそいだりするユーモアも兼ねた選手だった。最高殊勲選手やホームラン王も獲得したが、日米関係が悪化する中で、その後昭和一三年一〇月二二日帰国した。出港するときの別れでの「カナシクテカナシクテ、サヨナラガイエマセン」は名セリフとなっている。

ところで、惣太郎は第二回渡米遠征について正力と相談していた。遠征をめぐって意見は割れていた。市岡は、遠征反対だった。巨人は国内試合で四八勝一敗、一二〇〇円ほどの利益をあげたのに対し、アメリカでは七〇〇〇円の損失を出していると指摘、そのため次の遠征で黒字を出せるかが心配だというのである。

遠征不可能となることを恐れた惣太郎は、このことをオドールに伝えた。アメリカ側から巨人の遠征を促したいという戦術である。また国内にプロチームが東京にもう一つ、名古屋に二つ、大阪に一つ、結成され、近々「プロ野球リーグができる」（一一月一三日）ことを確認していると伝えた。惣太郎は一一月二〇日、改めて来春巨人を訪米させたいとして、「前回同様、あなたの力を貸して欲しい」とオドールに依頼した。前述したように読売内で野球でトラブル発生のときは、オドールを使うという手段だった。

第一回遠征で苦楽を共にした市岡との調和は、今や困難になっていた。運動部内の意向がまとまらないので、読売本社の意見もまとまらない。こうなるとアメリカからオドールの後押しがなくしては、遠征は不可能である。

一九三五（昭和一〇）年一二月一八日、わざわざ秘密と断って書信を惣太郎はオドールに送った。愚痴といえば愚痴になるが、巨人の内幕を知る上で興味深い。

「……東京ジャイアンツのメンバー、特に市岡氏はいつも業務を未定のままにしていて、私が努力を重ねても、君からせかされている要件について、アメリカのビジネスマンがやっているような適切さと手際で実行してくれない。特に東京ジャイアンツでは何事も非常にゆっくりだ。……正力氏、安楽（兼道）氏、三宅氏には容易に納得してもらえると思うが、市岡氏と浅沼氏は、ジャイアンツが君の旅費を負担する必要はないと主張していて、納得してもらえない。最終的に私は、名古屋の新愛知新聞と連携している国民新聞の田中氏と会い、旅費の三分の一を負担してもらえることに成功した。……私は東京ジャイアンツのやり方が本当に不愉快だ。

……なぜ彼が素早く動かないのか、それは、彼が会社の事を他の人にやらせないからだ。他の言い方をすれば、彼は彼自身が会社全体の責任者（ボス）である事を、他の人に思わせたいのだ。と同時に、彼は大変疑り深く、油断無く他の人を信用しない。彼は非常に変わった人で扱いづらい人物だ。……彼はオフィスで浅沼氏を除いては誰ともうまくいかない。君も知っているように、三宅氏は前回の訪米で見事にマネージメントした。また、日本国内での夏から秋のツアーでもチームのためにいい働きをした。

私は、三宅氏が東京ジャイアンツの成功に相当の功績があったと思う。しかし今、市岡氏は三宅氏をジャイアンツから追い出そうとして正力氏に放出する許可を求めている。私はこのトラブルに入り込むつもりはなく無関係。（このあと、シールズ招待で市岡が動かないことに言及）……後になって、正力氏は私も東京ジャイアンツの株式総会で、取締役に推薦する事を約束した。正力氏は私が先の訪米でおこなったことと、チームの日本ツアーに尽力したことを評価した。正力氏は他の取締役に相談して惣太郎の就任に全員が同意したが、市岡氏は正力氏に反対して浅沼氏を取締役にするよう推薦した。

正直いって私は取締役になりたいと思っていない。取締役になったらいつも市岡氏と衝突していることになるのが確実だから。……私は今後アメリカに行くかどうかまだ決めていないが、私はアメリカを愛し、アメリカへ行く事を望んでいる。しかし市岡氏と一緒に行くといつも彼と私は意見が合わず、旅の間ハッピーでいられない。……」

長々と紹介したが、極めて率直な内容だ。読売での正力のワンマンもいうまでもないが、巨人では強い個性をもつ市岡と理想の野球を求める惣太郎の頑固さが衝突していた。しかも巨人の遠征に読売以外の新聞社から補助が出ていたとは驚きである。こうした新聞社など横の繋がり、すなわち読売と各社の義理が日本プロ野球の良くも悪くもその後の巨人中心のサロン的な空気を招いていくことになる。

第5章 非常時の日米スポーツ交流

高まる外務省の支援

一九三五（昭和一〇）年一月、オレゴン大学野球部の来日話が浮上した。同件は、オレゴン大のパーカー総長から二八日同大学卒業の外務省の松岡洋右を頼って夏に交流試合を行いたいというものだった。ところが、外務省は「今夏は早大において エール大学を招待しおる外、コロンビア大、プリンストン大学よりも今夏又は止むを得ず来夏対戦を希望を申し越おりたる次第」につき、二月初め松岡を通じて訪日延期を要請した。一〇月二四日、ポートランドの鶴見憲領事は、広田外相に、パーカー総長は「大の親日家であり、日本に対して極めて有利なる講演を為し日本紹介に献身的努力を為し」（「体育雑件」）ていると評価は高かった。しかし日米の大学野球交流はこれ以上盛大にはならなかった。

さらに同年四月九日、澤田節蔵ニューヨーク総領事から広田外相に対し、コロンビア大学野球部が中心になって初の試みとして、米国内の各連盟の選抜選手を集め野球大会を開くという企画が登場した。いわゆる全米選手権構想である。その後の日米大学野球選手権のルーツになるような企画だった。これは「目新しき計画」(「体育雑件」)で、外務省としても「スポーツにより日米親善に資する所ある」という評価があがった。

だが問題があった。試合開催期間は六月であり、日本ではまだ学生が夏休みではない。そこで文部省体育課は、毎年の開催になるため「困難と存ずるも」省内の意見や連盟の希望も聞きたいと表明した。東京朝日新聞も「世界第二の野球団を日本に参加勧誘来る六月米国で開催」と伝えた。文部省は東京六大学だけに任せるわけにはいかないため、関西六大学野球側から国内の東西決戦を行い、ひとつを選抜し真の強いチームが渡米すれば日米親善にも寄与すると主張があった。しかしスポンサーや施設が間に合わず結局中止となった。日米選手権構想がこの一〇年に芽生えたことはプロ・アマ交流の足跡を見る意味でも極めて重要である。後日談となるが、一九七二年日米大学野球選手権が始まった。

さて東京六大学リーグでは四月、二シーズン制が復活、野球人気にＪＯＡＫはニュースや演芸に加えて野球の海外放送を始めた。一方、早稲田野球部の招待で前述したエール大学野球部の訪日遠征計画が進行していた。六月六日、やはり澤田総領事から天羽英二情報部長への連絡だった。早大野球部出身で日本郵船の中野五郎が外務省に「外務次官に於いて数分間一行を御引見下さらば一同満足の至り」(「体育雑件」)と推薦した。個別の大学野球チームの来日は早稲田や慶応など有力校が依然として企画の中心に存在したのである。

しかし現実はこのころには、日本の大学野球は高いレベルに達していたようである。安部磯雄教授と懇意で、当時を知る早大教授木村毅は、「昭和九年にハーバート大学が日本に遠征してきた。それは米国大学のビッグ・スリーのひとつで、アメリカの大学チームとしては最強のものであったが、我が六大学には歯も立たなかった」（『日本スポーツ文化史』）と回顧している。

一方、昭和一〇年は、昭和六年に続いて、第二回日米対抗水上競技大会が開催された。日本は一二種目のうち七種目で優勝し、来るべきベルリン・オリンピックへ大きな弾みになっていた。ブダペストで開催される第六回万国学生陸上に参加するため山本忠興陸連会長を団長に七月二日に横浜を出発、八日ハルビン、一七日モスクワ、一九日ヘルシンキ到着、しばし滞在して八月五日にブダペストに到着した。アメリカ遠征の海洋移動も大変だが、シベリア鉄道を長躯移動して試合に臨む日本選手団には、それだけでも大きな労苦だった。

一二月一八日、首相官邸では、オリンピック準備委員会が開かれ、人望のあった徳川家達が委員長に就任して東京大会への準備を急ぎ始めたが、海外で日本への風当たりは厳しくなっていた。翌一一年二月、クーベルタン男爵が、「オリンピック委員会にとって、日本の軍事政策が好きか嫌いかということは問題ではない。我々の関心事は、日本が確かに準備できるかどうかということである」（『ニューヨークタイムズ』二月一二日）と日本擁護の発言が後押ししていた。同年七月三一日、ついにＩＯＣベルリン総会で東京開催が決定する。

第二回の遠征問題

一九三五（昭和一〇）年一二月二四日、読売の首脳会議において浅沼から前回のアメリカ遠征について批判が出された。市岡はこれを受けて遠征には消極的な姿勢を示した。議論噴出の中、正力は「ジャイアンツはアメリカへ行くべきである」と決断し、惣太郎にチームより先に渡米するよう指示した。やはり正力はアメリカ遠征にメリットを感じていた。幸いなことに、正力の存在が惣太郎の背中を押していた。

市岡とうまくいかない惣太郎は当初、気乗りしなかったが、渡米を決意した。以後、惣太郎はオドールに惣太郎個人宛のアドレスと読売宛を使いわけることを依頼した。惣太郎は読売内部に自身のプライバシーや交渉内容が漏れるのを憂慮したのである。さらに同日の惣太郎の報告は興味深い。

「……来春のアメリカでの試合日程の試案をつけて送りました。密集した試合の手配についてのわがままな希望に驚いているのではないかと心配だが、怒らず、我々からの指示に従って最善を尽くしてもらえることを望みます。この日程の試案は、私の思い通りにはできなかった。私の作った案は、一二月二〇日の最終会議で市岡氏に大きく変更されてしまい、やむなく我々は、正力氏、市岡氏、三宅氏、安楽氏、塩田氏、浅沼氏と私で再度結論を出しました。

主な議題は、来年アメリカに行くか行かないかです。これについて私は多くは発言しなかった。塩田氏、浅沼氏、他から前回のアメリカ行きが経済的に不成功であるといって反対され、非難されました。しかし正力氏は最後に、ジャイアンツの渡米を決定しました。そして私に、皆より先にアメリカへ行き広報と試合日程について進めるように言いました。……正力氏は君を非常に頼りに思っており、また私も頼ってくれている。東京ジャイアンツの取締役の全員が、アメリカでの野球については私をあてにしています。ただ一つ、私が嫌だと思うことは、市岡氏が非常に自分勝手で私に対してもそうだということです。彼は私に対して嫉妬しているだけで、それ以外のことでは無いと思っています。」

三宅はほどなく退団して、新チームの阪急軍の監督に就任した。プロチーム創設に動いた四名のうち三宅が早くも退任を余儀なくされた。第二回渡米遠征が近づいてきているだけに惣太郎もうかうかできなかった。「くれぐれも秘密扱いにしてくれ」と願う惣太郎だが、正力を頂点とする読売内部の力関係に苦労することになる。大和球士は市岡について、「自分が常に集団の中心人物でなければ満足しなかった」人物で、「どんな仔細な事でも相談することを望む人物だった」と回想している（『戦後プロ野球史発掘』）。惣太郎は、オドールに吐露した。「君が私にとって、このようなことを話せる唯一の人なんだ。このようなビジネス上のトラブルについて、家内にさえも話せない……」

惣太郎の不満は旧知のウェブスター・ノーランへの連絡でもはっきりする。昭和一一年一月一〇日の報告で、今回の契約について、なんとか満足してほしいと述べる一方、第一回の遠征帰国後、「去年の夏に日本へ帰ってからの大日本野球倶楽部の私の扱い方に不満」であり、渡米遠征実現に努力するが、第二回遠征後、巨人を辞めたいとも吐露していた。プロ成立直後に早くも辞めたいとは穏やかではない。惣太郎は、やはり市岡の言動に困惑していた。だが正力社長の依頼となれば断れず、「君にも手伝ってもらって、一九三六年の国際スポーツイベントとして最も成功を修めたい」と希望していた。同年一月二九日、惣太郎はＪＯＡＫを通じてアメリカ人に訴えかけた。

「……東京ジャイアンツは、近々二度めのアメリカツアーを計画しています。東京ジャイアンツを知る仲間にこれを話せることはとても嬉しい。去年の東京ジャイアンツのアメリカツアー成功と、日本での昨秋の国内遠征で黒字になり、この資金で遠征が可能となりました。」

惣太郎のもとには、アメリカ各地から遠征のオファーも来ていた。日本は有力な野球マーケットになっていた。スペイン・クラブのオールスターやネグロ野球のオールスターを送りたいなどの連絡もあった。

一九三六（昭和一一）年二月五日、東京巨人軍、前年暮れに誕生した大阪タイガース、名古屋軍、東京セネターズ、阪急軍、大東京軍、名古屋金鯱軍の七チームで日本職業野球連盟が誕生した。注目したいのは、その綱領の中の「野球世界選手権の獲得を期す」という文言だ。連盟を結成した日本では、いつかは世界一を目指したいと崇高な目標を立てるのである。

巨人の第二回の遠征中の四月からリーグ戦が始まった。一方、二月末、巨人は浅沼監督のもと惣太郎が再び帯同し第二次アメリカ遠征を敢行した。三月二七日サンフランシスコに到着したチームは遠征試合を開始した。全試合を勝率六割八分七厘という好成績で帰国した。日系人の多くいる町はまだ観客も多くて良かったが、無名な外国チームにアメリカ人はさしたる関心もなく、ガラガラの球場での試合も多かった。

入場料で生活していくはずのプロチームにとっては大変な状況での遠征だった。後述するが、このときサンタマリアで対戦チームの原田恒男（キャピー原田）を知り巨人へ勧誘したが、家庭の事情で原田は参加できなかった。この遠征は、四二勝三三敗と終わり、二万円ほどの赤字を出した。責任を感じた惣太郎は正力に辞表を出したが、正力は「他から入ってくるから辞表は受理しない」と述べ、ことなきをえた。正力の慧眼が惣太郎を助けた。

帰国後、巨人は全青森、函館オーシャン、札幌鉄道局と対戦相手はアマチュアが続いた。最初の敗戦相手は熊本鉄道局、次に負けたのが藤本定義率いる東京鉄道局チームと全大宮だった。

浅沼監督に批判が集まった。常勝巨人が連敗するのは許されなかった。浅沼はこの遠征後、監督を辞任してフロント入りし、終戦まで巨人に在籍した。そして巨人は市岡の早稲田の後輩でもあった藤本定義（一九〇四〜一九八一）を監督に引き抜いた。それも敗北を喫したチームの監督のスカウトだった。これも巨人らしい。

ところで第二回遠征を終えてまもなく七月にはオドールから再度の米チーム遠征熱望の連絡があった。

「もし今日本のプロチームのどこかがコースト・リーグ・チームがこの秋行くことを望むなら、教えてほしい。できるだけ早く私に知らせて欲しい。もしコースト・リーグ・チームを招くなら、私が選手を選び連れて行く。」

惣太郎は「実際には今秋チームを招待することを、希望しない」と返答した。シールズ監督になったオドールは日本の各プロチームと対戦して興行を行おうとしていた。彼は野球の技術伝授というよりも交流という興行に関心があった。この方向性が戦後惣太郎と微妙な違いを浮き彫りにする。

さらに七月九日、惣太郎はオドールに連絡した。

「ご無沙汰してすまない。長旅から、神経が少し調子が悪く、でももう良くなりジャイアンツとともに名古屋へ来ている。今年の訪米で去年より多い約一六、〇〇〇円赤字を出した。正力氏は口にはあまり出さないが、試合の結果にも満足していない。もっと勝てなかったのかと後悔している。……田部と水原は、市岡、浅沼とトラブルがあり解雇された。二人の少年は三宅に誘われ、とてもおろかな手段をとり最終的に解雇された。安楽と私は何もできない。」

惣太郎はマネージメントに奔走した。だが肝心の読売内では正力のワンマンさと、市岡の気難しさも加わり、早くも幹部や選手の入れ替わりが始まった。

ところで正力は「米大リーグ　第一回・第二回招聘戦話」（昭和二六年）のなかで次のように言及している。

「鈴木君は市岡君の友人だったが、実にアメリカの野球に詳しく、当時これだけの知識ある人は少なかった。いまでもアメリカ野球の裏の裏まで知っている者は多くはあるまい。アメリカ野球招聘に対する鈴木君の貢献は実に多大である。次の昭和九年も、今回も、ともに鈴木君の力が大きいことは世間の人はよく知っておくべきだと思う。……アメリカチームが帰るとともに、巨人軍の結成、会社の創立は着々と進み、一二月二六日は日本工業倶楽部で創立総会を開き、夜は丸の内の東京会館で朝野の名士を招いて披露宴を催した。前後二回の日米野球が日本最初のプロ野球の結成となって、見事に実が結んだのであった。」

正力の講演や対談では、事業に対する自身の草分け的役割を熱弁するのは毎度のことだが、珍しく惣太郎の尽力に言及した。いつも正力に葛藤しながら、このような正力の話があると惣太郎はささやかに溜飲を下げるのである。

正力のテニス興行

一九三六（昭和一一）年には読売は、テニス大会を企画した。アメリカからプロ選手を呼んで日本人選手と対抗戦を行い、さらには日本人にコーチする段取りだった。だが日本人は大学生が多くてアマチュアばかりだった。文部省はプロ対プロ以外の試合を認めない。このため協会はプロ選手と対戦すればプロ資格ありと認めることにした。苦肉の策だ。二月には二・二六事件が発生し、世情が落ち着かない状況にもかかわらずである。

ところで、デビス・カップ大会には、日本は一九二一（大正一〇）年に初参加で準優勝して実力を世界に見せつけた。一九三一（昭和六）年全仏ベスト4、七年と八年にウインブルドンベスト4の佐藤次郎など、日本人はテニスでも世界で活躍を始めていた。正力がこれに目をつけないはずはない。

日本庭球協会の主事久保圭之助は昭和一一年五月二六日、天羽英二外務省情報局長に正力の企画を紹介した。それは、アメリカの強豪選手、元世界王者ウィリアム・ターチム・チルデン（一八九三〜一九五三）ら三人のデビス・カップ選手を招聘してテニス大会を開催するものだった。

背景には正力の強気な興行プランがあった。実は久保は、読売が協会側に「前もって何等正式の御相談もなく御計画せられ」（「体育雑件」）という独断の動きに不愉快だった。ところが、協会も苦しい事情を抱えていた。国内では、協会が大規模な大会を開催することは資金不足で不可能だったのだ。

このため読売のプランに対し、久保は「事業としては、目下非常に不利にある庭球界としては、全く願ってもなきこと」と追認するのである。赤字を抱える新興スポーツ界では、新聞社などの支援は有難いことだった。それだけ型破りな読売のスポーツ興行への参入だった。

さて、八月二五日、堀領事は有田八郎外相に対し、読売からの依頼を受けて、ヨーロッパを転戦しているエルワース・バインズ、ジェーン・シャープやチルデンを招聘する計画に尽力する返電があった。この結果、読売主催の日米国際庭球戦の開催が決定した。四三歳となったチルデンを含めた三人は一〇月に来日し、大会には青木岩雄、林美喜子など日本人の著名選手の主力が登場した。一行は田園コロシアムを始め甲子園、名古屋を転戦、会場は満員の大盛況だった。

これ以降、チルデンは清水善三や佐藤俵太郎と親交を結び、佐藤はその後チルデンのツアーに参加する。彼は日本人最初のプロ・テニス選手になった。これも読売の興行のなせる技だった。日本では、まだまだテニスは集客力を誇れるスポーツではなかったが、大衆にプロ・テニスの妙技を見せたのはその後に大きな影響を与える啓蒙的興行になった。

他方で課題もあった。大会がプロ選手のヨーロッパ巡回ツアーを混乱させるかもしれない。さらに、プロとアマのテニス対抗試合は無理ではないかとの意見もあった。まさに野球統制令のテニス版だった。事実、プロ選手側もアマ選手との試合を拒否していた。そこで、正力の命を受けて読売の星野龍猪運動部長が渡欧して転戦している米人選手一行と協議を重ねた。

読売の動きに協会も触発されたというのが真実であろう。このため外務省を通じて「この際、国際信義に悖るようなことを致すことは如何とも存ぜられ候に付き、同社へもよく御了承を戴くよう仕置候」と伝えていた。結局協会も読売の興行に乗じようとしていた。協会を通さず、相手と直接交渉とは読売らしい手段だったが、これがまた物議を醸したのも事実だった。

一〇月、佐藤は、読売主催の日米国際庭球戦に出場、林美喜子、井上早苗などと共に、アメリカからもビル・チルデン、エルス・ワース・バインズ（以上男子）、ジェーン・シャープ（女子）を迎え撃った。読売側に依頼された青木は一〇月一日、読売新聞に「バインズを語る」という記事を寄せている。日本テニスが長い歴史の中で最も世界に輝いたころだった。正力の眼力は驚くばかりである。

一方、正力は満州事変を機に飛行機を動員したことはよく知られている。八月リンドバーグが来日したことが、各新聞社を刺激した。写真や原稿を早く日本に運ぶには航空機しかない。この年、読売は新鋭機のメッサー・シュミットの戦闘機モデルをドイツで購入した。時速三〇〇キロという同機の最初の仕事は、読売の社旗と日独の国旗をなびかせてベルリン・オリンピックの競技場上空で勇姿を見せ、観衆の大喝采を浴びるというデモ飛行だった。その後日本に運び込まれた。

ベルリン大会に触発されて正力は、翌一九三七（昭和一二）年になっても、テニス興行に夢中で、デビス・カップ日本開催にも熱心になっていた。

第三回日米野球を提案した正力

惣太郎とオドールたちの交流は続いていた。一九三六年一月八日付の惣太郎の報告である。

「……ところで、黒人チームのオールスターを日本に呼ぶ件も、次の夏か秋に呼ぶことの可能性を考えている。オドールのシールズを次の秋に呼ぶことはほぼ確実で、同時に他のチームのことも手配することは難しいと考えている。また、東京ジャイアンツのこの春のアメリカツアーについて書かれていたが、七月前には無理な相談だ。一九三七年だったら君のチームを呼ぶ良いチャンスになると思う。ロスでもうすぐ会う時にそれについて話そう。」

オドールは、当初翌年秋に再び訪日することを望んでいた。彼が監督をしているシールズはコースト・リーグで優勝しており、メジャーに準ずる力を日本側に見せつけたかった。チーム来日について、市岡と惣太郎の話し合いがもたれた。しかし市岡はギャラが高いとシールズ来日に反対だった。

日米交流に市岡は態度を保留、惣太郎はこうした煮え切らない態度を嘆いている。交流が日本プロ野球のレベルを引き上げる。だが市岡は、もはや夢を抱く野球人ではなく現場を預かる責任者の顔になっていた。七月二九日、惣太郎は日米野球の件を伝えた。

「小倉で市岡と会い説得したが、彼は招待したいというが、ギャラが高すぎ、東京に適した球場がない、という理由で彼は決められない。いつもｙｅｓ・ｎｏを保留にする。」

シールズ来日に市岡は依然として否定的だった。その理由は、ルース来日では観客は呼べたものの、無名のシールズでは赤字は必定というものだった。その上、読売上層部では、渡米遠征で赤字を出したこともあり、消極的な意見が出ていた。そして、なによりも正力が「ベーブ・ルースを呼んだときほど熱が入っていない」ことも問題だった。忘れてならないのは、正力は一流好みであり、メジャー級のチームでなければ彼の気持ちを満足させることはできない。

オドールは、これを「君の落ち度ではない」とかばった。その上、正力もシールズ招請に熱心ではなく前述のテニス大会開催に熱中していた。惣太郎は「この秋にシールズを招待できないのが本当に残念だ」と送った。オドールは、やむなく翌一九三七（昭和一二年）の訪日を計画することになった。これが戦後のシールズ来日の伏線になる。

七月一九日、惣太郎はオドールに対し、この秋の訪日提案に対し、「今年はこの件に彼（正力）は興味のないことがわかった」と改めて報告した。さらに、惣太郎は読売内での自身の立場を再び憂慮していた。このころ読売内でも「市岡—浅沼のマネージメントを好ましく思っていない」声もあった。惣太郎は、市岡や浅沼について、「大ポーカーフェイスのような彼らはいつも仕事を棚上げして適当な時期まで決定できない。彼らには全くうんざりする」と愚痴めいた報告をしている。

翌一九三七年は年頭から、正力は気炎を上げていた。一月九日、正力は丸の内の工業倶楽部に販売店主を集めて全国販売会議を開いた。席上、正力は、九月に小石川砲兵工廠跡に「後楽園グラウンド」を竣工し、新しく組織されるチームとともにホームグラウンドにすると述べた。それを記念する意味で、「この機会にわが社は米国職業野球団の第三次招聘をなし、日本の職業野球団と戦わしむる事としました。この日米両野球団の争覇は必ずや前二回に勝る大盛況を呈することと信ずるのであります」と言及した。

演説を見る限り、かなりの強豪チームを招聘することを念頭においている。また、年頭の挨拶だけに勇ましい部分もあるが、正力は日本に三度目のメジャー・チームを招待しようとしていたのである。

ところが、オドールとの交渉は全く進展しなかった。当時、中野文照・山岸二郎の二人の選手が読売の後援するデビス・カップ本大会に参加し、さらに二人はウインブルドン選手権にも参加していた。ついに五月一四日、惣太郎は正力に直談判した。だが「最大の難点は時期だ……読売が招待するテニスのデビス・カップの選手たちが浅間丸で来日し、東京から試合が始まる。だから君たちが浅間丸で来ても東京からツアーを始める事は出来ない」とオドールに報告するほかなかった。

このため、惣太郎はオドールに、日程をずらせば日本郵船で手配し帝国ホテルを避けて別のホテルを予約できると連絡したのである。このとき正力は日本人選手が世界的レベルで戦うデ杯大会の興行で頭がいっぱいだった。日米野球はそれからだった。ところが、だが日華事変でこの構想は消し飛んでしまった。

世界争覇戦の消滅

オリンピック東京大会に向けて国内のスポーツはまだまだ盛んだった。しかし、アメリカでは、六月に開催される全米水泳選手権への日本選手の参加を不安視していた。それを示すように、二月二四日、選手権の「斡旋者たる羅府（ロサンゼルス）商業会議所より、米国内の目下の対日感情に鑑み中止せる旨」（「体育雑件」）の電報が広田外相に送られた。

外務省は困惑した。従来、日本の水泳チームはオリンピックに向けて大きな成果を出し「好評を博して」いたはずだからだ。外務省は、「目下の空気は果たして右件実現の見込み無き難き程、悪化せるなりや」と返電するほどだった。結局、全米選手権参加は見送られた。日米の関係者には明らかに温度差があった。満州事変以来に関東軍の動きにアメリカでは苛立ちがつのり反日感情が高まっていた。不測の事態を恐れた商業会議所が手を打ったのである。

この中で、七月七日の盧溝橋事件で事態は一変した。いわゆる日中戦争の始まりである。開催が危ぶまれる中、七月一三日から日米対抗レスリング大会が実施された。海外とのスポーツ交流に黄色信号がともった。だがオリンピック開催を目指す日本はスポーツ交流試合の開催で引き下がれない。八月一四日、神宮プールにおいて日本水泳選手権が挙行された。背泳ぎやバタフライで招待されたアメリカ選手は日本の観客を大いに賑わした。

一方、七月二六日には、平沼陸連会長は、堀内謙介外務次官に対し「陸上選手強化方法」（「体育雑件」）として「国際競技大会を企画」しており、今後の「国際的意義に鑑み」助力を依頼した。外務省のサポートもあり、八月二八日に始まった陸上の大会は神宮、名古屋、甲子園と盛況のうちに開催された。日本選手の海外遠征は減少し始めていたが、国内での大会は日華事変が続く中、依然として継続していた。それはオリンピック開催という悲願があったからだ。大衆は、日米間の緊張をまだ差し迫ったものと感じ取ってはいなかった。

一方、同年惣太郎は晴れて取締役に就任した。彼のもっぱらの仕事は、有望選手のスカウトだった。惣太郎は、熊本まで赴き、熊本工業のＯＢ会長などに面談して説得工作を行い、二人を入団させた。かくして巨人は花の一三期生といわれた川上哲治、吉原正喜らの獲得に成功した。巨人の強化は進んでいた。

しかし、東アジアの国際状況は着実に悪化していた。一二月一二日揚子江で日本軍が米艦パネー号を撃沈、一三日、南京陥落に伴い市内に突入した部隊により南京事件が発生、一挙にアメリカの対日感情は冷え込んだ。一方、オリンピック東京大会の準備が遅れているとの批判もＩＯＣから噴出していた。

日中戦争の泥沼化により日本のスポーツ交流の先行きに暗雲が垂れこめた。翌昭和一三年三月のＩＯＣカイロ総会で、日本側は「世界の世論を味方につける」工作をしたが、これも不調に終わり、あまつさえ、会議後帰国途上のＩＯＣ委員の嘉納治五郎が船中で客死した。前途を占うような出来事だった。近衛文麿首相は六月三日、戦争遂行に支障が出る工事は「現に着工中のものといえども之を中止す」と発表した。これで五輪工事は立ち行かなくなった。インフラ整備は遅れに遅れていたのである。

アメリカでは東京大会に反対して二人のＩＯＣ委員が辞職、反発は広がった。国際社会から孤立した日本は昭和一四年七月一四日、万国博覧会開催、東京オリンピック開催、翌日には招致を決定したばかりの札幌冬季オリンピック開催を返上した。戦前積み重ねてきた海外とのスポーツ交流はオリンピック開催で頂点を迎えるはずだった。その期待は見事に裏切られた。

日米関係の悪化も加わりオドールの来日は実現しなかった。長引く戦争、非常時はスポーツを片隅に追いやることになる。八月三日の「日記」である。

「至るところの駅で入営者を送る万歳の声が挙がっている……」

惣太郎は、遠征中、各地の駅でこのような光景を目にしていた。スポーツの暗黒時代が近づいていた。虫垂炎を癒した正力の全快祝いの慰労会は一〇月七日、木挽町万安楼で行われた。席上、正力の熱弁は、まさに読売が方向を転換したことを表している。

正力は、「戦争は新聞の販売上絶好の機会であります」と述べ、「今回の事変勃発するや、八頁夕刊を分割し第一夕刊、及び第二夕刊を創設して一日二回配達し、一刻も速やかに戦局ニュースを知らんとする読者の要求にこたえたのであります」と戦意を高揚する発言があった。さらに一一月八日の講演で、正力は、従来の戦況報道は司令部での説明や後方見聞で記事にしていたが、「我が特派員は何れも身を挺して第一線に加はり直接観た戦況を通信し，或いは撮影して居る」と自慢話が続いた。読売の冒険心は他社との販売競争であり、また日中戦争で広告収入を犠牲にしても記事量を増やした。朝日が神風号で写真原稿を運んだように読売も前述した報道取材用のメッサー・シュミットの新鋭機の活躍を称え、六号機を飛ばしたりなど、さらなる報道合戦が繰り広げられた。読売はスポーツ報道から戦争報道に明らかに舵を切ったのである。

一九三九（昭和一四）年、日本職業野球連盟はついに職業の文字を削り、日本野球連盟に名称を変更した。文部省も六大学リーグ戦に熱狂する学生に対し、「アメリカの模倣で、見せるための野球に堕し、戦う精神を閑却している」と批判し、また「用具の扱い方もアメリカ風の無作法を誇りとする風がある」と難癖をつけた。アメリカンスポーツの否定はスポーツの根幹に関わることに及んだ。

メジャー野球に追いつけ、追い越せ、最後は世界争覇戦だ！　とスローガンを掲げてきた野球界にとって自己否定されるような文部省の対応だった。昭和一五年九月一五日の理事会では、惣太郎の熱い想いを刻み込んだ連盟の綱領から「世界選手権を争う」との文字がついに消えた。そして、「日本精神に即する日本野球の確立」という精神主義を標榜する形に変貌した。秋の決戦は、日米決戦ではなく、日本野球連盟戦となった。選手は戦士となり軍国野球への道を歩み始めたのである。

一方正力は、アメリカの対日石油、屑鉄などの禁輸に反発し一〇月七日、アメリカの通信社のＩＮＳ（インター・ニュース・サービス）の求めに応じて、アメリカに警告的なメッセージを送った。アメリカのやり方は「宣戦布告も同様」であり、「旧秩序は世界文明に全く寄与するところはなかった」と批判した。彼が現実の日米関係に踏み込むことは珍しい。アメリカの各紙は、この正力の批判を日本からの警告として掲載した。読売と提携していたハースト系の各紙は、「日本に挑戦するな」といった寛容な記事を載せた。だが正力は、非常時の中に自らをおいていく。結局、読売新聞の拡販は非常時とともに大きくなっていくのである。

太平洋戦争はさらに野球界を変えた。その後、惣太郎は巨人の役員を降りて連盟の規則委員会のメンバーとなった。戦況悪化の中で、まず柔剣道などを除くスポーツの冬の時代が到来し、その中でプロ野球は、試合前に手榴弾投げ競争など様々なことを実施して当局に迎合した。昭和一五年、戦時色が濃くなり、スタルヒンが「須田博」と改名した。外人風の名前は歓迎されなかった。この年も巨人は一五連勝を含む三八勝、沢村が復員してきたが、七勝一敗の成績に終わる。八月中は全チームが満州へ渡って公式戦を行った。

翌一六年、打撃ベスト一〇の上位四人を巨人選手が独占した。一〇位以内に六人を占める猛打ぶりだった。須田（スタルヒン）はプロ野球初の一〇〇〇奪三振を達成した。シーズンは須田の活躍もあったが、秋頃から一層戦時色は強まり、横文字や英語を使用しない動きが始まり、巨人は「ＧＩＡＮＴＳ」のマークを中止して胸に「巨」の漢字をつけた。ついに野球のルーツの看板を下ろした。

また、戦争が激化しボールの粗悪化などで、バッティングはますます低調になっていった。なにしろ悪質なボールで飛ばないためヒットは激減する。そのため、投手陣には圧倒的に有利だった。また戦争の影響で川上、水原が入営するなど選手の数が減少していき、プロ野球の存続自体が危ぶまれるようになったのである。さらに四連覇をなした常勝監督巨人の藤本定義が退陣した。

昭和一八年、それでもプロ野球はまだ続いていた。正月野球の実施である。一月二日の「日記」である。

「こんな寒い時に後楽園でも甲子園でも野球試合をやっている。甲子園が年中行事なのでもう数年行っているのだが、決して賛成できない。それなのに甲子園に締め出しをくらって東京巨人軍を除く四チームが悪い真似をしようというのだから尚更賛成できない。野球は夏のゲームである事を忘れているのだ。」

興行ペースで始まった野球だけに季節も選ばない。正月でも試合を開催した。これは戦後も同様なことがおこる。さらに惣太郎には昭和一八年三月二日の規則委員会のことが、記憶に強く残っていた。規則委員会に彼は出席したその日、議題は野球用語を敵性用語として英語から日本語に変更することだった。ホーム、ビジター、アウトやストライクなどが日本語に変わった。ファウルチップが「擦打」となればもう度を越えた訳である。だが試合でそれが使われた。

「……どうして用語の日本語化の必要があるのか？　自分には納得できなかった……馬鹿馬鹿しいので口もきかなかった……」

プロ野球の現状に落胆した惣太郎は途中で退出、三月三日の会議は断然欠席した。野球用語の日本語化などは野球そのものに反することだった。野球を行う環境が悪化するなかで、読売では運動部が運動課となって、その地位は落ち、社会部の配属となった。

これでは惣太郎も読売の中で身を置く場がない。そのようなおり、後に歌手として知られる小坂一也（一九三五〜一九九七）の父小坂隆文から中国上海で、惣太郎の英語力を生かして商社マンとして復帰しないかという話を受けた。惣太郎は同年一二月、一万三千円の賞与を正力から受け取り一度は読売を退社したのである。だが戦局悪化で惣太郎は上海に視察に行くものの事業は軌道に乗らなかった。ままならない状況で彼の浪人生活は始まった。

昭和一九年二月六日の「日記」。

「……先のことなどが思ひやられて安眠ができなかった。日本人であったら誰でも悲憤するであろう。而も私など新聞や放送での発表以上のことを知っていて大勢が不利であることを知っているだけに一層辛い……」

こういう時に沢村栄治に会った。二月一九日、沢村は巨人軍事務所に立ち寄りトランクをもってやってきた。なんと巨人からクビを言いわたされたのである。この数日間、惣太郎は沢村と連日会っている。二一日、沢村は「迷っているまま」を惣太郎に語り始めた。巨人を戦力外になった沢村に次に何ができるのか、そこが問題だった。

①野球をやる時局でないし、将来性もない。巨人軍ならともかく他の球団では野球をやらぬこと。②巨人軍をクビになったのでもう野球をやめる。③自分の家を仕舞って妻の郷里へ引き込む。

以上三点が二人の論点だった。すでに二度召集され、肩もボロボロ、栄光の巨人軍を引っ張ってきた沢村にほどなく三度めの応集があり、乗船した船が台湾沖で撃沈されて死亡するという最後をたどった。巨人創設の栄光を背負った沢村に対する最後の仕事は、肩が壊れていたためピンチヒッターでファールフライ・アウトという、およそ巨人の伝統の基礎を作った選手に理不尽な結果だった。

この年は戦前最後のシーズンとなった。巨人では兵役でチーム残留選手が少ない上に須田が途中離脱するなど満足な戦力も整わず、チーム初の六連敗を喫した。須田はこの年は六勝に終わり、通算一九九勝。プロ野球史上初の通算二〇〇勝達成は戦後に持ち越された。最後の公式戦は、昭和一九年九月二〇日だった。この大会は「総進軍」と勇ましい名称がつけられた。この夏、惣太郎は中国旅行をしていたが帰国して、あわてて後楽園球場にかけつけ、この試合を観戦した。居合わせた日本野球連盟の一人が惣太郎に言った。

「鈴木さん、あなたはやっと日本野球の臨終に間に合いましたネ。」

惣太郎は「成るほどなぁ」とは思ったが、実は身を切られるような悲壮な気持ちになった。

「……それは日本の前途を悲観したからではなく、むしろ必勝の希望を前途に持つ日本が、どうして長期戦に最も必要な精神の糧である健全娯楽……野球を廃せねばならぬのか？……という考え方からして暗い気持ちにさせられた。」

健全娯楽だった野球の用語が変更され、ついにそのものが中止になることなど惣太郎にはそのことが悲劇だった。東京巨人軍は創設十年で開店休業、連盟も活動を中止した。そして一一月一三日、ついにプロ野球は中止した。ここから一年余、惣太郎の「日記」は、戦争の状況ばかり登場する。野球どころではない。山手の自宅からは爆撃機が通過していくのが見える、そんな日々だった。

ところで、国立公文書館には、戦時中に日本側が傍受した米国中波放送の情報が多く残っている。野球も例外ではなかった。そこには、大戦の激化で大リーグ球団の選手が不足していること、ヤンキースの年収五万ドルのディマジオが入隊して月給三五ドルになったこと、ヤンキースがワールド・シリーズで優勝したことなど、メジャー・リーグの情報を収集していた。これを野球関係者が見たか確かではないが、日米の大きな違いは、アメリカでは試合が中止されることなく続行され、日本では用語や規則まで変えて継続し、最後は中断したことであった。

第6章
❖プロ野球復活への道——アメリカ野球にならえ

正力の戦後

巨人軍は一九四四（昭和一九）年一一月一〇日、重役会を開いて一時チームは解体、選手は読売の預りとして活動を休止した。東京への空襲も激化して、何も動きようもない生活だった。惣太郎の「日記」によると、食糧調達のため伊勢崎に出かけたり、山の手から横浜が爆撃されるのを見つめていた。惣太郎宅のある横浜でも五月二九日に大きな空襲があった。このとき自宅脇の防空壕に逃げる時、数十個のルースたちのサインボールをリュックに入れて飛び込んだ。逃げ遅れた妻トクが飛び火を消したというエピソードもあり、後年、惣太郎は妻よりもサインボールを取ったと言われることになる。

翌四五（昭和二〇）年七月三一日、巨人代表だった市岡忠男が惣太郎のところにやって来た。「もう一度二人して野球をやりたい」というのである。かつて巨人を共に創設した市岡の切なる言葉だった。

ほどなく敗戦を迎えた。惣太郎は政府が真実を明らかにしないことに憤慨していた。山手からは続々と米艦船が港に向かっていくのを目撃して敗北の実感を味わっていた。

惣太郎は「日本野球を再開せよ……という注文が諸方から来る」が、占領下にあって「軽率には立ち上れない」、この動きに「失敗すれば日本職業野球は永遠に正しいものとはならない」と考えていた。

九月六日、市岡は惣太郎に「話あり、至急こられたし」と電報を送った。七日、読売本社で市岡と惣太郎は久しぶりに会った。さっそく市岡は惣太郎に、巨人軍に復帰することと、また巨人軍を主力とした日本の職業野球復興を熱っぽく語ったのである。

惣太郎は一五日に正力松太郎社長、小林光政（一八八二〜一九六二、昭和一五年文部省を退官後読売入社）専務に面会、とりあえず俸給二五〇円で正力社長の秘書役として自由勤務することが決まった。惣太郎の仕事は主としてアメリカ人記者への対応、また英語を必要とする場合も多いのでそれへの対処ということだった。正力が戦犯として収監されることを読んでの動きでもあった。

惣太郎は二〇日、鈴木龍二（一八九六〜一九八六、以下龍二とする）と読売新聞社近くでばったりと会った。戦前はそれほどの親交のなかった二人であるが、龍二は「この人こそ最適任者だ、惣さんにプロ野球の復括に協力してもらおう」とひらめいたという。惣太郎は読売の仕事をしていると話したが、なんといっても、戦前、ベーブ・ルースやルー・ゲーリッグ招待に尽力、巨人軍創設の功労者、英語も万能でアメリカ通である。ＧＨＱ対策を考えればまさに適材だった。

野球再開の声は関西地方でもおきていた。後に阪急ブレーブスの代表に就任する阪急電鉄会長太田垣士郎（関西電力初代社長）に部下が「野球はどうしますか」と聞けば、「再建せよ」と返答があった。すでに一〇月には阪急だけがかつての選手を集め始めていた。東京にくらべて、野球再開への動きは明らかに関西の球団が早かったといえる。

一〇月三日には南海、阪神、阪急、朝日の代表が集まり、日本野球報国会を日本野球連盟として再出発することを申し合わせた。そのうえで、阪神の富樫興一と南海の松浦竹松が連絡を取りあい、二三日阪急ビルに関西地域の四球団（阪神、阪急、朝日、南海）の首脳が集まり、関東の巨人にも働きかけていくことになった。

惣太郎は読売の嘱託として、ＧＨＱや第八軍のスペシャル・サービス・オフィス（ＳＳＯ）との接触を始めていた。アメリカの野球関係者からも第八軍に対し、惣太郎の安否を尋ねる書信が何通か到着していた。もっとも接触が多かったのは第八軍の娯楽情報担当のＳＳＯのトップでもあるウィルソン大佐、アーサー大尉やモントゴメリー少佐といったメンバーだった。惣太郎が野球通であり、二度も巨人軍をアメリカに連れて行ったこと、ベーブ・ルースを来日させたということは将校たちに好印象を与え、その後の彼の活動には好都合となった。このあたりは『日米野球史』を参考にされたい。

ウィルソンからは「野球をはじめスポーツ一般のことで協力してくれないだろうか。必要ならば手当ても出す」という発言もあった。そのうちに米軍将校が自宅までやってきて酒を飲むこともあり、有形無形の効果となったのである。彼らは毎晩のようにタバコや食糧などを持ってやって来るようになった。彼らは日本の事情を知りたがり、惣太郎もまた戦争中まったく空白になったアメリカ野球のことを知りたがった。こうして米軍将校との交流は深まった。惣太郎はおそらく、アメリカの国技である野球を、再び日本で復活する話に、将校たちから好感触を得ていたのだろう。

九月二七日、惣太郎は正力社長に会ってプロ野球復活の話をしたが、正力は「あまり気ののらぬ様子」だったという。惣太郎は日本のプロ野球復活には、昭和六年、九年のときのような日米交流が必要と考えていた。龍二も同感だった。しかし、あのときと同様、やはり正力松太郎の力が必要だった。龍二も逗子の正力邸を訪問して「プロ野球を復括しようと思います」と力説した。

だが戦犯容疑もある正力は慎重だった。彼は「現在の、敗戦国日本の現状からいってまだ早い」と言ったのである。そこで龍二は明治OB、アマ野球の幹部松本滝蔵を訪ねたことも話した。正力からは、「それは結構だ」が、「無理にやっちゃいかんよ」と忠告があった。アメリカ軍の猛爆を受けて焦土と化した敗戦国で、苦難の道を歩む日本人が、簡単にはアメリカ人を受け入れられないだろうというのが正力の意見でもあった。

正力は大戦中、東条英機内閣時代に貴族院議員となり、小磯国昭内閣では政府顧問を歴任した。読売の総帥として戦争遂行を報道で協力したが、経歴をみるだけでも正力は戦争協力者になりえた。

暗雲立ち込めるなか、正力は昭和二〇年八月二二日、社員総会を開いて首脳陣の留任を発表した。だが社内では反発が起きた。九月一三日、民主化要求のいわゆる読売第一争議が始まった。組合の要求は次のようなものだった。

（1）社内機構の民主化……独裁主義の打破（2）編集第一主義の確立（3）戦争協力者の

責任と更迭（4）人事刷新（5）待遇改善

争議は激化した。先頭に立ったのは後に釜石市長にもなった鈴木東民だった。彼は東京帝大経済学部を卒業後、大阪朝日、電通を経て昭和一〇年に入社、反ナチスの記事を書いたりするなど戦闘的な記者だった。読売にはこうした人材が数多く存在した。

他方で正力は、この非常時に惣太郎を教師にして英会話の勉強を始めた。一〇月四日出社した惣太郎に小林専務から「社長に毎日英語のケイコをしてくれ」と指示があったからである。来るべきGHQによる収監の準備なのか真意は定かではない。場所は読売の五階貴賓室。勉強会で正力はかなり頑張っていたようだ。一〇日の「日記」には、「正力社長も少しく油が乗ってきたとみえて今日は朝一〇時半に英会話呼び出しがあった」とある。正力は熱心だった。だが、争議のさなかでは英会話や野球話は進むはずもない。市岡もむしろ惣太郎の身分を巨人軍に専念させることを正力に依頼したが、正力の返事は「鈴木君は社の方の仕事をやってもらうので巨人の方へ使ってもらうのは困る」という返答だった。まず嘱託秘書として惣太郎を使いはじめた正力は読売事業を優先させたいのである。しかし争議は鎮まるどころか激しさを増していた。

読売に対し、朝日の対応は対照的だった。一〇月二二日朝日新聞社は、戦争責任をとり村山長挙社長以下首脳全員の退陣を発表したのだ。これをみて勢いづいた読売の鈴木東民編集委員らは二三日の社員大会において、ついに「社長、副社長以下全重役ならびに全局長の総退陣要求」を提示した。これに対し読売では、正力は組合側と全面対決の道を選んだ。

翌二四日、正力自身は退陣を否定しつつ、騒ぎの原因をつくったとして鈴木ら五名の幹部に退職要求をつきつけた。正面突破だった。だが鈴木東民も徹底抗戦に出た。編集部を労働者が掌握するとして生産管理闘争をはじめたのである。そして最高闘争委員会と従業員組合が組織され、日共系の左翼運動家が重要なポストに就いた。鈴木東民は編集局長になり、まさに日共の機関紙のようになった民主読売が紙面を賑わしていた。

一一月には読売新聞で正力批判も展開された。ついにリベラル派で新聞界から離れていた馬場恒吾（一八七五〜一九五六）が社長に就任、一方正力はA級戦犯に問われ、巣鴨プリズンに収監された。

翌年六月に読売では第二次争議が始まった。すでに四月には名誉職のような読売顧問の職を辞して務台光雄は社外に一度去った。社は左翼とリベラル派の微妙な関係で体面を保っていたが、長くは続かなかった。冷戦の激化でアメリカの占領政策が転換し始めたのだ。

GHQ新聞課長ダニエル・インボデン少佐の支援もあり、読売内では反共工作が始まった。社内左派の鈴木茂三郎ら六名に退社命令が出た。この結果、反共武闘派に加わった武藤三徳（一九一三〜一九七二）が三二歳の若さで業務局長に就任した。武藤は第一次闘争で最高闘争委員になったが、第二次闘争ではやはり闘争委員の日共系の志賀重義と対立して経営側についた。彼は昭和二三年には業務局長で取締役になり反正力派の一人として正力と対決することになる。また安田庄司は終戦まで副主筆を務めて退社後、一九四六（昭和二一）年再入社して社内の混乱の事態収拾に尽力して編集局次長に就任した。他にも馬場恒吾の近親者の四方田義茂、東芝副社長から転職した清水與七郎、正力の東京帝大、内務省時代からの同期の品川主計などが重役となった。

ここからが問題だった。安田、武藤、四方田は戦後のデモクラシー空気に触れたせいか、正力の独裁に対する反発で共通認識を持つようになっていた。読売内の二回の争議と正力の巣鴨収監は、社内における権力構造を変えた。残された安田や武藤らは読売社内の安定化を目指した。巨人の処遇もその延長で考えられたのである。

ところで、日本の学生野球は、GHQの民間情報局（CEI）が激しい統制を文部省に加えていた。この状況を変えたのが一九四五（昭和二〇）年末に経済科学局（ESS）の二代目局長に就任したマーカット少将だった。彼は米国野球協会の（NBC）のコミッショナーでもあり、以後日本球界と大きな関わりを持つことになる。

野球の民主化を目指す惣太郎

市岡は読売争議のなかでも巨人軍関係者に葉書を出しつづけていた。「巨人軍に、帰ってこい」との連絡が田舎の人吉へ帰っていた川上哲治にも届いた。しかし川上の家庭は食糧状況が悪く、暮れになって麦をまき、さつまいもを植えてから米を持って神戸の妻のもとに行き、そのうえで翌年の昭和二一年二月にもどった。

市岡の仲間である藤本（旧姓李八龍、現姓中上）英雄は千葉茂に、上京の準備をしておくようにと連絡した。千葉は、五日分の握り飯を持参して東京へ向かった。とにもかくにも選手たちは上京している。市岡が野球復活を急ぐ中で、正力や惣太郎は現状を認識するにつれて早い野球の復活にはまだまだ消極的だった。なにしろ制約が多すぎた。惣太郎は訴えた。

「……準備もロクロク出来ていないで、試合の公開を急いだら、それは日本野球を自殺させる以外の何ものももたらさないであろう。野球というものがどんなものであるかを、真実知っている人であるならば、それが学生の野球であっても社会人の野球であっても、他の人々に見せて感激を与え得るような試合など一夜づけで決して出来るものでないことをよく知っている筈である……」（『野球界』）

しかし選手不足は否めなかった。巨人も例外ではない。中島、白石、スタルヒンも川上もいない。スタルヒンなどはＧＨＱの通訳として月収七〇〇円も支給されて、はたして巨人に復帰するか怪しい。こうした状況をみれば、一月初旬からの公式戦開始は絶対無理であるし、東西対抗で二チームつくることも困難かもしれない。

さらに致命的なのは、帽子、ユニフォーム、靴下などなど用具がそろっていなかった。スタンドやスコア・ボードは焼け落ちているところも多いし、野球用語もどうするのか、ルールや綱領なども決められていなかった。また球場が米軍に占拠されていたことも重大だった。球場は米軍兵士の娯楽場として第八軍、第一騎兵師団、ＧＨＱの直属部隊など競うようにして球場占領に乗り出したのである。彼らを説得することは骨の折れる仕事だった。このあたりは『プロ野球復興史』（山室寛之）を参考されたい。

一〇月三日、第八軍スペシャル・サービス（ＳＳＯ）のアーサー大尉が突然惣太郎宅を訪問、これから東京へ行くといってジープで向かい、総司令部で打ち合わせ後、神宮と後楽園を見廻った。アーサーは、この二球場を米軍用に徴発すると言ったのである。惣太郎は、これに反対して説得、つぎにシスラー大尉（ジョージ・シスラーの息子、ジョージはイチローに抜かれるまで二五七安打のメジャー記録をもっていた）、モントゴメリー少佐、ヒル少佐、ウィルソン大佐と交渉し、「後楽園使用について日本側の使用許可を受けようとした。同じころアマの六大学側も神宮球場を取り戻すため関係者が奔走していた。

「この後楽園をとられたらプロ野球の再興なんか出来っこない。この辺りから、私は頑張り出した。アーサー大尉を説伏させるのは比較的容易であったが、横浜に帰ってからシスラー大尉、モントゴメリー少佐……更にウィルソン大佐を説くのは大変な仕事だった。」

このあたりは『日米野球史』に詳しく記したが、ウィルソンの仲介で、惣太郎は第八軍の首脳に面会した。

「もう降参したので接収されるのでね。そこへ（後楽園球場）引っ張っていったのですよ。まだ兵隊がいたんですよ。……こういう具合なんだ。我々は食うものもないけれども、この球場を我々に任せてくれれば、ここでプロ野球をとにかくやる。我々みんなして選手を集めて、石ころを拾ったり草をとったりして、野球場をこしらえるから、ぜひやらしてくれ』といったら、『よろしい』といって、すぐ許可になったのです。」

第八軍アイケルバーガー中将も惣太郎たちへの理解をもって部下に伝えた。

「日本のプロ野球を育ててやらなければならないのだ。」

惣太郎もアメリカ人のベースボールは国技というポイントをついていた。またウィルソン大佐に会うと、彼は松本滝蔵と戦前から親交があったことがわかった。松本は明治大学ＯＢ、六大学側から神宮は米軍が使用していることもあって「後楽園を六大学野球に使わせてくれ」と申し込んでいた。

ウィルソンは松本に同情しながらも、「お前とオレは学校の同窓生だから、学生野球のこともよくわかるけれども、ベースボールはプロ野球の方が先だ」と述べた。さらに彼は、「学生は自分の学校の運動場でしばらくやったらいいじゃないか」と言って、惣太郎への思わぬ援護をしてくれたのである。まさに快諾だった。GHQ側のプロ野球への理解は惣太郎たちの想像以上だった。そのなかで、アメリカ野球通の惣太郎の存在感はいやがおうにも高まっていくのである。正力の期待もそこにあった。

東西対抗開催を機会に野球界に熱気が戻り始めたころ、彼は野球の啓蒙を兼ねて評論活動をするようになった。戦時中は、敵性スポーツといわれてルールまで英語から日本語化したことに批判的だった惣太郎は本場アメリカ野球の日本版を強く意識していた。つまり野球は民衆が育成したという視点である。野球はふたたび大衆のスポーツの手に回帰したことを確信していた惣太郎は、雑誌『野球界』で訴えた。

「手取り早く答へると、それは連盟も、球団も、選手も一応観衆の立場になってみて、試合を見度いといふ気になる魅力、見に行ったら設備も高級もよい快感、ぱあーっと晴れやかな気分になれる明朗さ、帰りに本当に良い試合だったと言へる感激、……」

惣太郎が描いたデモクラシー時代の野球は、かつてアメリカで見たメジャーそのものだった。同年一一月二三日、神宮球場において復活第一戦の東西対抗がおこなわれた。娯楽に飢えていた観衆が押し寄せて、球場は熱気に包まれていた。終戦の日からまだ一〇〇日、最後の公式戦から一年二ヵ月経っていた。GHQ関係者は、この光景を見て驚き大衆が娯楽や野球に対する熱情を肌で感じていた。神宮、桐生など各球場で開催された東西対抗はいずれも大入り満員だった。

対抗戦では一人のヒーローが誕生した。赤バットの川上に対抗してセネターズの新人、青バットの大下弘の登場である。四試合で一五打数八安打と大暴れしてそのプレーは大衆を魅了した。因みに川上に赤バット使用をアドバイスしたのは惣太郎で、並木路子の「リンゴの歌」からヒントを得たともいわれている。存在感を見せ付けたといえば、初代ミスター・タイガースといわれる藤村富美男も、身長は一七二センチながら、王貞治の八八センチをはるかにしのぐ九七センチの特大バット（物干し竿といわれた）を振り回して多くの観衆にアピールした。

熱気溢れるプロ野球にＧＨＱ当局は注目していた。国内では、戦前からの野球関係者が、前へ前へと駆り立てられていた。各球団は興行ペースでの商売を考え、野球の復活を模索していた。惣太郎はプロ野球の復興を喜ぶ中で、混乱の中で野球のシステムが整備されないままでスタートしたことが不安だった。プロ野球の方向性が不透明なままプロ野球は再開された。

惣太郎は東西対抗の実現を喜びながらも、「焦った日本野球の発表」と苦々しく感じていた。「陣容を見れば、十一月初旬から公式試合なんかやれないことは誰にも解る筈」と批判している。復活はうれしいことだが「日本野球はそう簡単には起き上がれない」と厳しい。何よりも興行を優先し、また戦後の球界の混乱を収拾する強いリーダーのいない球界も問題だった。

惣太郎、日本野球連盟副会長に就任

一九四五（昭和二〇）年一〇月三日、関西では南海、阪神、阪急、朝日、中日代表が参集して戦前の日本野球報国会を日本野球連盟として再出発することを内定した。東京より関西方面が組織的な動きが活発だったようだ。翌一九四六（昭和二一）年一月二〇日、その中心人物の一人田村駒治郎（一九〇四～六一）宅で緊急理事会が開かれた。田村は繊維商社「田村駒」を経営していたワンマン社長である。

出席者は市岡、鈴木龍二、中部日本のオーナー赤嶺昌志、小林一三、富樫興一、田中勝雄ら各理事だった。鈴木龍二が会長に、現状に批判的だった惣太郎は推されて副会長に就任した。二人の鈴木は戦後プロ野球復活の立役者になった。

龍二は連盟の組織編制の役割を担い、惣太郎は対米交渉でメジャー流のプロ野球確立の理論的指導者となった。まず議題となったのは野球の民主化問題だった。民主化つまり大衆の野球となると、惣太郎の出番でもあった。『野球界』には今後の方策についていくつかの提言を惣太郎はしている。

第一は、新生日本プロ野球の綱領や目的を確定することだった。惣太郎は、戦時中の連盟は「殆んど定見のない日本野球だった」と手厳しい批判をしている。日本的な野球をということで、「戦闘帽をかぶらせたり、試合用語を変えたりしてまで戦争指導理念に迎合する必要はなかった」と非常時の野球を一刀両断に切りすてた。

第二に、連盟の機構も全面的に変えることだった。旧来は、球団を代表する代表者が一球団一人ずつ理事として連盟に名を連ねたが、その理事会では利害を優先して、重要なことは決まらない。別に首脳会議があって、野球の知識が劣っていても連盟の重要事項を決めることができていた。これではダメで、有名無実の役員は辞職し、球団の利害や興行重視になりがちな理事会ではなく、もっと大局的な指導組織が必要と主張した。

第三は、試合分配金の制度改革である。旧来のやり方は不公平であり、一試合ごと勝者と敗者を決めて分配する方がよい。ともかく改革には「断行の勇気」が必要という。これは球団専用の球場の増設やホームアンドアウエー、フランチャイズにも繋がる。

だが現場では球団の再編、用具不足など混乱したまま再開されていた。特定のリーダーが球界をコントロールしていたわけではなかった。本来なら中心的人物となる正力は巣鴨へ収監されている。このため集団指導体制によるプロ野球組織は、理念が固まる前に興行野球が進行していたのである。このなかで惣太郎は球界に対し、一シーズン制の意義を何度も力説した。

「選手の旅行と、食糧と宿泊のことですが、選手達の苦労は、よく察することが出来ます。けれども、この苦労はいまの日本人の誰もが克服して行かねばならぬ苦労なので、野球選手だけの苦労ではないのですから、特に文句を言うべき筋ではないと思います。」

今では選手の移動のことなどさしたる問題ではないが、戦後間もないころだけに、基本的な問題が当面の課題だった。一シーズン制に対する各球団の根強い反対があった。惣太郎と親交が深かった三原も、戦後間もないことで物不足、その上選手層が薄いとなれば長期のシーズンに耐えられる体力がチームにないと言っていた。さらに六大学の春秋の二シーズン制の例や、また一シーズンだと強いチームと弱いチームが分かれてしまうのではないか、と反対論が噴出した。また経営者たちも、当面のトーナメントが商売になるとの判断があり、根強い抵抗があった。みな目先の興行にとらわれていたのだ。

惣太郎は反論している。アメリカの一シーズン制を見てみると、それは、（1）球団の充実を図る、（2）技術の上達を図る、（3）試合の変化を複雑にするというものだった。確かに旧来のやり方では一人か二人のすぐれた投手がいれば優勝もできた。スタルヒンの例をあげよう。昭和一四年スタルヒンは三七試合を完投し、四二勝、このとき巨人は全九六試合をこなした。翌一五年は、スタルヒンは五五試合に登板、三八勝している。一人の投手に頼りすぎている。

彼は二年連続最優秀選手に選ばれた。確かに記録としては素晴らしいが、休息しつつ技術の向上をめざしていたかというと、そうでもなかったことを厳しく惣太郎は批判している。一週間で五日も試合に登板となれば、いかに鉄腕であろうと、長いシーズンでは疲れ果てて好投が続くはずもない。役割分担が明確になっている今日のメジャー野球に通じるものがある。

惣太郎は「無理に永続させたら鉄腕にヒビを入らせて野球人としては、廃棄されるに決まっている」とする。この主張は長い間、日本では軽視され続けて、いわゆる甲子園野球もそうだが、投手が怪我や故障で引退を早めてきた要因になった。現場の監督がややもすると目前の勝利や根性論にとらわれたり、調子のいい投手を使い続けていったからでもある。疲労からくる骨折など思いもよらなかったかもしれない。

そこで惣太郎は「投手団の充実が最も重要」と述べる。投手陣が不足すれば負け試合は増える、投手陣が充実すれば打撃も向上し、守備も向上していくということだった。「試合に複雑性が生れてきて、アメリカのリーグ戦のように面白くなるところを観衆に提供したい」と惣太郎は指摘する。

コミッショナー事務局長を歴任した井原宏は、惣太郎の役割を次のように高く評価している。「真っ先に球場解除をやって、そのときは鈴木惣太郎さんが大きな役割をしている。そうしたところが負けた日本の人たちがアメリカに対してくやしがるということより先に、ともかく生活があまりに暗いので、レクリエーションを非常に求める気合になった。アメリカの宣撫工作が非常に功を表したということですよ……混乱期の国民大衆に受け入れられた。」

かくして惣太郎は戦後野球界の理論的指導者として脚光を浴びることになる。昭和二一年に再開された日本野球の次のスローガンは、まさに対米追随である。これは名古屋軍代表の赤嶺昌志（一八九六〜一九六三）の提唱だが、惣太郎の影響が如実に反映されていた。

「アメリカ野球にならえ！ Follow the American Baseball」

しかし、現場では後楽園球場及び西宮球場にそれぞれ四チームを集めて試合を行うという戦前のやり方が続いていた。さらにこのシーズンからは惣太郎の提案で、球団は愛称と球団をつけた名前でデビューした。ジャイアンツやタイガース、阪急ブレーブス、南海ホークス、金星スターズと続いたが、結局球団名にフランチャイズを表示する都市名をつけることは徹底しなかった。このときの企業優先志向が、今日に禍根を残している。

四月から公式戦も始まったが、このスケジュールでさえも占領軍から物言いがついた。突然GHQ側から、一日で来シーズン一年分のスケジュールを提出せよとの指示があったという。日本プロ球界の混乱にGHQが介入するということもあり、プロ側にとって迷惑でもあり、占領という現実を味わっていたのである。

惣太郎は、同年二月五日からの西宮の会議で五つの提案をしていた。第一に、会長に絶大な権力を与える、副会長はこれを補佐する、第二に、代表は各クラブの強化に尽力する、第三に、一シーズン制の実施、第四に、フランチャイズ制の実施、第五に、追ってコミッショナーを設置する、である。いずれも日本には馴染みのないものばかりだった。

　国内の野球熱が高まる中、従来あまり野球に関心をもたなかった企業までが球団を所有し、二年間で九チームが生まれてしまった。また名古屋の二球団は、事実上本拠地は東京という有様だった。つまり東京、大阪に多くの球団が雑居してしまったのである。システムで球界を統制する前に新チームが誕生していた。これがその後の日本野球の最大の問題点になる。そして惣太郎自身も反省しているが、その後、連盟幹部が企業家たちに圧倒されて、フランチャイズ問題を企業首脳に強く言えなかったことであった。

　野球連盟は協議して理事会を設置したところまではよかった。だが、妥協があった。リーダー不在のため、連盟の仕事を理事の合議制にしたのである。となれば各球団の思惑が優先される。連盟と球団の利害が錯綜していた。分配金、選手の獲得、スケジュールの不利・有利、球場の手配など様々な問題で混乱した。規約上「野球試合は単なる興行ではない」はずなのだが、およそ合議制は興行には不向きだった。だからこそ一人の理性ある独裁者が必要という惣太郎の思惑になる。アメリカへならえというものの、現実は厳しい。

　「意気地なく、企業者側のなすがままにしておいた」（『野球界』）とは惣太郎の無念さである。早くに手を打つべきだったが惣太郎の力ではどうしようもない。こうした諸問題を超然とコントロールできる人、つまり「職業野球の厳正を期するために、遠慮なく振舞えるランディスの存在」が必要なのである。それはいうまでもなくコミッショナーのことだった。

　まだまだ球団は赤字経営だけに「技術家の理想なんてものは主張されないので、何時も企業家側に頭脳があがらない」。しかし、連盟の組織が決定しただけに、今こそ改革を徹底すべしと惣太郎は訴えるのである。となれば組織をコントロールできる権力を持ちうる人材が必要となる。巨人を創設するときもそうだった。そして戦後の混乱と野球への熱気に対処しうる人材、それは当時、正力しかありえなかった。その一方で、惣太郎の夢は変えられなかった。

「連盟としては比の際大きな目標を立ててもらいたい。それは日本野球の建設なんて抽象的なことでなく、バットとボールを以って、アメリカの誇るベースボールを叩きのめすことである。……」

この勇ましい惣太郎の野望は戦前巨人を創設したときからの夢だった。再び、メジャーへの挑戦を明らかにした惣太郎だった。野球が復興の担い手になっているのを知った経営者は、崇高な夢より興行成績を気にしていた。多くの観客を見た経営者は、目の前の商売に執着し、メジャー・チームを倒すことは想像もつかないことだった。惣太郎の宿願と、焦土と化した都市から成功を掴みたいとする実業家の期待と打算のギャップは簡単に埋められなかった。

さて、一九四六（昭和二一）年からのリーグ戦は、惣太郎の尽力で、八球団でいよいよ一シーズンとすることになった。ただ妥協もしていた。変則的なトーナメント大会の実施である。トーナメント大会はシーズン開始前に実施すること、エキジビジョン・ゲームはシーズン前後とすることなど惣太郎のイニシアチブは発揮された。アメリカによる対日占領は、メジャー流を持ち込む外科的手術としては好都合だったかもしれない。

一九四六（昭和二一）年の夏、各チームは全国に遠征した。巨人など四チームは北海道まで遠征した。惣太郎自身としてはあまりフランチャイズを設定している都市以外には行かせたくない。だが現状では東京など主要都市部にある野球場は、爆撃を受けて破壊されたり、ＧＨＱ

によって接収されていたので後楽園と西宮球場の二球場しか使えなかった。また都市部の食糧難もあったので各球団は地方に回ったのである。地方興行は常態化していった。

チームが旅館に宿泊するにも米持参だった。スポーツ興行をする人々は地方をめざした。ギャラは金よりも米やジャガ芋などが選手には喜ばれた。このため物資提供を約束して出かけることもあった。選手は物資をバッグやバットケースに入れて帰った。川上も回顧録で同様な感想をもらしている。

「……汽車はみんな各駅停車でしょう。それで入口は超満員だから、出入するのはみんな窓ですよ。お客はみんなかつぎ屋さんで、超満員です。網棚もリュックサックでいっぱいでしょう。」(『巨人軍の鬼といわれて』)

また地方に遠征して問題となったのはテキ屋が登場して「試合を任せてくれ」という話もあった。そうすれば食糧も用意するという。しかし、同意すると長い目でみれば試合開催興行権を取り上げられてしまう可能性もある。これを回避するため、その後、地方では共同通信社を幹事として結成されている「木曜会」、すなわち地方新聞社に主催を任せて興行をやってもらうという方式となった。対メジャー戦など思いもよらない日本球界の実情だった。

一〇月に入り連盟理事会が断続的に開かれた。野球熱は上がっていたが、チームはそれぞれが大なり小なり赤字だった。公式試合の準備だけで莫大な経費がかかっていた。GHQとの交渉は惣太郎の役割としても、記録部の月給の確定、今日のコミッショナーに準ずる最高委員の設置、技術委員長の設置、選手の宿泊場所の確保、連盟の予算問題など、さらに野球放送の強化、公式戦のスケジュールの決定など様々な問題が議論された。

試合スケジュール作成には龍二が尽力した。といっても、全体の収入を上げなくてはならないため、龍二はあえて巨人・阪神戦を優先して土日や祭日におこなうこと、平日の組み合わせも巨人と阪神を中心につくっていったという。だが龍二の作成した野球スケジュールは客の入りや交通の便などに合わせて突然として変更されることもあった。当然巨人中心の組み合わせである。

『巨怪伝』でも、阪急の代表を経験した村山実の回想を紹介し、「巨人の成績が悪くなると勝手に試合日程を変更してしまう」ことは「ザラ」で「鈴木龍二のサジ加減一つで行われていた」というから連盟の首脳でさえ、意識が低かったようだ。

新興球団の台頭

一九四六（昭和二一）年のシーズンでは、一〇月一六日の代表者会議において、リーグ戦とは別に、東西対抗が関西シリーズ（三日間）、名古屋シリーズ（二日間）、東京シリーズ（三日間）というように、試合数が増加した。まさに興行本位、企業の利益がまだまだ優先していた。一一月二九日、日本野球協約が発効、三〇日からの代表者会議では、トーナメント大会はシーズン前に、東西対抗戦はシーズン後にといったことが決まったが、一シーズン制の合間に各種のトーナメントが開催された。また同年一二月二二・二三日の代表者会議では、赤嶺昌志代表から一九四七（昭和二二）年度の連盟のスローガンが提唱された。ＧＨＱ側の理解も必要としたため、アメリカ志向が急速に高まっていた。その後日本シリーズが「日本ワールド・シリーズ」という珍妙な名前になることもあった。

一九四七（昭和二二）年三月三日、選手の争奪を防ぐための最高委員会が連盟に設置されることになった。物事をまたも合議制で決めようというのである。さらに一二月二、三日と大阪で代表者会議が開かれた。いわゆる天下茶屋会議といわれるものである。「経営組織の基本原則と当面の緊急対策」を議論した同会議は、試行錯誤している日本野球の方向性を決める会議だった。

議題の第一は、フランチャイズシステムの実行、第二は、日本野球連盟の株式会社化と社団法人化であった。惣太郎の役割も広がり、「対米関係のみに限定せず業務一般に携るべきこと」となった。接収解除交渉で存在感を見せたため、いやがおうにも惣太郎の発言力は上がった。

一方、連盟とGHQ側との交渉が密になる中で、ウィリアム・フレデリック・マーカット（一八九四～一九六〇）少将率いる経済科学局（ESS）の存在感も増していた。マーカットは南海の松浦竹松代表が球場難を憂いているのを見ると、急遽難波に大阪球場を作るためのセメントや鉄材などの資材を融通した。ESSの関与は深まるばかりだった。

他方でフランチャイズ制はうまくいかなかった。前述したように二大都市にチームが集中し、球場を複数の球団が利用する非合理性が続いていた。惣太郎は、「この制度を導入しなくてはならない」と会議で何度も説いた。しかし、後楽園及び西宮にそれぞれ四チームを集めるという戦前のやり方が踏襲された。惣太郎は嘆息している。

「日本のプロ野球経営者の多くは、開拓の尊い精神に欠けている。徒に人口の多いところに本拠地を置くいがみ合いをして万事おわれりとしている。東京をごらんなさい。大阪もそうです。そして名古屋のようなところへも、旧来努力してきた倶楽部とは、別の倶楽部が押し込んで行っているし、それを平気で許している。これでは、ともにつぶれるに決まりきっている。要は倶楽部が多すぎるからである。」（『ベースボールマガジン』）

惣太郎のリーダーシップもあり、同年末フランチャイズについて概要が確立した。野口は「この当時、球界の理論的実践的指導者であった鈴木惣太郎氏が、精力的にフランチャイズ制導入を提唱されたため、日本野球連盟も漸くフランチャイズ制に基づかないと発展しないことが理解されるに至った」と記すように、惣太郎のイニシアチブを認めている。

惣太郎の説明としては、フランチャイズは「球団の本拠地占有権」とした。各ホーム・チームは、人口四〇〇万人以上に二クラブ、人口一〇〇万人以上に一クラブで、人口一〇〇万人以下では本拠地としないこと、また一日一試合、などなど決定したが、球場と球団の関係に整合性はなかった。つまり、球場不足が大きい問題だった。さらに球場会社がチームとは別に独自に存在して運営され、球団が赤字でも黒字となっていることも問題だった。

次々とメジャー・リーグ方式を提唱する惣太郎に、球団オーナーたちは条件闘争を繰り返していた。商売第一とするオーナーたちは、目前の赤字をなんとか取り戻したい。そのため目先のトーナメントなどといった興行試合に惣太郎も目を瞑ることになる。他方で各チームにフランチャイズの意味を本当に理解させるのは大変だった。どのチームも大都市で観客を集めたいと考えていた。

翌一九四八（昭和二三）年一月一九日から三日間、箱根湯本で代表者会議が開かれた。惣太郎は「だいたいフランチャイズのおもなネライは、市民をその都市に拠るクラブに、がっちりと引きつける点にある」として、強力なイニシアチブを発揮し、ここで「フランチャイズを根拠にしてホームグラウンドを定めたる場合、外来チームは異議を申し出る事が出来ないこと」といったホームとビジターをハッキリ定めた。惣太郎は粘り強く説明した。

「職業野球を本当に繁栄させるためには、フランチャイズ（野球会社に与えられる特権）を設定することと、東京、大阪など五百万以上も人口のある大都市には二つ位の球団の存在を許すとして、残りの六球団は主要都市に一つずつ分散して本拠を作る必要があります。私は今でもこの考えを決して捨てていないので、着々実行に移したいと思っています。……」（『ベースボールマガジン』）

プロ野球はいたずらに、終戦後の野球ブームに便乗していい気になり、「がっちりとした正しいプロ野球の基礎を作らなかった。自らの失敗が招致したもの」と自戒している。

このころの惣太郎の評論は、フランチャイズ問題を扱うものが多い。基本が整備されていなければ野球の発展はない。このため球団経営者といつも対立した。東西対抗は言うに及ばず、正月野球も一九五一（昭和二六）年までおこなわれた。選手のコンディション云々の問題ではない。球団は商売重視、惣太郎にいわせれば、メジャー・リーグ方式には及びもしない道草だった。

「……日本の都合、二リーグともに、フランチャイズのことや正しく呑み込みもしないで双方勝手なところに、球団資本家の縁故だけをたよって、フランチャイズを設定したと考えている。これなんか、何とも言いようのないおめでたい話だ……目的地図を買って、赤と青の鉛筆で色分けのマークをしたら、何故に東京とその付近に、大阪とその近傍に、ゴチャゴチャと二つのリーグに所属する球団が、分拠しているかに直ぐ気がつく筈なのだが、それさえやってみる人がなかったようだ………」（『ベースボールマガジン』）

アメリカではフランチャイズの奪い合いをやったのに、日本では選手の奪い合いをやったというのが彼の持論である。

アメリカではホームとアウェイで試合収入を五割ずつ配分していた。ところが、日本は球場と球団が別会社であり、球場は、球団から球場使用料を三割あまり取ったうえ、アイスクリームからコーヒーにいたるまで儲けは球場にごっそり入る。こうした不自然なフランチャイズがその後の日本野球界の土台を揺るがすことになる。

キャピー原田との再会

戦後プロ野球の発展に語らなくてはならない日系人がいる。和歌山県出身の日系二世原田恒男（キャピー原田、一九二一〜二〇一〇）である。彼は戦前巨人が初遠征でアメリカに赴いたとき、カリフォルニア州サンタマリアで試合をおこなった地元チーム・メンバーの一人だった。彼は、後年、回想録『太平洋に架ける橋』を、さらに『プロ野球を救った男』を記している。

彼の日本野球発展への貢献は、評価できる反面、問題点も多い。彼の綴った回想録は、野球復活に貢献した自負に溢れているが、なぜか同時代を共に駆け抜けた惣太郎への記述が少ない。さらに、彼にインタビューした多くのジャーナリストは彼の対応に不信感を吐露している。なぜそういうことが起きるのか、ここに日米野球の再開に見え隠れする問題がある。

　さて、当時、原田は惣太郎から巨人入りを誘われたが、家庭の事情で参加できなかった。その後戦争が始まり従軍、太平洋の南方戦線に配属され、日系人ということで情報将校として奮闘した。戦闘に巻き込まれ負傷もした。終戦後九月二日の「ミズーリ」での日本の降伏文書調印式に出席、第六軍に所属していたため、クルーガー中将が司令部を置く京都に進駐した。

　ところが、三ヵ月で原田は病気となり、静養のため一時帰国、翌昭和二一年春再度来日し、四月GHQの経済科学局（ESS）に勤務することになった。局長はウィリアム・フレデリック・マーカット少将、彼の下で副官となった。マーカットは元来職業軍人でなく元々シアトルの新聞記者である。パールハーバーを攻撃されたとき、彼はマッカーサーの配下にあって少佐としてマニラに駐在していた。いわゆるバターン・ボーイズである。戦後、政財界にGHQの接収資金などといわれるM資金なるものが噂されたが、このマーカットの頭文字をとったものである。

　かつて、ニューギニア戦線で、部下たちを集めて作戦会議を終えたあと、「これからの会議はベースボールのことなのだが、部隊対抗の試合をやろう」と言い始めて彼らを笑わせた。すぐ賛成の声が出て、次にセカンドの守り方を話し始めたという。それほど好きだったのである。

　ESSは軍政局の経済、財政、産業、科学関係の政策について助言することが任務だった。ESSは財閥解体、経済安定（ドッジ・ライン）、科学技術関係機関の再編や新聞紙の供給問題など読売と少なからぬ関係をもち、さらにマーカットは米国野球協会（ノンプロ野球の統制組織）の日本支部長だったことも日本球界と関与を深くする背景にあった。

ところで、マーカットたちの支援もあって一九四六（昭和二一）年夏、戦後わずか一年で、全国中等学校野球大会が始まった。甲子園は米軍接収のため会場は西宮球場だった。開会式にはマーカット少将の代理で原田が出席していた。また通訳ということで後述する松本滝蔵も出席していた。原田は大戦中、日系二世の悲哀を経験したこともあり、野球を通じて日米親善に貢献したいという気持ちがあった。原田がマーカットに代り祝辞を述べている。

一九四八（昭和二三）年一月一四日、惣太郎はＥＳＳの副官原田恒男中尉と面会した。「原田という中尉だとは聞いてきたんだが、あのときの原田君とは知らなかった。」

サンタマリア以来の再会だった。彼はマーカット少将に会ってほしいという。求めに応じて惣太郎は、同日マーカット少将に会い意気投合し、彼からプロ野球に対し「充分モラル・サポートをする」と言われた。原田にはベーブ・ルース来日時のコニー・マックやルースやゲーリッグなど名だたる選手が写っている記念アルバムを見せた。すっかり気をよくした原田は、「副官として自分が責任を持つから鈴木さん、あなたの考え通り実行しなさい」と大変うれしいアドバイスをもらった。混乱する球界で、ＥＳＳ側が連盟の後ろ盾になることは願ってもないことだった。

これを機に惣太郎とマーカット少将や原田らとの交流が始まった。このころの二人の方向性は一致していた。野球好きのマーカットは後楽園によく現れた。惣太郎は接客も兼ねて何度か彼と同席して観戦している。

コミッショナー制度の導入、二リーグ制、春の選抜野球、夏の甲子園の復活、社会人野球の振興、マーカットは積極的にコミットした。マーカット少将は、戦後のプロ野球復活過程において主導的な役割を果たしたことは言うまでもない。副官だった原田も、その立場を十分に活用した。占領される側の惣太郎は、むしろ彼らの威光を借りてプロ野球組織の権威の確立に奔走していた。『正力松太郎』を記した作家五十公野清一《いずみのせいいち》は、原田と親友だったとして次のように書いている。

「彼は日本の球界では、悪質のプロモーターのように言われたり、怪物原田などといわれたり、非常に誤解されているが、それは彼を知らざる徒の憶測の積み重ねがそういうでっち上げをしたので、実際は非常に誠実でそして人間的……」

この書は関係者の話を聞いて記しており、年月日も含めてかなり正確な書で敬意を評したいが、彼が元来原田と親交が深かったこと、日系二世に対する彼の同情心が強く、この感情が同書にも反映されて、原田の実像を見間違っているようだ。なぜ「悪質なプロモーター」と言われたのか、また彼が「非常に誤解されている」という問題は、日米野球交流を検証するとき再吟味は避けられない課題である。

第7章
❖正力と読売・巨人の対立――連動する球界の混乱

興行野球の隆盛

各球団は、野球は儲かるという意識が高まるにつれ、連盟首脳に様々な要求をつきつけてきた。なかでも太陽ロビンスを所有する田村駒治郎（一九〇四〜一九六一）は元気だった。

「旧来からの野球人グループだけに球界の運営をまかしておいてはダメですよ。ひとつ我々実業家が乗り出して、なんとかもうかるようにしようじゃないか……」

「旧来」といえば両鈴木たちだった。彼らの鼻息は荒かった。いい例がオールスターだった。惣太郎は、オールスター・ゲームについてもアメリカ流に年に一試合と連盟で決めようとした。だが球団経営者たちはなかなか納得しない。「儲かるのだから、五試合でも七試合でもやるべきだ」と田村は反論し、このためオールスターは何試合も開催された。まさに興行試合そのものであり、連盟の主体性は常にオーナーに脅かされた。彼らの商魂に連盟は振り回された。

オールスター・ゲームについて惣太郎は何度も物言いをつけていた。オールスターは元来メジャー・リーグではランディス時代、選手の年金の積み立てを行うために始められた。各チームには利益をもたらさなかったが、選手たちはオールスターに選ばれる名誉を得た。野球の真実味は欠けるものの、あこがれの有名選手の登場とドリームチームが一時でも見られるという魅力があった。

一方、日本では朝日新聞社による歳末社会事業のひとつとして東西対抗が始まり、戦後は、アメリカ方式を導入することがようやく理解され、七～八月に一試合を開き、その全収益を選手の厚生年金に当てることが決まった。ところが、日程調整により全球団が二回の土曜、日曜の試合を開催できなくなる。この土曜に開催することに彼らは難色を示した。今では信じがたいことだ。

惣太郎は「日記」で、「田村駒次郎氏の商業主義が余りに露骨で、それに押しかぶせしようとするところに無理がある」と批判している。会議において田村は常に興行ペースを持ち込んでいた。惣太郎とオーナーたちの綱引きは続いた。

「ベースボールがコマーシャリズムに負けた結果である。……メジャー・リーグでは何故オールスターが嫌がられたか、一年に一試合だけしか挙行しないか、よく考えてみる必要があるのではないか……」

「催し物の粗製乱造」に物言いをつける惣太郎だった。その後、一九五一（昭和二六）年になって、オールスターは三試合に増えた。それは第一戦の利益は、選手の年金用、第二・三戦はコミッショナー資産や各球団収入などともいわれている。オールスター同様「東西対抗のような儲かる試合は一二試合でも、一五試合でもいいから各地でやった方がいい」と強硬に主張する代表もいた。ファン投票も変則で、投票以外に記者の選択、監督に二人ずつのコーチを置くなど、惣太郎は「少し媚態に堕し過ぎてはいないか」（『野球界』）と述べる。

「オールスター・ゲームの収益から各球団に平等に配分することが、ベースボール・コミッショナーの性格を根本に破壊するものである……」

惣太郎は憤懣やるかたなかった。コミッショナーの役割さえオーナーたちは理解していない。むしろ既得権益を脅かされるとの疑念が付きまとっていた。合議制の欠陥であり、今日でも日本プロ野球機構最大の問題である。

惣太郎としては、野球協約ではコミッショナーが営利目的で動くことを禁止しており、これでは自ら「利害に巻き込まれて」しまうとの理解だった。それゆえ「コミッショナーに商売をさせてはいけない」ということも力説していた。ともかく厳重な野球協約を成立させたい惣太郎だが、これが理想家といわれることになる。アメリカでもシーズン後に数人の選手がチームをつくって各都市を回ることはあるが、それは日ごろ試合を観戦できない地方の青年たちに模範を示す「エキジヴィションゲーム」である。ところが日本では慈善試合の感性がまだ育っていなかった。

惣太郎は、「日本のプロ野球がだんだんサーカス興行に近づくのは困ったもんだ」と落胆を隠せなかった。会議（一〇月八日）では、またもや田村から「フランチャイズの時期尚早、日程の不公平、組み合わせの悪いこと、分配の公平など爆弾動議がでた」こともあり、議事はそのたびごとに中断した。議論紛々の結果、一シーズン制の続行や一日一試合を確認、フランチャイズでは継続審議となった。とくにフランチャイズ問題では、東京や大阪に本拠地を構えるチームが多くて利害が衝突していた。

こうしたオーナーたちの主張に惣太郎が反論し、「存分に書けば問題を起すに決まっているし、なまぬるく書けばよい物も出来ない……」と改革に苦悩する姿が浮かびあがる。連盟の意向に逆らって対抗戦も試合数が増えた。

両鈴木だけで連盟をコントロールするのは限界に近づいてきた。わがままな球団オーナーの行動を誰が抑制するか、有力な候補が正力松太郎だった。惣太郎は回想する。

「しばらく経ったらマーカットが、日本にコミッショナーを置くということを言い出してきたのですよ。で話を聞いて向こうの書いたものを見ると、プロ野球と学生野球を統合したものを、マーカットのところでまとめて、コミッショナーをこしらえろ、こういう案なのです。我々が考えていたのは、プロ野球だけですからね。『これは違う』といって突っ返してしまった。」

(『戦後プロ野球史発掘』)

マーカットは当初プロとアマを制御する考えだったようだ。だがプロ球界の混乱を救うのは、やはり指導力のある正力をトップに置くほかはなかった。そこで阪神の細野済、南海の小原英一、阪急の岩倉具光の三人は、正力を引っぱり出すために一〇月彼に書簡を送った。

「……何故にチームの統制力が如斯弱体化したのかについて、我々局外から、忌憚なく評すれば、第一に日本野球連盟の威信が軽視され無力化して全チームの統御を行い得ざること、第二は、各チームにフェアプレーの観念が衰微して選手引抜の暗闘が盛んに行われること、第三は、選手が時代の影響を受けて責任感が退化し且顧客の喝采に惑溺して慢心していることなど、連盟、各チーム、選手、三者共に頽敗して自滅の方向に進みつつあると申さざるを得ないことを悲しむ次第です。」(『読売新聞八十年史』)

各球団は、正力のコミッショナー推薦の理由として、第一に、アメリカと日本とをプロ野球で結びつけた最大の功労者で、二度にわたってアメリカチームを来日させていること、第二は、巨人の生みの親であり、野球連盟の生みの親でもあること、第三に、正力推挙は八球団の総意でもあること、以上をもって正力以外に「全関係者が信頼する人を見出すことはできません。」というものだった。正力は球界における功労者だけに周りは期待した。

彼らは「本当の民主主義に未だなり切らない日本では法や規約に信頼され、また手腕力量のある人物が是非必要」としたのである。この動きはパージされている正力の復権への道でもあった。このプロセスは留意しなくてはならない。後の正力コミッショナーの正当性に関係する。

正力コミッショナーの誕生

各球団が興行に奔走する中、読売では変動が起きていた。一九四六（昭和二一）年一月の正力の公職追放から一年後の一九四七（昭和二二）年二月一五日、株式会社大日本東京野球倶楽部は臨時株主総会で商号を読売興業株式会社に変更、現重役は全員辞任、代表取締役に清水與七郎（一八八五〜一九六三）、取締役に安田庄司編集局長、武藤三徳業務部長、四方田義茂出版局長らが就任した。この人事は脱正力が進んでいたことを示唆している。

清水は巨人創設のメンバーだが、安田、武藤、四方田は反正力の急先鋒になっていく。四月二日、東京巨人軍が東京読売巨人軍と改称した。たとえ反正力派とはいえ、巨人を宣伝媒体に考えることは正力と同じだった。

惣太郎は当惑していた。猛烈な争議を経て正常化した読売が、球界で正力がリーダーとなることに反対だったからだ。この間に、第二次争議は収束し三七名が退社するなど労働組合側は痛手を負った。読売幹部は、争議の混乱から社を建て直したという自負もあり、ワンマン正力を名実ともに追い出し、通俗的な言い方になるかもしれないが、もう正力の番頭はしたくないと思ったかもしれない。

惣太郎には、ポスト正力への権力闘争を詳しく知る由もない。しかし安田らにとってパージされている間に正力の影響力を払拭するチャンスであり、むしろパージをさらに延期してほしいほどの願いがあった。それゆえ彼らは、正力が、復興したプロ野球界でも実力者たる役割を果たしては困るのである。

さて正力は一九四七（昭和二二）年九月一日に巣鴨を出所した。翌四八（昭和二三）年三月一日社団法人日本野球連盟が成立、これは法的問題を検討する組織だった。正力は顧問に就任した。正力は復権への足がかりを作った。さらに四月一四日、会長を正力に株式会社日本野球連盟が成立した。これは営業を担当する部門だった。

惣太郎はしばらく様子を見ながら、混乱する球界に鑑み一一月一二日、正力に「何故、日本野球連盟の会長の方に正力さんに出てもらうか」を説明した。マーカット少将からも、パージと正力のコミッショナー就任は無関係との朗報もあった。

一二月三〇日、惣太郎は、コミッショナーの役割を説明するため、球界の組織図を正力に持参して熱心に口説いた。正力の心配は、コミッショナー就任が公職追放に抵触しないかということだった。その後も惣太郎は、粘り強く正力にコミッショナー就任について打診したが、球界の混迷を理解して、正力は前向きの姿勢になっていた。

翌一九四九（昭和二四）年正月二日、惣太郎、鈴木龍二、野口務三人が逗子の正力邸へ年賀に赴いた。さまざまな雑談から最後は野球談議になるのだが、非常にいい話も多く一同が感銘することもあった。そこで以後毎年正月二日、午後一時から二時間あまりは彼ら巨人関係者の時間となった。「日記」には、この年賀のことが長期間恒例行事として記されており、ほどなく水原や川上、その後長嶋茂雄、王貞治なども加わっていたことが記されている。年賀の穏やかさとは裏腹に、昭和二四年はプロ野球史上最も混迷を深めた年になった。

さて、ＧＨＱ側から「ノー」はなかったものの、パージ中の正力は表立った活動を自粛していた。パージが解除されるまでは二人の鈴木と昭和一五年から一九年まで巨人の代表でもあった野口務の三人が球界改革に尽力することも決めた。

一月三〇日、原田から惣太郎に電話があった。パージ中の正力のコミッショナー就任はかまわないこと、またマーカット少将は正力のコミッショナー就任に同意するということだった。これでＥＳＳのお墨付きは得た。二月二日には、マーカット少将の承認のメッセージが惣太郎のもとに届いた。翌三日、原田からの電話でも、改めて「正力氏のコミッショナー就任さしつかえなし」と報告があった。さらに惣太郎は「私の方から連盟総裁に推薦することもよいのですね」と聞くと、原田は、「よろしいです」との返答だった。後述する別所事件処理の真っ最中のころである。

さらに惣太郎は「四日の代表者会議で正力社長の連盟総裁とコミッショナー双方を直ちに発表してよろしいですか？」と聞けば、原田は「よろしいです」と答えた。原田との連日のやりとりで、惣太郎は正力のコミッショナー就任に絶対の自信と正当性を感じ取っていた。

同日、連盟の評議員会が「ツクバ」で開催された。席上鈴木龍二会長より連盟にコミッショナー及び連盟名誉総裁を置き、正力松太郎が就任することが提案、一同の了解が得られた。また、惣太郎が訳したマーカット少将からのメッセージが配布され、これも了承した。さらにコミッショナーの性格について、(1)実践に加わらないこと、(2)機能(調査、裁断、取扱範囲……)(3)任期は三年位、などなどが決まった。会議があったことに正当性があるならこれで決まりのはずである。

会議を一時中断して二人の鈴木が日本工業倶楽部に正力を訪問して就任を要請、正力は快諾した。同倶楽部は財界人の集会する倶楽部である。

さて、正式就任まで惣太郎がコミッショナー代行と決まった。この動きを聞きつけたのが民政局と法務庁だった。ほどなくホイットニー民政局長からマーカット少将のところに電話があった。パージ問題には強硬だった彼からクレームがついた。電話を切ったマーカットは「君は正力さんの就任について、民政局長に連絡を取ったのか?」と問いただした。惣太郎は「ネピア中佐、また、あなたの副官である原田恒男中尉も、私が民政局長に綿密な連絡を取っていることは、十分承知なはずだが」と答えた。

惣太郎は「初めてのコミッショナーだから立派な仕事をしてもらうよう、よろしく頼みます」と正力に述べて辞去した。だが、一抹の不安を抱いた連盟では、五日評議員会を開催、実質職務を惣太郎が代行することになった。彼は次のように要請した。

「コミッショナーの職務を代行するに当たっては全員挙ってその権能を尊重しその裁決には絶

正力コミッショナー、二リーグ創設構想を発表（1949年4月15日）
左から、鈴木龍二、正力松太郎、鈴木惣太郎、井原宏

対承服していささかも不服を生じぬこと」

ところが二月二一日、鈴木龍二は法務庁に呼ばれた。当局は公職追放中のため、正力のコミッショナーも名誉総裁の「両方はだめだ」というのである。惣太郎は原田に面会し、①明日の認証式の強行、②延期、③断念、の三点を相談すると、原田は「断念はいけない」という。惣太郎は龍二とも協議し、一日延ばして二三日に決行となった。

二三日、正力のコミッショナー就任式が日本工業倶楽部で行われた。惣太郎は、原田と連絡を取り合い、この日の午後二時までに当局から特別に達しがなければ正力のコミッショナー就任はOKだった。このときだった。原田は、「オフィシャルには正力はOK、非公式には他の人を求めた方がよい」

と翻意した発言をおこなった。圧力があったのか、民政局に遠慮したのか、原田の口調が変わった。

惣太郎らは自身も認めるように最後は「強引に認証式を行うことにした」となる。どう見ても形式からすれば、正力はコミッショナーに就任したと見るべきではないだろうか。ただGHQ当局の対応はなんとかなるという甘い見通しもあった。原田の根回しも怪しかった。恐れていたことになった。民政局や法務庁では、この人事にパージに抵触すると反発の声があがった。

三月八日、危惧した原田は改めて「正力氏の件、マーカット閣下は認めるが、暫くそのまま伏せて発表しないほうがよい」と言い始めた。コミッショナー就任の公式発表は民政局を刺激するというのである。そこでトラブルの裁定の発表は、マーカットの指示に従い社団法人側の組織になった。曖昧な結果だった。目前で球界に紛糾が発生しているのに、重大な人事が法務庁に阻止された。パージに抵触するというものだった。さらに惣太郎が困惑したのが、民政局や法務庁に加え読売側の予想以上の反発だった。これに対しマーカットは「不穏当」と怒ることになった。

それは三原ポカリ事件の翌日だった。正力はコミッショナーとして四月一五日、近い将来リーグを一〇球団にして、さらに二リーグ創設構想を発表した。三大声明といわれるものだった正力はコミッショナー就任で将来の復権を目指して自信を深めていた。しかし、同時期に発生した別所事件などの裁定問題、さらにライバル紙毎日などの新球団参入問題が浮上して、いずれも連盟の判断が求められ、ましてや正力のコミッショナー就任問題で、一連の連盟の動きに読売側は猛烈な反対運動を開始した。

五月一二日、「原田中尉がコミッショナー問題で逃げ腰になっているのがはっきりわかった」と惣太郎は記している。連盟側はこの問題でＥＳＳという後ろ盾を失った。法務庁や民政局の反発で正力のコミッショナー就任の正当性が失われようとしていた。さらに正力の本社復帰に読売が反対するということも加わった。三つの勢力からの反発に、惣太郎は苦しい立場となった。トラブルを処理する機関が曖昧では正当性に欠ける。

「すべての事態は私の立場に非常に悪い。ここが運命の分岐点である。」

連盟は完全にジレンマに陥った。

「耐え難い悲しみ」

この状況で一九四九（昭和二四）年には様々な問題が球界で発生した。この間、球界では事件がいくつか発生したが、なかでも、三月一七日の別所問題への処置発表と四月一四日の三原監督の暴行事件（いわゆる三原ポカリ事件）への対処が注目を浴びた。

別所毅彦（一九二二〜一九九九）は、一九四七年四七完投という離れ業をなし、四八年は二六勝して南海の優勝に貢献した。彼は妻子のために東京に家を持ちたかった。銀座の行きつけの料理屋小松には安田編集局長、武藤三徳業務部長が出入りしていた。別所は妻すず子の母親を通じて武藤に相談した。このとき武藤は「もし、君がウチへ入団してくれるのなら、家を持たせてやろう」と言ったのである。しばらくして武藤は一〇万円を渡し、「巨人へ入ってから返済してもらえばいい」と言ったということだった。いわゆる選手の引抜き問題である。

これを知った南海の松浦竹松代表と別所が一二月一三日会い、「君は試合に参加しなくてもいいから、巨人へ行くのかどうかハッキリしてくれ」と松浦は言った。さらに一六日松浦は、「十年選手になったら功労金のかわりに家を建ててあげる」と歩み寄った。二五日には松浦は、「東急か大映はどうか……巨人だけは、絶対に許さない」という言い分だった。武藤は野球連盟の規約や契約については無知だったことも災いした。かくして別所事件として事態は悪化した。事件で連盟側は読売の安田や武藤と対立する。

二月一日、惣太郎は別所を呼んで事情を聞いた。心配になった別所は武藤に相談した。別所が、惣太郎代行が武藤を「連盟に呼んで取調べると言った」と伝えた。三日、龍二会長や井原から「読売の武藤さんが怒っている」との情報も入っていた。惣太郎は「話を聞きたいから出てきてくれ」と武藤に言って冷静に対処しようとした。今度は武藤が怒った。

「惣太郎君は読売の使用人じゃないか。使用人のところへ副社長が呼ばれるなんておかしいじゃないか。」(『プロ野球史再発掘』)

武藤に連盟の権威は通じなかった。惣太郎がコミッショナー代行、連盟の副会長であろうと、武藤は身内に指図されることは好まなかった。ましてや背景に正力が存在する。惣太郎は安田や武藤にしてみれば読売の「使用人」なのだ。部下に呼びつけられるとは許せないというわけである。惣太郎は窮地に立った。二月八日、惣太郎は龍二会長や井原と協議しながら嘆息した。

「悪いということを知りつつ、それが習慣なのだからやってもいいのではないか、というのが読売の主張である。」

正力は全く動けない。動けばパージ問題で追及される。まさにコミッショナー問題は、読売内の争いと、球界へのイニシアチブが錯綜していた。野球協約には「選手は加盟している倶楽部に優先交渉権がある」と明記されているが、一般には耳慣れない文言だった。プロ野球のルールに対する大衆の認識不足も問題だった。記者の間にも選手の自由を守るべき、別所選手に対し契約自由を認めてやるべきだという意見もあった。彼らはチームが保有権や優先交渉権によって選手の契約について拘束力をもつことはあまり理解していなかった。惣太郎ら連盟が四六（昭和二二）年に決めた選手の統一契約書からみると、別所の行動も巨人の行動も明らかに違反している。

だが現場はなかなか理解できなかったようだ。三原脩、藤本定義らの中からも「選手の契約問題は、労働基準法によらなくてはならないのだから、連盟でこれを裁くというのは不都合である」という抗議文も惣太郎に届いた。戦後の自由な気分も手伝って、今日では当然である球団の保有権や優先交渉の考え方は当時の社会情勢では、「ひどい反動的な封建思想」とも見られたのである。コミッショナー独裁の将来性は不透明だった。

二月一一日、惣太郎は武藤と会ったが、彼は「全く自己本位」で聞く耳を持たない。翌一二日、早速惣太郎は正力に会った。ルールを遵守したい惣太郎は提案した。まず誰が処断するかという問題だった。①は副会長名（惣太郎）で行うのか、②は正力のコミッショナー正式就任を待ってから行うか、であった。

惣太郎はこの件をコミッショナーの権威を高める意味で、正力の決済でおこなうことの確認を取った。そして惣太郎は、①読売に一〇万円の罰金を課す。②別所を出場停止三ヶ月とすること、自由契約とし、先に南海と交渉する。③南海に対し、巨人が謝罪する。以上を決めた。

後年の江川問題を髣髴させる事件だった。

別所問題をめぐる連日の協議は、コミッショナー問題で揺れるころで惣太郎には激務だった。彼は朝起きると頭痛に襲われていた。心労である。だが彼は手続きのことで厳格にコミッショナーのシステムを運用して、連盟の権威を確立したかったのである。

「このころ私は弱い、……正しいことをするのに他を考える必要はない……と考えながら、実は他を考えている。……このため仕事以上に疲れる。……毎朝、神棚に礼拝して、私に勇気と健康を与えて給へ……日本野球のために努力すると誓いながら心の底の方に何かと動揺がある。……未だ物を恐れている証拠である。」

惣太郎のなんと野球に対する真摯な姿勢であろうか。「日記」は彼の葛藤を見事に描いている。理想家と呼ばれる所以だが、だからこそ混迷のこの時代に彼は必要だったのである。一四日、惣太郎は正力、鈴木会長と三人で裁定案を協議、正力より一部修正要請があった。

惣太郎はコミッショナー代行として、別所を呼び尋問となった。そこには連盟の鈴木会長と井原事務局長が立ち会った。すると別所は、仮契約をしていないこと、別所から連盟に出された書面は誰かが清書したものと弁明した。三月一七日、連盟は統制委員会を開き、惣太郎は巨人と南海の幹部と別所を呼んだ。そこで裁断状を読んで訓戒を与え、巨人より南海に陳謝させ、巨人に罰金一〇万円、別所は二ヶ月の出場停止処分とした。当初の惣太郎の方針からみると、一ヶ月停止処分が短くなっている。

内容を知った世間は、大騒ぎとなった。二二日、惣太郎は処分の評判よろしからざるを見て、正力に会い裁定についての意見を聞いた。惣太郎は「政治的解決としては、別所を南海に入れて、それを巨人にトレードすること」、別案は、もう一度別所を「訓戒して交渉をやらせなおさせる」こと、二案を述べた。特に前者の意見は、その後の江川事件における後始末のやり方であり、江川事件は別所事件が教訓になったのかと首をかしげるような発想である。だが、正力は両案ともに「不賛成」だった。すなわち別所の意志どおり結局巨人に加わる方向がよいという意見だった。やはり正力は最後に軟化した。

この当時をふり返って巨人ＯＢ青田昇は『ジャジャ馬一代』で次のように回顧している。

「巨人側は、それに対して、あれは武藤三徳が個人的にやった行為で、球団としてはあずかり知らぬこと。しかも武藤は、巨人球団とは直接関係のない読売本社の人間……」

このような論法だった。実は、川上や千葉といった主力選手も読売のやり方には反対だった。それは「ライバルチームのエースを引き抜いて、巨人が勝ったとあっては、巨人軍の恥である」、巨人で育成した選手で別所を打つ、「我々の誇りが許さん」ということであった。武士道精神が生きていた。

しかし、三原監督は違った。彼は千葉茂に会った時、「選手間では反対が多いようだが、あんたがうまく鎮めてくれんか」と言った。「そんなことまでして勝ったってちっとも嬉しくない」と千葉は反発した。選手には不評だった。後に別所は座談会で答えている。

「安田さんが『お前は働かなくてもいい』というのですよ。今でも覚えてますよ。『どうしてですか』と言ったら、お前を南海からとっただけでも成功なんだから、お前は働かなくてもいい（笑）。」（『プロ野球史再発掘』）

安田も三原もまったく同じ考えだった。そして、指示通り別所は南海と交渉して不成立となり、結局別所は二一万円のトレードマネーを巨人が南海に支払って巨人に入団した。そして巨人の違反行為に対し、一〇万円の罰金が課された。この騒動について惣太郎はこのように「日記」に記している。

「……プロ野球の先駆……そして日本野球連盟の盟主として自他ともに許された巨人が、選手を獲得するのに、連盟の規約に違反してまで、これを強行したことは、高い理想をもって巨人創立にたずさわった一人でありながら、裁定側に立たされた私には、耐え難い悲しみだった。」

この記述は将来への教訓とする実に重い内容だ。惣太郎には辛い役割だった。しかし、この「悲しみ」はこれで終わることはなかった。

「日本野球連盟に問う」――反正力派の反発

別所問題を発表するか否かという微妙な時期に、球界では次々と騒動が起きていた。さらに三原暴行事件（四月一〇日）も発生した。三原は昭和二二年六月巨人の技術顧問となり、一〇月から総監督として指揮をとった。五位だった巨人を二三年にはAクラスの二位に上昇させ、また別所を引き抜くことに成功したこの二四年は優勝をねらっていた（事実優勝するが、三原は退任する。功労者の水原に監督一任するためである）。

事件の伏線はあった。場所は後楽園、巨人の相手は南海、別所事件の当事者の南海からすれば遺恨試合である。この日は開始前から場内は殺気立っていたようだ。さて、試合は最終回をむかえて4対0で巨人がリード、九回裏、南海はねばりを見せてホームランなどで三点を入れ、なおもノーアウト一塁、ランナーは筒井。打者の打ったボールはセカンド千葉へ、千葉これをさばいてセカンドへ、この時、ショートの白石と筒井が交錯した。三原はベンチを飛び出て「筒井はインターフェアー」と抗議、審判は筒井にアウトを宣言した。ここまではよかった。ベンチにもどろうとする筒井に、三原がいきなりパンチを見舞い、これを見た南海の選手が三原を殴り返して大乱闘となったのである。

事件は連盟に報告され、とりあえずは、惣太郎は裁定を出すまで三原を出場停止とした。四月一六日、調査に参加したのは、正力コミッショナー、惣太郎、井上登（元最高裁判官）連盟最高委員、鈴木龍二の四人だった。三原は彼らに対して、「確かに殴ってやろうという気持ちで出ていきました」と認めたが、彼に裁定を出すにしても野球協約などにも前例がなく惣太郎は悩んだ。

事件の教訓となるのは、やはりアメリカの事例である。必ずといっていいほど惣太郎は、手本を引き出すためメジャー・リーグの歴史を調べた。惣太郎の真骨頂である。そして、出てきたのが一九三二年にヤンキースの捕手が本塁突入のセネターズの選手をノック・アウトした事件だった。この両チームは熾烈なペナント争いをしており、まさに巨人と南海の状況と似ていた。突入した選手は、スパイクを逆立てていた。この滑り込みに捕手は、激突後に立ち上って一発殴ったのである。その選手は一ヵ月の出場停止と罰金一千ドルを課せられた。

惣太郎は、この事件がもっとも三原事件に近いと判断した。だが、この当時罰金というのは、日本にまだなじみがない。そこで、一千ドル罰金の代わりに一ヶ月をプラスして、三原に二ヶ月の出場停止とした。鈴木龍二は暴力行為は悪質として六ヶ月の停止を述べ、惣太郎案には井上が賛成したが、このとき正力は「それでは、世間が納まらぬ」と強く反対した。

「スポーツマンが試合中に暴力を振るうことは、そのまま、ルールを尊重しないこと……つまり、スポーツマン・シップを尊重しないことに通じるものだ……厳重に罰しなければ、秩序がたたない……」

正力は強硬で、無期限の出場停止を主張した。惣太郎は、それではいつ出場できるのか難しいので、具体的に述べて欲しいと要請した。この結果「では、今シーズン出場停止にしよう」となった。裁定の発表後、また各紙が大きく三原事件を取り上げた。苛酷というのである。こうした裁定に慣れ親しんではいないだけに巨人ファンも黙っていなかった。同情もあれば、コミッショナーの力量不足を批判する記事もあった。議論憤々だった。連盟事務所には投書が殺到した。ともあれ抗議が多いが、暴力事件とあって正力は軟化しなかった。

一方、続く読売の「反連盟的な態度」に惣太郎は憤慨していた。法務庁が正力のコミッショナー就任を拒否したことも判明すると、勢いづいた読売から二人の鈴木の「責任を追究する」という話も出ていた。その上、正力がコミッショナーに就任していないなら、今までの裁定は「不都合」とまで指弾していた。

五月七日、ついに読売は「日本野球連盟に与う」という「社説」を掲載した。これが実に痛烈な正力批判だった。

「……彼はコミッショナーではない。しかし連盟の判定に彼が一半の責任を負うべきは当然である。彼が一半の責任においてなされた判定はそのほとんど全部がプロ野球の現状を無視し非常識極まるトンでもない判定だからである。……何れにしても本年に入ってからの日本野球連盟の行動は気狂いじみている……」

読売は、連盟と正力を同一視して非難している。「社説」で「気狂いじみている」との指摘は尋常ではない。敵意むき出しである。アメリカ流を引き合いに出して厳罰を課すとは現状に合わないとも批判している。読売復帰を目指す正力を阻止したいという安田、四方田、武藤らの「社説」を借りての対決だった。まさに反正力キャンペーンに等しい。同月一六日、安田は読売の取締役兼編集主幹にも就任した。反正力派の勢いは増すばかりだった。惣太郎は次のように書くしかなかった。

「読売は確かに我々に、敵意がある。」

数日後、反正力派の巨人の四方田義茂代表が連盟に現れ、三原監督の早期復帰を要請した。安田からは「巨人軍に就いて面と向かって悪口を言ってくれるな」と知人を通じての伝言もあった。このころ「正力と鈴木への排撃は猛烈であった」という。惣太郎も読売首脳に完全に睨まれることになった。

結局、この動きに押されたのか、三原の出場停止期間はその後大幅に緩和され七月二一日解除された。だが、コミッショナー正力によって裁定が出されたのは事実である。各球団が批判したとはいえ、彼らがその決定を受け入れたことは、初代コミッショナーの在任期間は曖昧ながらその正当性を認めたことにもなる。これは再度吟味する必要がある。

ところで、その後コミッショナーに就任する井上登（一九三四～二〇一二）も、正力の就任を認めている。

「そのときのみんなが調印した申し合わせといいますか、規約書、それに判をしたものを僕は持っているんだもの……」(『プロ野球史再発掘』)

窮地に立たされた正力は退陣しようと言い始め、連盟は彼を社団法人日本野球連盟総裁とした。まもなく総裁も公職になるというので名誉総裁となった。この地位は「連盟の権威を象徴し、儀式を行い、栄典を授与する」と規定しているが、新憲法の象徴天皇を示すような存在だった。

一連のドタバタで連盟の権威は失墜しようとしていた。コミッショナーが不透明では、連盟中心の球界改革がままならない。

一方、惣太郎が原田に依頼していた惣太郎の盟友水原のシベリア帰還工作が成功し、彼は一九四九(昭和二四)年七月舞鶴に到着、後楽園に登場した。水原は巨人に復帰、三原監督との関係が微妙になった。両雄並び立たずである。巨人はリーグ優勝したが、不穏な中で監督は水原に交代した。優勝監督を更迭するこんな人事ではファンが納得しないと反対した運動部長の宇野庄治(一九〇三~一九七〇)の述懐である。

「安田さんと、そのときの代表の四方田さんと二人で決めてしまった。」

これを見ても読売内における正力の影響力は激減していることがわかる。

シールズ来日工作の真実

米ソ冷戦は確実に激化していた。ヨーロッパでは、NATOが成立し、アジアでは中国に共産主義政権が生まれようとしていた。日本経済の復活と比例するようにスポーツも復興が目覚しかった。その筆頭はまたもや水泳だった。一九四七（昭和二二）年八月に全日本水泳選手権四〇〇mで優勝した古橋広之進は一躍有名になった。

一九四八年オリンピック・ロンドン大会に参加できなかった日本の水連は、五輪の決勝当日に日本選手権をぶつけ、古橋は見事に期待に応えて四〇〇m、八〇〇mで世界新を出して気を吐いた。さらに一九四九（昭和二四）年八月、ロサンゼルスの全米選手権に出場した日本人選手は、四〇〇m、八〇〇m、一五〇〇mでまたもや世界新を連発し、古橋は一躍「フジヤマのトビウオ」と賞賛された。

まだ占領下にある日本としては、オリンピックへの道は遠かった。だが野球はGHQ関係者の後押しもあり、毎年熱を帯びてきた。こうなると、野球交流を商売にする動きが出てくる。戦後復興の中で、日本のプロ野球はアメリカ人の野球関係者の間で娯楽の重要なマーケットと考えるようになる。

アメリカからチーム来日話は、数多くあった。しかし惣太郎は、まずオドールを立てることを忘れなかった。律儀な惣太郎らしい。ともかく、戦前に積み残した課題、それは昭和一二年のオドールとの約束の実現だった。すでに惣太郎はオドールの来日工作をおこなっていた。しかし占領下で進まず、そこでマーカット少将に会い、今までの日米野球交流を説明して、シールズ招請の協力をESSに依頼した。

ちょうどこのころだった。通称ドッジ・ラインを提唱したジョゼフ・ドッジ特使が二月一日に来日していた。マーカット少将はドッジと米チームの来日問題を協議していた。彼の仲介で正力は、四月一六日後楽園でドッジに会い、シールズ招請の協力を要請した。
「日米親善という大きな問題から言えば、ドルの問題などたいしたことではないのだから、ぜひ、呼べるように財政的な援助をお願いしたい。」
ドッジは、この話をうなずきながら聞いていた。惣太郎は、マーカット少将は、米軍人にドルで入場券を買わせて、ドルを獲得する作戦を立てた。マーカット少将に対し改めてシールズ招待を要請した。この話はシールズ側にも絶好のチャンスだった。日本遠征で内外にPRできると喜んだ。シールズ会長ポール・フェーガンは、往復の飛行運賃、日本滞在の費用だけ日本側が持ち、選手との契約金は全部チームで持つと言ってきたのである。これは大変いい話だった。

ところが米政府が、占領下の日本にメジャー級のチームは送れないと難色を示した。そこでマーカット少将は日本事情を説明してホワイトハウスに理解を求めることになった。白羽の矢が立ったのは原田副官だった。彼が米政府を説得する役になった。

マーカット少将の命を受けて原田は渡米して交渉した。この結果、米政府は在日米軍の慰問という形でシールズの訪日を許可した。これはGHQ／SCAP資料にも残されている。仲介役となった原田は、これを機会にオドールと親交を深め、これが日米野球や惣太郎との交流に重大な転機をもたらすことになる。

戦後日米野球交流はシールズ来日から始まった。だがこのESSの関与で、シールズ来日は劇的転換をしてしまった。マーカットは訪日にあわせて日米合同委員会を組織して委員長に就任し、正力、鈴木龍二が顧問になった。財政面担当がH・S・ルース大佐、庶務及び、渉外が原田中尉、第八軍代表B・C・アレスキー少佐、極東米軍代表H・R・エマーソン大尉、総司令部管理部代表J・J・イーナン大尉、運営及びプログラムがディック・ハーン軍曹、組織がジョーン・ショーネシー、海軍代表、グラヤスン大尉という布陣になった。

かくもあちらこちらの部署から参加しているのかと首を傾げてしまうが、間違いなく占領軍の野球政策だった。惣太郎も予想外の展開に驚いた。日米野球交流さえもリードしたのはESSだったのである。

このシールズ来日問題において、GHQ側と緊密に連絡を取りあっていた政治家がアマチュア野球の重鎮だった松本滝蔵だった。広島生まれの松本（一九〇一〜一九五八）は幼いころ渡米、マサチューセッツ工科大学に入学したが、人種問題で退学、帰国して旧制広陵中学、明治大学野球部で活躍し、その後、昭和初期に来日して日本野球を指導したこともあるモー・バーグ（スパイとも言われている）に紹介されてハーバード大学、同大学院に留学して帰国、戦後は、昭和二一年から衆議院議員として国政に従事していた。

松本は日本人の海外旅行が制限され旅券発行が厳しい中、GHQに掛け合い了解させるという働きぶりで、前述のロス派遣の日本水泳選手団の団長になった。さらにアメリカン・フットボールを日本に紹介するなど戦後まもない日本スポーツの興隆に多大な功績のあった政治家である。

また政治面では、松本は鳩山一郎と懇意で、それが縁で鳩山のパージ解除に尽力した。また新憲法起草に尽力したGHQのケーディス、ハッセー、ラウレルらと大学の同窓だったこともあり、松本はGHQ、ESSとの関係は良好だった。なかでも、芦田均内閣において、栗栖赳夫の経済安定本部総務長官就任の際に松本は、大きな役割を果たした。正力にすれば松本との交流は、パージ解除への布石にもなった。

こうした経緯もあって、松本もまた野球を通じてマーカットとの関係は深まっていた。シールズ来日は外務省の後押しもあった。

一方、シールズ招聘の対応で正力や惣太郎のプロ側は不満だった。本来はプロ側の招致だったシールズ来日が、日米の外交課題になっていたからである。彼らにしてみればシールズとの日米野球はプロ野球連盟が主催するもので、政府主導でやるべきではない、ましてやアマが口を挟むものではないというものだった。

正力は、シールズ招待は「どうしても連盟で呼ぶ」こと、計八試合を予定し余剰金はすべて社会事業に寄付するといった方針を明らかにした。興行師正力としては、赤字を出したくない。そのため惣太郎は、シールズ来日について細かな指示を正力から受けていた。

「アメリカチームを呼ぶことについての計算で、この人は実に計算に細かいし、正確でよい見当をつける。ほとほと感心した。」

正力の算盤勘定に敬服している。だがシールズ来日はＧＨＱが関与した以上、日米外交だった。六月二三日、惣太郎は正力に進言した。

「日本プロ野球が中心となって試合するのであるから、連盟が代表する委員が委員長になるのが当然である。」

これに対し、ついに正力も同調しながら、大局を見て方向転換した。

「これは、ＧＨＱがやるのだ。連盟は従の形だから、副委員長でよろしい……」

確かに占領軍の政策の一環だった。ここで正力は変わった。なぜだろうか。これは、ＧＨＱへの協力へのポーズを示し、近い将来の正力の公職追放解除への布石との判断もあったからだ。すでに正力は原田や松本を通じてパージ解除の根回しを依頼していたからである。ここは妥協するほかはない。

「しかし、松本君みたいに、今までプロ野球に関係ないものが委員長になるのは、スジが通らない。日本のプロ野球を代表する人物は、連盟会長の鈴木龍二君か、副会長の君なんだ。それに各方面—読売、朝日、毎日をはじめ、各界から委員を出している格好だが、責任の所在がぜんぜんわからない。欠損したら、誰が責任を負うのだ。」

当然な話だった。だが委員の役割はマーカットのペースでどんどん決まっていた。関係委員の集まりは、なんとマーカット少将の会議室でおこなわれるようになった。

さらに日本側にシールズ実行委員会なるものが設置された。委員長はアマ側の松本滝蔵、副委員長にプロ側の惣太郎が就任した。惣太郎が望んで副委員長に就任したわけではない。ＥＳＳ側の要請だった。このなかで、根回しに尽力したＥＳＳの原田の存在感が日増しに高まっていくのである。

ところでシールズ招致では、日本では外貨不足で、宿泊費や交通費の支払いが問題になっていた。このドル不足を補うため本国に全面支援を要請することになった。このため再び原田がサンフランシスコに飛び、シールズのフェーガン会長やオドール監督との協議をおこなった。

注目したいのは、ここから原田とオドールとの親交が深まることだ。オドールも球界が混乱している中で、正力の権限も明確ではなく、惣太郎と交流を深めるより原田と接触した方にビジネス・チャンスがあった。なにしろ原田はＥＳＳの将校だったからである。このことはオドールと惣太郎との距離が遠のくことを意味する。

同時に、オドールは来日して従来の関係から読売との再接近を試みた。だが、それは読売の主流だった安田ら反正力派への接近を意味するのである。原田も同じことだった。シールズ来日で、まさかオドールが原田や安田に近づくとは惣太郎は夢にも思わないことだった。

六月二六日、この日は、シールズ来日問題のイニシアチブが誰にあるか、それを見事に示すセレモニーがあった。マーカット少将らＧＨＱ幹部が現われて、記者団を前に昭和二五年秋にノンプロのトーナメント大会を実施すること、さらに今秋シールズが来日することを発表したのである。松本でも惣太郎でもなかった。

内情をあまり知らない記者団から割れんばかりの拍手、喝采が湧き起こった。マーカットは得意満面だったが、連盟側の面目は保てなかった。とりあえず惣太郎は、すぐオドールにメッセージを送った。シールズの「最強チームを連れてくること」を希望すると伝えたのが精一杯の仕事だった。

七月一七日、フェーガン会長が打ち合わせのため来日した。かくして、九月五日、日本側の委員会が開催され、二九日スケジュールが発表され、一〇月五日、来日メンバーも発表され準備は整った。

オドール・シールズの来日と惣太郎の不快感

一〇月一二日、シールズ一行が羽田に到着した。ベーブ・ルース一行の来日以来、実に一五年が経過していた。タラップを降りてきたオドールは「ハロー鈴木！」と惣太郎に語りかけた。巨人遠征以来の対面だったが、手放しで再会を喜べない惣太郎の憂鬱をオドールは知るはずもなかった。そのオドールは相変わらず陽気そのものだった。

一行は、フェーガン会長、グレアム副会長、オドール監督、ジョー・ディマジオら、計二四名、松本委員長が歓迎のステートメントを発表した。オドールの「ただいま帰ってまいりました」という第一声が歓迎陣を笑わせた。一行は田中絹代ら女優陣の花束をうけ、翌日は二二台のオープンカーに乗り、国賓並みの待遇で銀座をパレードした。その後、芝スポーツセンターで大歓迎会が開催された。

早川雪舟、高峰峰子、渡辺はま子、京マチ子、水の江滝子など銀幕のスターも含めて二万人もの観客が参集した。オドールはベーブ・ルースと来日したときのことを思い出しただろう。また歓迎レセプションはマッカーサー元帥自ら主催するという異例尽くめのツアーだった。

一五日の第一戦では巨人戦、明仁皇太子も台覧した。セレモニーにはマッカーサー元帥の代理でマーカット少将が出席した。星条旗、米国国歌の登場は当然だったが、マーカット少将は、試合での「君が代」斉唱と「日の丸」の掲揚を認めた。敗戦以来、後楽園球場で国歌、国旗の登場は初めてだった。民政局のホイットニー少将の反対があったが、マーカット少将が反対論を退けた。

ＥＳＳに対する連盟側の憤懣はあったが、国民はそんなことを知るよしもなかった。球場はどこも日米野球で熱狂するファンでいっぱいだった。惣太郎家には、彼らの生き生きした雰囲気を伝えるアルバムが残されている。しかし、今回の日米野球に、最後まで惣太郎は不満だった。一八日の「日記」には次のように記している。

「アメリカからチームを迎えて、今度程不愉快なことはない。正力さんの言ったように、契約の筋が通っていないから、根本的に無理がある。」

世間では大歓迎されたシールズだが、釈然としない惣太郎は体調さえも不安定だった。一方松本委員長は、シールズ来日が「そこには、日本の復興を援助してくれるという大きな愛と意義がある」こと、球場の内外で「訪日の使命を果たそうとして、真剣な態度」を高く評価するステートメントを寄せた。外交色の濃いスポーツ使節であることをはっきり明言したものだった。

さて第一戦の相手となった巨人は、一番千葉、二番白石、三番青田、四番川上……投手は川崎と、この年の優勝主力メンバーが配された。ところが、初回シールズの猛打が爆発した。一番が四球、二番が二塁打で一点、三番が三塁打で一点、ここでワンアウト、そして五番がヒット……であっという間に五点取られ、シールズの圧勝に終わった。

力の差は歴然としていた。シールズは各地を転戦した。名古屋では知事や市長までが先頭で迎え、京都駅では、多くの舞妓が花束を持って迎え、オドールには陣羽織がプレゼントされた。熱狂的な歓迎に市中パレード、宿舎まで、人また人であふれかえった。オドールの人気は尋常ではなく「オドール、万歳」の声があちこちでおきた。

オドールは、全日本軍を見て、社交辞令もあるだろうが、一五年前と段違いと評した。内野の守備は、まったくシールズと遜色がないこと、肩はいまひとつ良くないこと、日本は高めのボールを打ちすぎること、バック・スクリーンを大きくして、神宮のように白の文字が書いてあってはいけないこと、客席を少々犠牲にしても完全なバック・スクリーンにすること、シールズ・スタジアムには、広告は一つもないが、エラーにならないためにも、それは注意しなくてはならない、といったことを指摘した。

惣太郎は、『野球界』に「オドール・ディマジオと見た日本シリーズ」を寄稿した。オドールと違い厳しかった。基本の点で進歩がないというのである。日本人選手の一塁への気の抜いた走り、外野からの山なりの返球……こうした怠慢プレーをしないために本来プロはアマチュアの手本になるはずだった。だがそのプロがこの域に達していないとする彼らしいコメントである。

シールズ帰国に際してマッカーサーは、一行を昼食会に招待した。スポーツ好きのマッカーサーは、かつて日本水泳選手団が渡米する時、檄を飛ばしたことで知られているし、戦前ではオリンピックのアムステルダム大会において、アメリカ選手団長を務めたこともある、スポーツ好きの将軍だった。

「君たちは、親善と交流ということで、政治家や軍事も果たせなかったほどの大きな役割を演じてくれた。」

まさに絶賛だった。「最高の親善大使」と述べていたマッカーサーは、選手一人一人のファーストネームを呼びながら握手して、彼らを驚かせた。

オドールはこの訪日の感想を次のように『野球界』でコメントしている。

「日本に着いたときには、人々は暗い表情に沈んでいた。これはひどい！と思ったものだ。戦前に行ったときは、どこでもバンザイ！バンザイ！の声が満ちていたのに……しかし、六週間たって私たちが日本を離れる頃には、日本中が再びバンザイ！の声をあげるようになっていた。」

あまりのオドール人気にデンプシーは、「人をあのように尊敬している場面なんて、ほかに知らない。まさに彼は偶像だった」と言っている。昭和天皇が、たまたま神宮球場近くのラグビー場で観戦している時、松本滝蔵、惣太郎、原田、オドール監督が表敬訪問し、昭和天皇の素朴な質問がその場の笑いを誘った。

昭和天皇が「聞くところによると、あなたは世界一の監督ということですが、本当ですか」と問えば、オドールが恐縮して「日本の皆様に大歓迎されています」と答えた。この対面は、新聞に大きく取り上げられた。

オドールとの再会は、戦時中の空白を埋める重要な役割をはたしたことは間違いない。しかし、惣太郎が望んだのは、連盟の主導権で試合を開催し、彼らの技術を大観衆に見せることだった。この日米野球交流に対する惣太郎のプロ側としての無念さはそこにあった。

圧倒的なパワーと機動力を見せつけたアメリカ・チームの来日は、日本プロ野球の発展と日本の野球ファンに大きな刺激を与えた。彼らのユニフォームのピン・ストライプをまねたユニフォームがプロや社会チームに多くなっただけでもインパクトの大きさがわかろうというものである。

以上の結果、オドールは自身への人気も含めて今後日米野球交流がビジネスになると確信し

昭和天皇と握手するオドール

た。さらに、裏方役だった原田はオドールと親交を深め、さらには若林やカイザー田中など日系プレイヤーとの接近になる。このことが日米野球交流への彼の発言力を強めることになる。

一一月一八日、収支決算では、収入約七五〇〇万円、支出約四五〇〇万円、約三〇〇〇万円の黒字である。まだまだ後日談がある。その後昭和二八年、余剰金の約七〇〇万円がプロ野球側に渡されたようだ。このときの余剰金の処分を惣太郎は全く知らない。反正力派が読売の実権を握っていたときで、二リーグ分裂の経費や、ディマジオやオドールの来日にもこの資金が使われたようだ。

第８章
❖読売内の抗争

二リーグ分裂の意味

　シールズ来日で休戦状態だったプロ球界の混乱は、交流が終わると再び喧々諤々の混迷が始まった。経営者たちは「野球がこんなに盛んになってきているのに、いっこうに儲からない。それは連盟首脳部のやり方がまずいからだ」という不満を口にしていた。このため親会社が連盟を指導するという意見も出ていた。主客転倒である。連盟の存在意義が問われていた。

　正力に青写真はあった。まず連盟に参加したいチームが六、七球団はある。これらを全部入れるわけにはいかない。最初の二～三年のうちに合計一二チームにして、将来的には六・六の二リーグにするという考えだった。

　ところが予想外のことがおきる。読売の強力な対抗馬だった毎日が、球場の溢れる熱気を見て球団経営に関心を寄せていた。毎日はかつてセミ・プロ（大阪毎日野球団）を所有して赤字を出して失敗したことがあった。巨人が創立する前のことである。それが戦後の野球人気で再び色気を持ちはじめていた。中心的人物は毎日新聞社長本田親男（一八九九～一九八〇）だった。

毎日の本田は一九四八（昭和二三）年末、読売争議の教訓から、デモクラシーと称して社員全員の選挙を経て社長に就任した人物である。一九四九（昭和二四）年七月下旬には、大阪営業局長鴨井辰夫以下五人の球団創立委員を決め球団創立に向かって進みはじめた。八月となり本田は頻繁に正力と会見、両者は接近していた。これには正力が読売と対立しているための事情もあった。

八月二七日の連盟の会議で毎日の加盟が話題になった。ライバル毎日の加盟問題で、当初「四方田以下の全部（球団）が反対」というありさまだった。読売は、これ以上の球団の増加に反対だった。

だが、阪急、南海、近鉄、東急、西鉄といった電鉄系を含む七球団は毎日の加盟に賛成となる。以後、正力は連盟の関係者を集め善後策を練った。二リーグ分裂を明らかにするのが本稿の目的ではないので、惣太郎と正力の動向をみてみよう。

各球団の意向も不透明だった。南海の松浦竹松は「二リーグは理想だけれども、時期尚早だからしばらく待って」という気持ちだった。そこで、秘かに正力は東急の猿丸元（東急フライヤーズ代表、二リーグ分裂時に正力の意を受けてその防止に動いた）代表を呼んで工作を始めた。違った見方をすれば、読売の反正力グループの独走を牽制するために、正力は毎日を巻き込んだとも言えよう。

ともあれ毎日の参入に安田、四方田ら読売が猛反発、二リーグ制問題は、正力―反正力という闘争と新聞社の利害対立、各球団間の対立、野球という興行で成功する思惑が錯綜して推移していた。読売は人気と裏腹に赤字球団が多いことに鑑み、これ以上の球団増設には反対、ましてや二リーグは無理との判断だった。猿丸元は、手厳しく指摘している（『戦後プロ野球史再発掘』）。

「二リーグ問題というのは二つ大きな理由があったのですよ。一つは、その当時読売の横暴ですよ。もうとにかくルール無視ですわ。理屈は抜きにしてルール無視だ。」

「……あの当時は、正力反対、反対どころかパージですからね。読売内部にも、正力さんの努力の復興という、そういうものがあっては困るという空気が強かった……」

「当時、副社長の安田さんなんか非常に立派な人だったけれども、戦後正力さんがパージになり、立ち遅れた読売を軌道に乗せた。正力さんの言いなりにならんというところがあった。」

猿丸の回顧は、正力と読売の対立が球界に持ち込まれたことを認めている。読売側は、ライバル毎日新聞が入ってくることは、販売政策上からいっても困る。一リーグ制でようやく黒字を確保できるメドがついてきたと思っていただけに、拡張、いわゆるエクスパンションに反発していた。どうみても野球文化の発展というよりも、この背景には正力問題と企業エゴが強く作用していたといえる。

だが一方で安田も手をこまねいていたわけではない。メジャー・リーグの実態を知るために、宇野庄治運動部長を渡米させ、ハッピー・チャンドラー・コミッショナーに会見し、二リーグ制について意見を聞くように命じた。安田が惣太郎を使うはずはない。慣れない仕事を命じられた宇野は渡米、チャンドラーの意見、すなわち全く別なリーグを創るべしとの意見を安田に送った。このことで宇野は、後に「正力さんに睨まれちゃった、あれは安田系統だ」と述懐している。宇野には損な役割だった。

九月二九日、正力は、ともかく二つのチームを一挙に一リーグの連盟に入れては、と会議に諮った。阪急小林米三、南海壷田一郎、大映永田雅一、阪神野田誠三、東映大川博たちは正力に賛成したが、ライバル紙の参入に読売の安田、中日の杉山虎之助、太陽の田村駒次郎の三人は強硬に反対した。その代表格の一人、安田は正力に詰めよった。

「すでに八つのクラブで運営されている現在でさえ収入が不足して、各球団とも赤字で四苦八苦している状態じゃないですか。それなのにさらに二つの球団をふやすことは、さらに赤字を増すことになる……」（『戦後プロ野球史発掘』）

この動きに惣太郎は憤慨していた。球団代表の本音は、赤字問題のことであり、球界のあるべき姿については頭にはないと感じたのだ。正力は「絶対に分裂なんかさせはしない」として、一〇球団の一リーグ制で行くことを話したが、その後、正力に味方していた阪神が秘かに安田＝読売側に寝返ってしまった。水面下で巨人四方田代表と阪神富樫代表が手を組んだのである。シールズ来日と平行して球界は分裂騒ぎで混迷の度を増していた。

正力退席を要求した四方田代表

九月三〇日の代表者会議では、再びチーム加盟問題で紛糾した。安田や四方田は、正力外しを目論んだ。代表者会議を経営者会議に切り替えたのだ。連盟の正力、二人の鈴木は出席できない。正力が席に着くと、安田は「ちょっと待ってください。あんた入らんで下さい」（『プロ野球史再発掘』）と述べた。さらに四方田代表が立って「緊急動議を出したいことがある。正力さんは退席してもらいたい」と口火を切った。

読売の総帥だった正力がかつての部下から退席を要求されたのである。正力には限りない屈辱だった。南海の松浦代表は「それは、おかしいではないか。いやしくもコミッショナーまでされた正力さんではないか」とかばった。鈴木会長も正力同席を主張したが、安田たちは認めなかった。直接対立は凄まじい光景になった。

苦渋の正力は、「なにも発言しないから、この席におらせてくれ」と言った。四方田代表は、猛然と反発した。四方田は、このときライバル毎日を入れることについて正力に「あなたはズレとる」と言い放ったり、「正力さん、あんたも老いぼれましたね」と、腕をつかんで言った。正力は「なにっ！」と、言ってにらみつけたという。パージ中の正力に対し、反正力派の四方田は正力の「カムバックということを快からずと思っていた」だけに、対決意識は大変だった。読売内の権力闘争が野球界を直撃した。抜き差しならない対立の場面を惣太郎は目の当たりにしていた。

読売の幹部だった原四郎は、反正力派の動きに「正力さんの癇に障ったのは当然ですわね。安田さんも、ちょっと勢いに乗りすぎていた」（『別冊　新聞研究』）と述懐する。正力は、二人の鈴木と共に退室、工業倶楽部に行った。さすがの正力も不愉快だったが、この一件で「おれは、二リーグ制をやる」と断言したのである。

一〇月一日「ツクバ」での代表者会議では、新規六球団の加入について再び結論は出なかった。何も決まらず巨人対毎日の間に立った正力は腹を決めて数日後、惣太郎に言った。

「鈴木君、アメリカの二リーグ制について、よく分かるように説明書を作ってもらいたい。」

会議の状況に惣太郎は憂慮し、二リーグ制は時期尚早とは思いつつも二リーグ制について研究を始めた。三一日の「日記」には不安げに記している。

「先日来からの各球団の動きをみていると、このままではきっと分裂してしまう。どうか、新チーム加盟の決定は、今しばらく先にのばしていただきたい……」

正力に依頼したが、企業レベルの球界再編論争と、正力への反発で会議は混迷した。フランチャイズ、経営システム、そんな話は中心にはならなかった。一一月二日、会議では紛糾し、正力はシーズンが終わるまで決定を延ばすことを提案して同意された。

このなかで、原田は大映の永田雅一と公職追放問題で親交が深まり、後のパ・リーグ球団への接近にもなる。このころ永田は、政治家の追放解除に尽力していた。同時に原田にディズニー映画輸入のことで相談していた。原田が女優暁テル子と一九四七（昭和二二）年に結婚していたことも銀幕の世界と近かったことを意味する。以後原田と永田二人は一緒に渡米するほどの仲となる。

一九四九（昭和二四）年一一月二二日、雅叙園の代表者会議では、八球団代表者は二リーグ創設に合意した。二六日、丸の内東京会館での会議で、オーナー、代表者が全員出席、これは日本野球連盟の名でおこなう最後の会議、つまり分裂の日だった。惣太郎は「連盟終末の日」と記している。正力や二人の鈴木も出席した。会議は午前九時からはじまり夜までつづいた。議長正力は言った。

「最初は、要するに二球団増やすという構想であった。だが、ここに至っては二リーグ制を敷くべきだ。」

二リーグ制に初めて言及した。一リーグ制の維持と思っていた各球団は驚き、そして「大変な騒ぎ」で事態は進行し、当初球団増設に反対していた巨人は、すかさず四方田代表が、「私の方、つまり巨人、阪神、中日、太陽、の四クラブは、名称をセントラル・リーグとする」とセ・リーグ創立を言明、これに対し、東急猿丸代表からパシフィック・リーグを創設する旨報告があり、ここに二リーグ分裂は確定した。どうみても実りある議論から分裂したわけではなかった。

鈴木龍二は、ほとほと疲れていた。龍二は「資本家というもののあり方をマザマザと見た。……もうやる気はしない……」と惣太郎に語り肩を落とした。惣太郎も同様だった。二球団の加盟を認めるという正力の一〇球団構想は結局頓挫した。いつかは二リーグとは考えていたが予想外の展開での誕生だった。

猿丸も「もう本当にキバを抜かれたトラみたいなもので、正力さんの腹のうちは煮えくりかえっていただろうと思いますね」と振り返っている。

皮肉なことに、翌二七日に巨人は優勝。夕刻からの祝賀会に、惣太郎は関係者の一人として出席した。さすがに惣太郎には「不愉快な会合」となり、夜のパーティーも「不愉快なことのみで中途にて帰る」という状況だった。このドタバタに落胆していた龍二は二九日の後楽園での分裂騒ぎで連盟解散の会議に来会せず、代りに惣太郎が型通りの挨拶をした。責任を感じた惣太郎は、もはや球界の役職につかないと腹に決めていた。

一二月七日、日本野球連盟解散の結果、日本職業野球協議会が組織され、議長に正力、委員に六球団の代表が就任、コミッショナーは設置せず、セ・リーグ会長安田庄司、パ・リーグ会長大川博、そして五人委員会なるものが、しばらくトラブル解決に尽力することになった。この組織が後の日本野球機構である。惣太郎の、球界を強力に統制するといったコミッショナー構想は、読売側が賛成するはずもなかった。

委員会メンバーは、最高裁判所の井上登（後のコミッショナー）、辰野隆（東大名誉教授）、内村裕之（東大教授、後のコミッショナー）、宮沢俊義（東大名誉教授、後のコミッショナー）、元外相岡崎勝男だった。これにより、安田は読売の実権を握るだけでなく、セ・リーグのイニシアチブを握ることになった。正力は後に次のように言っている。

「……いきなり分裂して、二リーグにするつもりでやったわけじゃないんだけれども、読売のほかの連中が俺の言うことを聞かないで、毎日を入れるのはイヤだというから、分裂したんだ。」

しかし、ほどなく正力は二リーグについてコメントを出した。

「二リーグ制は私のかねてからの理想でしたが、これは夢のようなもので、実現はむずかしいと思っていた。しかし、今、とうとう二リーグが誕生して日本野球連盟が発展的に解消し、日本職業野球がここに著しい前進をみせることになったのは、昭和十一年、連盟の発生当時の昔から考えてみて感慨無量である……」

表向きのコメントであるがゆえに体裁の良い内容だが、内実は苦渋の判断だった。

球界の混乱

二リーグ分裂によりセ・リーグには、巨人、大阪、中日、太陽改め松竹の旧加盟のチームに、広島、大洋、西日本、翌年国鉄の新チームが加わった。その後、西日本は一年で経営難となり、西鉄に合流した。二八年には松竹と大洋が合併して六クラブとなった。

一方、パ・リーグには南海、阪急、東映、大映の加盟チームに、毎日、西鉄、近鉄の新チームが加わった。なんと全体では八球団から一五球団に膨れ上がったのである。マネージメントやフランチャイズもかなり適当な検討で、球場の確保も不十分だった。企業の球団を所有したいという意図を優先して結成しただけに、球団運営は赤字が多かった。

二リーグ制の誕生はあまりにも早い状況だった。惣太郎は、球団増設で翻弄される選手を心配していた。選手が不足して強引な引き抜きが始まっていた。心配した惣太郎は、この機会にプロ野球選手会の設置を主張し始めた。

「それには条件がある。選手全般の本当の意見なり意志なりを、よく反映し得るもので、球団経営者の御用を勤めたり、著名選手監督のわがまま勝手な、偏狂な意見だけを頑強に主張するものではいけない。」（『ベースボールマガジン』）

日本プロ野球には、我勝ちにボートに飛び乗りたがる人が多すぎて、ボートは転覆の危機にある。これを避けるには、たとえば女性を球場に引き寄せることだった。「婦人デー」より「婦人ナイト」というわけである。「昼間は暇のない主婦達を、思い切った大計画で夜間試合に招待する」ことを期待してのことだった。

「野球の立場から夜間試合は正しいもの、盛んになるべきものと信じている。」

いまでは何気ない話だが、ナイターや女性観客の集客、アマ野球よりプロ野球の技術を広く朝野に広めたいとするとき、評論家惣太郎の指摘は革新的だった。だが球団の主導権争いなど惣太郎の力が及ぶところではない。

惣太郎は、会議を見ていて混乱の責任を感じていた。それよりも不思議だったのは、分裂後ほどなくして安田が惣太郎に、声をかけたことだった。安田から「君は今後どうする」と質問があり、惣太郎は「責任を感ずるから、引継ぎのために設置した協議会には参加しない」と述べた。野球界の表舞台から去るつもりだったのである。「読売に帰らぬか」と安田は言った。思いがけない復帰話だが、安田としては分裂騒ぎで正力の力を削いだ球界から野球通の惣太郎を囲い込んだ方が得策という考えが働いたかもしれない。ところが惣太郎は、一二月一九日、正力に会い、改めて連盟を退く決意を紹介した。正力と共に歩んできた惣太郎が安田に接近するわけにもいかない。

一方、一二月二一日付の『読売新聞』に「安田副社長談」が掲載された。

「我々は、この前のオーナー会議で最初から正力さんのやり過ぎを遺憾に思っていた。しかし、もう役目が済んだと思うし、引っ込んでもらった方がいいと思う。」

正力を引退に追い込みたいとする強気な発言である。正力の読売復帰はなんとしても阻止したい。甘く見過ごすと復帰を促すことになる。安田の先の惣太郎への発言を見ると、正力と惣太郎の分断作戦かと疑いたくもなる。大映の社長だった永田雅一（一九〇六〜一九八六）の側近だった武田和義は球界の座談会で「あのころの読売の首脳部は、正力さんをどけちゃって、自分たちでやろうという気持ちがあったから」（『プロ野球史再発掘』）と当時の空気を伝えている。

反正力派の剣幕は大変なものだったのである。惣太郎は同月三一日「日記」に書いた。

「飛躍を期待した一年も過ぎれば一場の夢の如く静かに去って行く……来年にかける大きな希

望なし。恐らくは浪人の身となって……」

淋しさがただよう記述だが、惣太郎は野球評論家として、やっていくつもりだったのだろう。正力は惣太郎にセ・リーグの顧問をやってはと薦めたが、しかしそれは気休めのような肩書きだった。

さて、予想されていたことが起きていた。混迷の中で禁止事項だった選手の争奪戦が始まった。被害を受けた球団が続出した。たとえば同年末、阪急の選手が大量に引き抜かれた。これは他球団の戦力の充実を考えた安田の指示だったようで、連盟が裁定したことなど過去の話だった。

コミッショナーに色気を見せる原田

球界分裂後の迷走にＥＳＳが介入した。マーカット少将は一九五〇（昭和二五）年一月二六日、声明を発した。

「……選手の不正引き抜き、詐欺強要はプロ野球の分裂を引き起し、個々のチームからひいてはベース・ボール全体を毒するものである。コミッショナーの設立は目下の急務であるが、私はコミッショナーは一人に限ると信ずる……」

前述したように正力のコミッショナー就任は結局有耶無耶に終わった。マーカット少将は、再度コミッショナー設置を勧告した。これを受けて、両リーグでは責任を押し付けながらコミッショナー役を探し始めた。正力以外に適材は難しい。こうした経緯では、両リーグに都合のいいコミッショナーの誕生になる可能性があった。

そこで飛び出したのが原田のコミッショナー就任話だった。晴天の霹靂のような話だった。一九五〇（昭和二五）年二月三日、惣太郎は、吉河光貞（一九〇七～一九八六）に面会を求められた。彼はかつてゾルゲ事件捜査に関与し、戦後は法務庁特別審査局（公安調査庁の前身）の初代局長だった。

彼は、ＥＳＳからの話として、分裂後の球界の混乱に、「原田中尉をコミッショナーにしよう」との話を紹介した。原田はまもなく軍を退役するはずだった。彼は日本で旅行代理店を開こうとしていた。この際日本球界に身を置こうと考えたふしもある。驚いたのは惣太郎だった。さらに惣太郎をセ・リーグ顧問にしたいという話ももたらされた。実に奇奇怪怪、降って湧いたような話だった。

惣太郎は、この件でマーカットに真意を確かめた。その際「マーカット少将は最初から私（惣太郎）のコミッショナー就任を希望していた」と言ったのである。とすれば、間違いなく原田の自作自演の工作になる。惣太郎が顧問になれば、原田のコミッショナー就任に障害はなくなる。なかなかの工作だ。

確かにメジャー野球に詳しい惣太郎の存在感は、コミッショナー就任要請があっても不思議ではなかった。他方で原田は、安田との親交で二リーグ分裂後、巨人の顧問となっていた。彼には、中等野球をサポートし、日本プロ野球を復活させ、シールズを招致した自負もあった。

惣太郎が原田に面会すると、原田本人はコミッショナー就任にやる気満々だった。

惣太郎は、コミッショナーの識見、リーダーシップ、なにより日本球界に明るくメジャー・

リーグのように法曹界出身を望んでいた。しかし陸軍情報将校出身の原田がコミッショナーを望んでいるとはまさか夢にも思わなかった。良きアドバイザーだったと信じていたからだ。

惣太郎は、鈴木龍二に相談して原田の「出馬を思い止まらせる事」を話した。他方で、東大教授内村祐之のコミッショナー就任を進言した。惣太郎も赤嶺と共に原田に面会して押しとどめようとした。だが「原田中尉の鼻息はとても荒しく、内村案など眼中にない」という態度だったのである。原田の変貌に惣太郎は困惑した。原田がそんな野心を抱くとは思わなかったからである。

ともかく原田の出馬は関係者が八方手を尽くして押さえ込んだ。いうなれば惣太郎のコミッショナーへの思いの絶縁は、原田のコミッショナー就任阻止と相殺を図ったようなものだった。一方原田は、反対している惣太郎に好意をもたれようとして、マーカットも自身の就任に賛成していると詭弁を使い、惣太郎の読売再入社を読売側に働きかけた。これ以降、惣太郎やプロ野球界に原田への不信感が急速に募るようになる。

福井コミッショナーの副業

原田の就任は阻止したものの、コミッショナー問題は依然として流動的だった。鈴木龍二も惣太郎同様、球界では法的問題が多いということもあって学識経験者を考えていた。まず候補に上がったのは内村鑑三の息子、内村祐之だった。内村は当時東大医学部の教授である。

惣太郎は一九五〇（昭和二五）年二月八日、惣太郎は内村祐之に面会した。プロ球界の苦い経験、現在の日本プロ球界に欠如する「独立性」、最近の球界情報を話して懇談したが、学者生活を捨てる気はなく「コミッショナーは気が重い」と固持していた。

一方、鈴木龍二は、東大の南原繁（一八八九〜一九七四）総長を訪問して「内村先生にプロ野球のコミッショナーをお願いしたいのですが」と依頼した。南原は、「プロ野球に関係するなど以てほか」と断ってしまった。南原総長の息子も後年東大野球部に所属するほどの野球好きなので理解してくれると思ったようだ。

「内村先生のお父さんの鑑三さんは、世界的に有名な思想家でありクリスチャンだ。そのような方の息子さんが、コミッショナーになるなど、お父さんの名を傷つけるもので、以ての外。」にべもない返事だった。コミッショナーの威信などまだない時だけに説得の材料に欠けていた。とは言うものの因果はめぐり、後年内村はコミッショナーに就任する。

次に候補としたのは国際法学者で有名な横田喜三郎だった。最高裁長官も歴任した法曹界を代表する権威だった。龍二は事務局の井原宏とともに小石川の自宅を訪問して依頼した。だが、「ご好意は有難いが、その器ではないから」とまたもや断られてしまった。

一九五一（昭和二六）年四月五日、福井盛太（一八八五〜一九六五）前検事総長（昭和電工事件の時の検事総長）がコミッショナーに就任した。セ・パ両リーグの会長が福井の説得工作をおこない、福井は「及ばずながらプロの健全化に協力したい」こと、また野球によって「日米親善のくさびを強固にする使命」をもったという。

福井は惣太郎と同じ群馬の出身、「大変立派な人だという」ことで、惣太郎にとってはもっとも喜ぶべき人の就任のはずだった。福井は就任直後、惣太郎に面会を求めて会見している。

惣太郎は、日本プロ野球が生まれて以来のことを説明、スムーズな会見だった。福井は惣太郎を頼りにしていた。しかし惣太郎は、福井の弁護士という副業が気になった。コミッショナー事務局の井原宏などにも注意を促している。本当に真剣に職務に忠実か否かである。コミッショナーの役どころが日本ではまだ認知されていない。

「みんなコミッショナーの尊厳を忘れている……コミッショナーに商売されるのは駄目だ…」

弁護士という副業を続ける福井が惣太郎は気がかりだった。

だが、惣太郎を嘆かせることが起きる。福井が翌一九五二（昭和二七）年一〇月自由党公認として総選挙で代議士となったのである。さらに五三年四月、福井は二期目の当選を狙って総選挙に再び出馬した。

惣太郎は福井に再三注意を促した。福井は「当選したら進退を考える」と煮え切らない返事を続けていた。惣太郎は「立候補前にそれを決定すべき」と憤慨している。選挙を前に惣太郎は福井に会って二兎を追うことの不可を述べた。これに対し福井は答えた。

「立候補しても、必ず当選するとは限らない………結果を見た上で考慮する……」

これによって惣太郎の福井に対する信頼感はなくなった。もう一つ頭の痛いことがあった。福井は、出馬したとき、コミッショナーという肩書きを選挙戦で宣伝していたのである。コミッショナーがその肩書きを使って選挙運動するとは言語道断だった。福井は落選した。惣太郎は福井にコミッショナー辞職という声明を出させる必要性を感じていた。

福井の職務はプロ野球機構のはっきりしない態度に助けられていた。惣太郎はこのことを問題視した。

「プロ野球のコミッショナーが、代議士を兼任することを非とするもので、決して賛成はしない。それはコミッショナーという職は、生易しいものではなく、絶大な権威を持つために、常に公正な立場に置かれることを必要とするからであり、代議士になると、自然に政党と政派に係りを生じ、そこに公正であるべき立場が、内外から問われる危険性があるからである。」

龍二らの説得もあり、落選後の一九五四（昭和二九）年四月、福井はコミッショナーを辞任した。惣太郎は「気の毒」としながらも、「二兎を追えば一兎も得られない証拠である。即ちコミッショナーとしても落第である」と厳しく評している。惣太郎の主張は今をもっても色あせない言葉である。日本のプロ野球が育てた土壌では、今日もお雇いコミッショナーの姿になっている。

「日本の球団代表の無理解や我がまま、そして監督や選手の勝手気ままな理屈、もうひとつは身勝手なファンの考え方、……最後に正しからざる評論の横行などが、今にして断然改められない限り折角のコミッショナー制度もかえって混乱の元になる恐れが過分にある。」

惣太郎の投げかけたテーマは重い。

反正力派の凋落

読売社内の動きはどうだったのだろうか。パージ中、二リーグ分裂の混乱も幸いして読売の正力追い落とし工作は進展した。彼らの総仕上げは読売における正力所有の株価を下げて、本社からも彼の影響力を払拭することだった。それが増資問題だった。読売の権力闘争のまさに分岐点だった。

一九四九（昭和二四）年一二月一五日、安田庄司は初代セ・リーグ会長に就任して球界で絶大な権力を得ていた。このときは増資を控えて、安田もまだ意気軒高だった。勝てると思っていたのだろう。一方、同日原田が軍を退職した。実は、オドールやディマジオが帰国するころ、安田に原田は呼ばれ、「軍服を脱いだら、巨人軍の顧問になってもらいたい、国際的な問題は、一切まかせる」（原田の回顧）と言われていた。ここから原田は巨人の「国際担当」になった。反正力派が力を持っていたときだけに、安田と原田の接近は両者の利害が一致したものだった。同時に原田は旅行会社も設立する。これは後述する。

原田の自伝ではこのことが「正力松太郎の意向でもあるということだった」と記してある。正力のパージ解除への運動への慰労もあるかもしれないが、むしろ安田読売の意向だったことは想像に難くない。

さて、一二月一八日、読売興業の定時株主総会が開催された。取締役に小島文夫、安田庄司、武藤三徳、四方田義茂、品川主計、市岡忠男が就任した。さらに、翌一九五〇（昭和二五）年一月二〇日増資を機に読売興業は野球部門を独立させ株式会社読売巨人軍を設立、代表に武藤、専務取締役に四方田が就任した。読売はこれを機に有限会社から株式会社に転換することになる。反正力派は増資によって正力の影響力を激減させる手はずだった。彼らは、正力が増資の資金を調達できないと踏んでいたからだ。実はこれが大誤算だった。

二月二日、セ・パ両リーグ会長の会談が流会するということがあった。安田会長が出席しなかったのである。それは武藤常務、四方田取締役らが読売に辞表を提出するという事件が起きていたからだった。そして翌三日、安田会長がセ・リーグ会長の辞任を表明した。結局会長は留任したが、明らかに彼らは混乱していた。

なにが起きていたのだろうか。実は、増資問題は予想外の展開になっていた。読売の資本金は一挙に三倍の二千四百三十万円になった。反正力派は増資で、正力が資金を集められず、彼の持ち株は激減すると読んでいた。ところが正力は増資案を受け入れ、財界人を頼り資金を瞬く間に用意したのである。

野口務は次のように回顧している。すなわち、読売側が「増資する際、割り当て分を正力さんは払えないだろう、お金が無いだろう」との予想があったという。最大株主の正力を増資によって一気に追い詰めるはずだった。だが野口は「正力さんはどこからかお金を借りてきてしまった。反正力派の計算は狂った」と述懐している。安田たちには予想外のことだった。正力は直ちに資金を用意し最大株主を維持、目論見が外れた反正力派は一挙に窮地に陥った。それが一月以降の一年余り、読売幹部のドタバタになる。

一九五〇（昭和二五）年二月二二日、惣太郎は正力復帰を見込んだ龍二の仲介で、読売復帰について再びセ・リーグ会長の安田に会った。浮かんだひとつはやはりセ・リーグ顧問である。決めたのは安田ではなく、結局正力の一声だった。

惣太郎はこの会見を珍しくメモ風に記している。まず、もし復帰するとして他人の迷惑にならないのかとの惣太郎の問いに、安田は問題ないと答え、また野球評論を単に戦評というのだけではなく、大きく読売、セ・リーグ、日本野球のなかで眺めたいとの申し出に、安田はこれも了解した。次に日本プロ野球発展のため渡米したいとの主張に、安田は応援すると返答した。

自身は読売の敵ではないことを確認し、さらに正力に面会し近い将来に読売入社を認めてもらった。窮地に立っていた安田は明らかに軟化していた。主導権争いをしていたのが嘘のような展開だった。

読売は同年六月一日、有限会社から株式会社になった。安田は代表取締役で編集主幹として暫くは安泰だった。

その後、安田は三原脩に次の球団代表は誰がいいかと尋ねている。三原は過去の実績から親交ある惣太郎を推薦した。安田は激怒した。これには三原は驚いた。

「君は何を言うかと、烈火のごとく怒ったですね。私は知らなかったが、安田さんは鈴木（惣太郎）さんを好かんのだから怒ってしまった。」（『プロ野球史再発掘』）

安田は正力側にいる惣太郎に不快だった。その後遺症だった。一方で、武藤はかなり追い込まれた。不透明な経理にメスが入り、武藤は辞任した。承知の通り正力は非常に計算に細かな人物で、数字の誤魔化しは許さない。武藤は憤慨していた。

「粉骨砕身、社業の挽回に努めて今日まできた。それを認めてくれぬ読売に、なんでわしがおる必要があるか。正力さんはオレを誤解している。」

正力のカムバック近しに武藤も「にっちもさっちもいかなくなって」いたのである。読売幹部だった原四郎の回想も内情を語っている。

「武藤君の行政にいろいろボロが出だした。一番大きいのは、部数がどんどん減りだしたことです。……それに経理が変な状態になって電話料さえもはらえなかった。」（『別冊　新聞研究』）

次に一〇月一〇日、四方田が巨人代表を退任して運動部長だった宇野庄治に交代した。読売出版局長でもあった四方田の部下に失態がありその責任をとらされたという。四方田が巨人の第一線を退いた。だが安田はそこまで追い込まれていなかった。

さらにセ・リーグでは、松竹ロビンスが優勝した。パ・リーグ優勝の毎日オリオンズは阪神から若林忠志、土井垣武ら何人かを引き抜き初の日本シリーズを制した。常勝巨人がセ・リーグでさえ優勝できなかったことも反正力派には逆風だった。最後は墓穴を掘った形となった。武藤はその後退社して、一九五二年、六〇年と衆議院選挙に立候補して落選している。

第三者だった三原脩の前述の回想話は実に興味深い。一九五〇（昭和二五年）末に安田宅に三原が歳暮を持参したとき、安田が留守だった。応対した妻が話すには、安田が熱海で密かに重役会議を開いているとのことだった。すなわち「正力松太郎さんが復帰してくるについて、読売の現重役はどういうふうな態度に出るべきか、という協議をしておった」（『プロ野球史再発掘』）というのである。重役連が善後策を練るため鳩首会議を開いていたのである。

安田は同年一二月二一日の代表者会議でセ・リーグ名誉会長に就任した。しかし一ヶ月もしない翌一九五一（昭和二六）年一月二六日、名誉会長を辞任している。正力の巻き返しが球界にも影響した可能性がある。かくして反正力派はこの一年で、発言力を落としていった。

第9章
❖反正力派と組んだ原田とオドール

原田の日米野球

安田ら反正力派が分岐点に立っていたころ、一九五〇（昭和二五）年二月二五日、陸軍を退職した原田は会社を設立した。惣太郎は原田のお祝いに出かけた。球団顧問で国際担当の役割を担った原田は、同日新橋に東急航空と提携して「ハワイ・トラベル・ビュウロウ（サービス）」という旅行代理店を開いた。日米野球興行、外国人選手の紹介など、原田は惣太郎に代わって日米球界の窓口になった。正力が追放中であり、原田はＥＳＳのマーカット少将の副官だったこと、また読売内の闘争の中で、原田は安田と接近したことも大きなメリットだった。

六月三〇日アメリカへ飛び、帰国した原田は九月二七日オドールやディマジオの招致を発表した。ビジネスマン原田の最初の仕事である。惣太郎は驚いた。日米野球交流が始まったのだ。正力もまだパージ中で実権を握っていないので惣太郎も詳細は知る由もない。

「私には何も言わぬうちに発表している。不愉快であるが、彼も野球を売り物にしようというのであるから仕方がない。」

惣太郎は交渉の前面に立つことはなく、オドールに久しぶりに会えることを喜ぶ書簡を書いた。このオドールの来日にジョー・ディマジオ（一九一四～一九九九）が帯同していた。かつて巨人の遠征で惣太郎はディマジオを紹介されていた。彼はカリフォルニア州生れで、一九三六年オドール監督下のシールズからヤンキースに入団、一九四一年には五六試合連続ヒットという前人未到の記録を達成し一九五一年に引退した。一九五四年女優マリリン・モンローと結婚したが九ヶ月で破局、モンローの死後も墓に薔薇の花を置き続けたというエピソードの持ち主でもある。

一九五〇（昭和二五）年一〇月二一日、搭乗機からタラップを降りてきたオドールは真先に「スズキ！」と叫んだ。翌日オドールやディマジオらは報知の用意したサイドカーで日比谷をパレード、銀座界隈は大々的な歓迎だった。しかし、わずか二人では試合もできない。自ずと野球教室が増える。彼らの野球教室では、サーカスのようなアクロバット的ショーもあった。客寄せとしては面白い趣向だが、真剣勝負を見たい人には物足りない。ミスマッチがある。

事実、各球場では観客は満員にならなかった。「選手一人と監督ではどんな馬力をかけても人気はそうひきたたない」と惣太郎は率直に記している。

さて、オドールらは日本シリーズの始球式もおこなった。投手がオドール、捕手にマーカット少将、バッターはディマジオという組合せだった。これを見た小西得郎は「そんな馬鹿なことがあるか」という光景だった。日本シリーズのセレモニーにすべてアメリカ人の登場というのも妙なことであるが、あらためて日本が占領されていることを大衆に見せているかのようだった。

一一月九日、オドールと原田は、惣太郎に日本人選手のカリフォルニア州モデストのキャンプ参加を促した。早速各種の提案が始まった。さらに国際担当となった原田は、巨人側と二月以降の使用ボールを契約、オドールとの連携強化、マーカット少将の旅行を原田の会社で活用すること、モデスト・キャンプに小鶴、千葉、川上、藤村の選手を連れて行きたいなど提案した。またシールズ傘下ソルトレイクシチーの選手のウォーリー与那嶺をスカウト、巨人からデビューさせている。万事、原田が仕切っていた。

翌一九五一（昭和二六）年一月一二日、セ・リーグは正式に原田にモデスト・キャンプ参加を申し込んだ。一六日、原田から惣太郎に突然の電話があった。「日記」が語る。「金のことはどうなりましたか？　という話で面食らった。飛行機の座席をリザーブするのに必要だから三百七十五万円すぐ出せ」というのである。資金のことなど知るはずもない惣太郎は、原田の動きに戸惑うばかりだった。原田は旅行代理店と巨人の国際部門担当という役割を巧みに使い分けていたのである。

原田の動きに不審を抱いた惣太郎は、一月二七日安田に会い、巨人の原田への対応について問い質した。近い将来に正力の復権が確実だけに原田と親交がある安田の意向が気になった。「巨人を強力化」しなくてはならないが、原田の動きが怪しいので、惣太郎は自身が「読売と巨人のために対米交渉に働きたい」とあらためて述べた。

読売の次の要望はルースのときのような全米オールスターの招致である。その目玉はオドールの教え子になるディマジオ主体のメジャー・チームの来日だった。しかし原田からの連絡を受けたオドールの希望は、シールズが主体のチーム遠征を主張した。これはオドールの利害にも一致する。これでは客を呼べないとした読売は反対した。

惣太郎は、読売の意見に賛成だった。日米野球交流はメジャーのオールスターでなければ「絶対ダメ」で、今回それが無理なら計画の実現は来秋と考えていた。これにはさすがの安田も賛成した。惣太郎はオールスター来日についての要綱を作って持参した。

一九五一(昭和二六)年二月一四日、原田は惣太郎を誘い安田セ・リーグ会長を訪問した。席上、原田は来日チーム問題だけでなく、二度目のモデスト・キャンプのため巨人渡米の件を持ち出した。惣太郎は渡米資金をどうするのか不安だった。宇野からは、原田が田村駒から毎月五万円もらっているとの話も聞かされ、不安になるのも当然だった。ともかく海外キャンプも、原田主導でスタートしたのである。それは原田の旅行代理店の業務発展だった。だがキャンプのシステムや、資金、何よりも企画の曖昧さが問題だった。

二月末、川上哲治、小鶴誠、藤村富美男、杉下茂の四人がシールズのモデスト・キャンプに出発した。さらに原田は安田に対し、三千ドルで日系二世選手を獲得する話、巨人を渡米させること、南米にも連れて行くこと、また秋にメジャー・リーグ・オールスターを来日させること、など次々と提案した。このころの日米交流の主役は原田とオドールだった。惣太郎はもっぱら聞き役だった。

正力の追放解除

一九五一(昭和二六)二月一五日、武藤、四方田は読売興業臨時株主総会で取締役を辞任して、読売巨人軍代表に清水與七郎が、安田、務台も取締役に就任した。原四郎は、「務台さんは非常に安田さんを立ててたな。立てたが、実際はドンドン仕事をやっていったね」と回顧している。「安さん、安さん」と務台は安田に気配りしていたことを考えると、新聞事業は務台が握り、読売の野球事業などは安田に実権があったと見るべきであろう。

八月六日、正力には待ちに待っていた日が到来した。パージ解除である。増資問題で勝利した正力の名実ともに復権の始まりだった。これは惣太郎にもうれしいニュースだった。追放解除となった正力は柳橋の料亭で読売の重役を集めて復帰を祝う懇親会を開いた。腹心でテレビや原子力事業で対米交渉に尽力し、二度の衝突の後に正力の下を去った柴田秀利（一九一七〜一九八六、元日本テレビ専務）は、このときの鮮烈な正力の復帰舞台について貴重な証言を残している。

正力は復帰を歓迎する声を浴びてからしばらくして、立ち上がって、「一言お礼を言いたい」（『戦後マスコミ回遊記』）と始まった。留守の間、読売幹部が会社を守ってくれたことに一通りの感謝を述べた後、「安田君」と鋭い声が広間に響きわたった。

「君は留守中、僕のことを正力、正力といつも呼び捨てにしていたというじゃないか。」

労働争議、巣鴨入所、パージという六年余、人生の一番の苦労を乗り越えて復帰した正力は、久しぶりだが、しかし存在感を示すかのような怒り声になった。柴田の回想を続けよう。

「この顔は知らなかった。なるほどすごい男だな、と思った。相手が畳に頭をすりつけ『お許しください、ご勘弁ください』と、傍目には目も当てられぬほど自らを奴隷化して見せない限り、許そうとはしなかった。これは一筋縄ではいかぬぞと、私は自らに釘を刺した。」

このド迫力の声こそ読売の新しい出発だった。反正力の急先鋒安田への一喝を幹部連の目前で行う正力の存在感はやはり桁外れだった。読売は再び正力の手に回帰したことを示すパフォーマンスだったのである。

取締役を歴任した原四郎は、あの当時を述懐している。

「安田さんは正力さんに『私がやり過ぎました』といって謝った。しかし結局は許さなかったようだな、正力さんは。」(『別冊　新聞研究』)

さらに原は、「正力さんは、あんまり安田さんと仲良くなかったんだ。ホンとの話は」とも述べている。これが真相に近いのだろう。確かに安田は反正力的な行動も取ったが、戦後のプロ野球発展には尽力があったのは関係者も認めている。正力も安田に不信感を持ちながらその能力を買い、是々非々で活用していた。小西得郎は前向きに評価している。

「ストライキが落ち着くと同時に、安田さんが副社長という肩書になって、むしろ、アンチ正力の旗を掲げていた。当時安田さんが力を入れて、そして、やれというような鶴の一声。そして強引に抜いたり抜かれたり、金をパッとぶっつけることをやり出したでしょう……」(『プロ野球史再発掘』)

リーグ繁栄のため、安田は選手を引き抜いて国鉄スワローズに送り込んだりした。鈴木龍二はその安田の強引な操縦術を評価して、「その点、安田という人は偉いところがあると思うな」と述懐する。しかしこんな方法は惣太郎が認めるはずもない。理想家惣太郎は規則に従う戦力アップには理解があっても、強引な安田の手腕には反対なのである。同様に松木謙治郎(阪神ＯＢ)も安田への評価は高い。

「……二九年の暮ですよ。あの年に安田さんが日本で初めてコーチ制というものを作った。元祖は安田さんです。……この年（昭和二九年）のシーズン終わりごろに小西さんと我々が安田さんに招待された。安田さんは偉いと思ったね。ユニフォーム着ているのはボクと藤本さんだけです。何でボクが呼ばれたかわからん。呼ばれ、行ってみると、巨人のどこが悪かったか、コーチ制がいいか悪いかというような批判を聞かせてくれ、というわけですよ。結局水原監督を留任さすかささぬかの決断を決める、参考にしようということです。その席に読売関係者は一人もいなかった。」（『プロ野球史再発掘』）

これをみるとプロ野球の現場では安田の評価が高いことがわかる。彼らに読売内の闘争の真実などわかろうはずがなかった。正力の影武者を卓越した筆力で記した『巨怪伝』の著者、佐野眞一は「威光をみせた安田も、読売の増資問題で完全に凋落し、それから五年後、社長の夢を果たせぬまま不運の死を遂げた」と書いている。だが必ずしもそうではないようだ。正力はテレビ事業に奔走しており、読売の現場ではしばらく安田の居場所があり、セ・リーグでもまだ影響力を発揮していた。この点が四方田や武藤の状況と違う。

反正力で語られる安田であるが、正力不在中も含めてプロ野球復興やセ・リーグ会長として、モデスト・キャンプの参加、チームの改善、また二軍の創設などに尽力した人物で、是々非々はあるが、球界の発展に功績はあった。社の復興や大阪読売発刊に尽力した彼の死去に正力も落涙したという。彼の死後、セ・リーグ会長に就任したのが鈴木龍二だった。

安田は早くに死去したため今日多くを語られていないが、日米野球史において再評価されるべき人材の一人である。

オドール・オールスターチームの来日

復帰後の正力の動きは今までの静寂を破るような働きぶりだった。八月一四日、惣太郎は正力に会い、解除の祝いを述べた。正力はまずＴＶ事業と共に日米野球再開に熱を入れた。八月二九日、正力は昔の癖で惣太郎にメジャー・リーグ・オールスター招待の契約について問い質した。シールズ来日以来のことだった。だが現場担当は原田である。どうも招待チームの細部にいたるまで正力に伝わっていなかったものとみえ正力は大変怒っていた。本領発揮である。

そこで惣太郎は安田副社長に会って日米野球について確認をした。安田は日米野球について最終的な指示を与えた。まず、（１）全米チームの出発と滞在期日についてオドールに委ねる、（２）渡米して惣太郎が通信、文章記事を送ること、（３）ワールド・シリーズを見てきてほしい、（４）少しでも早く帰国してほしい、ということだった。

とはいうものの、読売は日米野球を全部惣太郎に委ねたわけではない。彼の役割は、オドールや原田との協力だった。穿った見方をすれば、安田は正力に配慮して惣太郎を活用したとも思われる。かくして惣太郎は久しぶりに日米交流の表舞台に登場した。

八月三一日、久しぶりに惣太郎は渡米、サンフランシスコに到着、空港にはオドールが迎えた。シールズでは激変がおきていた。フェーガン会長がシールズを売却したのである。もちろんオドールも退任し、同じリーグのパドレスの監督になった。この騒動のなかで日米野球交流話が進行していた。

来日したオドール、ディマジオと懇談する惣太郎、右は原田

ほどなく同地でサンフランシスコ講和会議が始まろうとしていた。日本はまだ国際社会に復帰していなかった。平和会議が始まる前、野球が日米親善の先兵役を担っていたのである。

惣太郎は九月九日、オドールのシールズ監督退任の送別会に出席した。出席者は市長、ヤンキース会長ダン・タッピング、スティンゲル監督、ディマジオ、ビリー・マーチンなど多くの参加者があった。惣太郎もスピーチをして喝采を浴びている。

ところで、来日チームをめぐってオドールと惣太郎の意見は分かれた。オドールは古巣のジャイアンツを推挙、惣太郎は強豪のドジャース、一方、読売は古豪ヤンキースとバラバラだった。本社は、スタン・ミュージアルやヨギ・ベラなど有名選手の参加を要求した。このため、惣太郎は、オールスター選抜に転換したが、簡単にオールスターを揃えるのは困難だった。

惣太郎にも束の間の息抜きがあった。野球の殿堂クーパーズ・タウンの博物館訪問である。それは一〇月一日だった。

「燃えるような紅葉が美しい。つくとクイン館長をはじめ総出で歓迎してくれた。八二歳の館長が親しく館内をくまなく案内してくれたのは恐縮。……こうした物を設備できるのはアメリカ人に余裕があるからだ……」

その後、ベーブ・ルース夫人、ゲーリッグ夫人を訪問、さらにヤンキー・スタジアムでは八九歳になったコニー・マックが現れて、久しぶりに特等席で旧交をあたためた。束の間のセンチメンタル・ジャーニーである。息つくヒマなく原田から電話が入った。読売側が来日メンバーに不満だというのである。

ところで、本国の日本プロ野球では、混乱が起きていた。読売の日米野球開催のため、スケジュール調整を巡ってセ・パ両リーグの対立となっていた。来日チームのために日程の短縮が必要なのか、それとも日米交流後に再開するのか、ペナントレースも混乱するのは必然だった。交流試合に関する何の規定もないからである。

ここで福井ミッショナーが調停に立った。それもシーズン半ばのことだった。九月二三日、メジャー・リーグ選抜来日のため公式戦打ち切りとすること、これにより巨人と南海の優勝がそれぞれ決まった。打ち切りなど今日ではありえない決定だ。セ・リーグでは三四試合、パ・リーグでは六二試合も打ち切った。

あまりにメジャー・リーグ重視だ。だが、惣太郎の仕事は選抜軍を呼ぶこと、複雑な気分だった。読売での立場は野球界全般に物申すことではなかった。

オドールの顔もあって選手を集めることができた。だが大物スターがあまりいない。惣太郎

鈴木家にて。左から、オドール、鈴木徳、ディマジオ、惣太郎、原田

は、選抜メンバーについて「一九三四年のベーブ・ルースのチームにははるかに及ばない」し、「一九三一年のチームにも劣る」と認めていた。もちろんシールズよりは強いが「あらゆる点で小型」と判断していた。本社の意向と、付け焼刃のような勧誘では大物スター選手のスケジュールの都合がつかず、選手のセレクションに大変な時間がかかり思うように集められなかった。それでも、今回のメンバーで、外野のディマジオ兄弟の守備の巧さは一流であるし、一塁での首位打者だったフェリス・フェイン、二塁のビリー・マーチンなどは球捌きの正確さは素晴らしいものがあった。

一〇月一七日、一七年ぶりにオドール総監督以下メジャー・リーグ戦抜軍が日本に到着した。オドール七回目の来日だった。惣太郎はオドール・オールスターの来日に際して「アメリカ大選手の見た日本の野球」(『ベースボールマガジン』)を記している。

一行が来日する直前、アメリカ・オールスターはハワイでの親善試合で負けていた。この敗戦に正力は怒り心頭だった。本社を表敬訪問したオドールやディマジオに不満をぶつけた。

「……ベーブ・ルースはその年限り引退するので、もうホームランなんか打てないという評判があったが、それを見事に裏切ってベーブ・ルースが彼より若いゲーリッグ、フォックスなんかよりずっと多く一三本のホームランを打ったし、一番よく働いてくれた……これが昭和九年の日米野球を成功させたわけでもあるのだから、明日の試合にはオドールさんもそのつもりになってもらいたいし、聞けばディマジオさんは、今度引退するということで丁度ベーブ・ルースの試合と同じなのである……そしてあなた(オドール)に寄せるファンの期待は非常に大きい……日本のファンはメジャー・リーグ選手というものを、非常に偉いものと考えている……

それを証拠立ててもらわぬと、日本の野球のためにはならないのだが、それには二十点も得点してみせてくれないといけない……」

　往年のスター、ディマジオを前にして、ここまで強弁できるのはそうはいない。正力には、日米決戦はまだ夢のことでよかった。メジャー・チームは圧倒的な力を発揮してくれないと困るのである。オドールもディマジオもうなだれて正力の話を聞いていた。興行師の面目躍如である。しかし、世界争覇戦を声高に述べながら、日本プロ野球がまだ遠くメジャーに及ばないことを自ら認める矛盾でもあった。現実は確かにそうだった。

　惣太郎は興行に心配していた。彼は、一八日安田副社長に面会し、日米交流戦がまだまだ根強い人気を誇る早慶戦と同日開催ではいけないと述べ、他方で、こうした交流に「統制が乱れ勝ちで費用もかさむから緊縮の必要がある」と進言した。なにしろ昭和一〇年、一一年と巨人の渡米遠征では資金不足で辛酸をなめている。オドールや原田が関与しているので興行内容に詰めが甘く、資金はどんぶり勘定になる可能性があった。

　二〇日の第一戦は対巨人戦だった。巨人は一番与那嶺、二番千葉、三番青田、四番川上、五番宇野といった優勝ラインナップ、投手は別所だったが、7対0で巨人の完敗、第二戦は毎日、11対0でこれまた完敗、正力の警告が功を奏したのか、メジャー・チームが奮起して日本側の完敗が続いた。第六戦の対南海戦では1対0で惜敗、第一一戦は全パ軍が2対2で引き分け、敗北が続くなかで岡山での第一四戦に全パ軍がついに3対1で勝利した。日本チームの対メジャー・チーム戦初勝利という記念すべき日だった。ただ登板予定のワールが病気、飛行機の遅れとバス移動という強行軍だったことは留意しておきたい。

不可解なオドールのＴＶビジネス

一九五二（昭和二七）年、惣太郎は穏やかな気分で新年を迎えた。一月二日恒例の正力宅への年賀に出かけた。安田副社長も来ていた。買ったばかりの新車で乗りつけ正力を乗せてドライブして気分上々で帰ったという。正力と安田の距離感は改善されていたようだった。

「単純な正力さんは、安田さんを心底から信じている。……しかし正月早々オーナーを集められ、安田さんを前にして鈴木龍二会長の件を持ち出す。」

この後、安田はセ・リーグ会長を退任し、三月から巨人代表になり、鈴木龍二がセ・リーグ会長になった。正力の意向である。

その一方で、正力は惣太郎に「次のコミッショナーあるいは顧問にしよう」と話があった。コミッショナーや顧問人事を正力が自由に話せること事態、球界の求心力がどこにあるのかがわかる。惣太郎は、「顧問になりますと食えませんからお許しください」と断ったという。そこで、正力の計らいで、三月惣太郎は日本野球機構において取締役に就任した。惣太郎もようやく対外的に自身の立場が安定した。

三月一五日正力に面会した惣太郎は着いたばかりのオドールの手紙を見せ、日米野球は重大な岐路にあり「総元締のような意味で正力会長の御高配を」と要請、またメジャー・リーグ・チームの来日については、ベーブ・ルース一行来日のような契約方法を強く進言した。

席上、正力からは原田をあまり「信用せぬものの如し」という発言があり、安田からは「オドールと鈴木（惣太郎）の関係は常に尊重する」ということだった。空気が変わり始めていた。

現実主義でセ・リーグ改革を推進した安田だが、正力に配慮するのは当然だった。他方で、正力はパージ解除などで原田に恩があった。それで原田の巨人の国際担当役を尊重していた。最後に、来るべきニューヨーク・ジャイアンツの来日（昭和二八年来日）を読売主催ということが決まった。どこにも野球機構の事前の了解などはない。正力が決めれば、日米野球交流は実現できたのである。

四月、日本はサンフランシスコ講和条約、同時に日米安全保障条約に調印、日本は占領から再び独立を取り戻し、さらに西側社会に加わった。こうみると、日米プロ野球交流は日本の国際社会復帰の尖兵役となっていたことがわかる。

一方、正力のボクシング熱は戦後も続いていた。七月には日米プロボクシング大会を開催、一〇月には第一回読売プロゴルフ全日本大会、一一月には世界フライ級選手権、白井義男対ダド・マリノの試合を開催、翌年五月にも世界選手権を開催した。読売のスポーツ興行が正力の復帰に合わせるように盛んに行われた。

ところで一〇月一日原田は突然渡米した。その前に日米野球交流を話し合うはずだった惣太郎は驚いた。「何のこったい、……出発前にゆっくりと話をしたいなどと言っていたのに」と愚痴もでる。原田は一一月一日、オドールと共に帰国した。メジャー・チームの来日でもなかったこともあり「最も淋しい歓迎」だった。出迎えのマスコミは共同通信、読売関係で計四人のみというから確かに淋しい。

オドールの来日目的は、巨人の海外キャンプ実現の話だった。原田の回顧によると、このとき巨人の二連覇を経て安田が、さらにチーム強化のため「チーム全体を現地に送り込みたいと考えている。是非助けてほしい」ということだった。これも原田の売り込みの可能性が高い。オドールと原田は読売側に対し、なんと一〇〇人余の米キャンプ実施のプランを紹介した。大風呂敷である。後のサンタマリア・キャンプがこれである。これを聞いていた惣太郎は「なにかしっかりしていない」と不安気だった。

　さらにオドールにはもうひとつの目的があった。正力に面会して、テレビの一件でも共同事業を申し込んだのだ。正力のＴＶ事業への強い関心を知っての行動だった。知られているように正力は柴田をアメリカに送りＴＶ事業のため猛烈な工作をした。

「正力さんはオドールの申入れについて、ＴＶのことは一切オドールの意見をとり入れなかったし、ＴＶセットの輸入の件もあって格別の好意を示さなかった。」

　ＴＶ事業をめぐって、新しいビジネスチャンスが浮上していた。オドールも例外ではなかった。原田の話によるとオドールと五〇万ドルの資金で「オドール・エンター・プライズ・インコーポレーション」をつくったという。おそらく代理店か輸入製品などの取扱いであろう。名前も日本ではオドールが知られているので冠にオドールのネーミングをつけたのだろう。日米間には様々なビジネスチャンスが横たわっていた。二人はここに注目していたのである。

　オドールは惣太郎に「仕事をやろう」と持ちかけたが断った。惣太郎は、オドールが野球以外で話を正力に持ち込んだことが疑問だった。

「オドールの今回の来遊の意味が解らないし、巨人軍のアメリカ行を心配している。」

　野球とＴＶ事業とは別物である。正力がオドールに期待しているのは日米野球であり、普通のビジネスではない。オドールはこれをわかっていない。危惧した惣太郎は安田にも面会して再度、「巨人軍のアメリカ行きについて正確にとりきめの必要」と力説した。だが安田は信頼をおく原田のサンタマリア・キャンプに同意した。惣太郎は契約の細部が不透明と心配したが、再考はならなかった。結局、巨人と原田の契約がかなり曖昧だったことは後で判明する。

一方、ロンドン大会に参加できなかった日本は戦後初めてオリンピックに参加した。結局、野球再開よりはるかに遅れた競技参加だった。それがヘルシンキ大会だった。団長は平沼亮三と田畑政治、主将は古橋広之進だった。戦前のスポーツ界を牽引した彼らがオリンピックに向けて邁進していた。大会は、石井庄八がレスリングで金メダル、銀メダルには橋爪四郎や鈴木弘など競泳陣、小野喬など体操で銅など金一個、銀六個、銅二個だった。

さて、翌一九五三（昭和二八）年一月一日、毎日新聞は、突然社告でメジャー・リーグ・オールスターを招待すると発表した。まさに晴天の霹靂、他社も人気のあるメジャー・チーム来日に強い関心を持った証拠だった。だが、読売がおこなっていた日米野球交流を、今度は毎日が発表するとは惣太郎は「妙な気分」だった。翌二日、恒例の正力邸訪問でも、やはりメジャー・リーグ招待の話題がのぼった。

「鈴木君はあまりに真面目過ぎるので、アメリカ野球のことでも読売でも視外されていると正力さんが言われた。私もその通りと直感している。」

面と向かっての正力の話に、誰も反論できない。頑固、誠実、実直な惣太郎は、実利実益を重視する正力や読売には柔軟に迎え入れられなかった。安田が実利を考えて原田と連携するのは無理からぬところだった。

だが正力は、長年の球界への惣太郎の貢献は評価していた。三月三一日、日本野球機構の定時総会で惣太郎は取締役に再任された。それでも巨人への関与は薄い。

「何か局面の変化のない限り、私と読売を通じてのアメリカ野球関係は次第に薄くなるものと思う。」

この状況で、惣太郎と巨人の関係は、まだまだ薄かった。

サンタマリア・キャンプの功罪

一九五三（昭和二八）年二月一五日、巨人は前述した原田のプランでカリフォルニア州サンタマリアに向けて出発した。同地は原田の故郷である。日系人が故郷に錦を飾るというパターンだった。一行は、宇野庄治代表、水原監督をはじめ三〇人のメンバー、ウォーリー与那嶺に、ジム広田、ネック相枝、ビル西田の四人の日系人も入っていた。このあたりは原田の自伝が参考になる。

巨人は一六日サンフランシスコ入りし、ロビンソン市長の歓迎を受け、市中行進、歓迎会とセレモニーをこなして翌日ホテル・サンタマリア・インに入った。コースト・リーグのチームでは対巨人戦のプログラムをわざわざ配布していることもあった。たとえば「ハリウッド・スターズ対東京ジャイアンツ」と記して、別所投手などの写真が載った。かくして戦後日本チームで初めてのアメリカ本土遠征が実現したのである。日本では吉田茂首相のいわゆるバカヤロー解散があった。二月二八日のことである。総選挙で保守は若干退潮したが、第五次吉田内閣が誕生した。

さて遠征最終日、巨人は、世話になっていたドローチャー率いるN・ジャイアンツと対戦した。九回裏まで7対7で同点。その裏、平井がサヨナラ2ランを打って巨人が勝った。日本のプロ単独チームがメジャーの単独チームを破ったのはこれが初めてというオマケつきだった。巨人はアメリカ西部で転戦し、一二勝一六敗で四月四日帰国した。

水原はこの渡米遠征で、ブロック・サインやツー・プラトンシステムといった新たな戦術を学んで帰国した。惣太郎の憂慮とは別に、現場は貪欲にメジャー野球を吸収していたのである。

しかし原田があえて自伝で全く触れていない負の部分がある。実は、巨人一行は老朽化したホテルやグラウンドの不備、遠征費不足などで散々な目にあっていた。小さな町が一行を受け入れられるキャパシティがなかった。これも企画の曖昧さが原因だ。このキャンプに同行した宇野庄治代表は、後に赤字を出したことで詰め腹を切らされた。彼は次のように述懐している。

「行くときには、原田恒男が計算してちゃんとトントンにいくことになっていたけれども、アメリカの新聞には試合のことを少しも載せてくれないから、試合をやってもお客が来ない。結局二千五百万円かの赤字をくらって帰ってきた。

私はそのとき、はっきり説明書を出した。二千万円が実際の赤字。あとの五百万円は一緒に行った新聞記者が、全部球団におんぶしていたんですよ。……それなのに、昭和二八年の八月に、私は巨人軍の代表をやめさせられた。……シーズン中にやめさせられることは不愉快だ、と怒鳴り込んでいった。ところが『まあ、そんなことをいうな。キミは赤字をくらって帰ってきたんだから、その責任をとれ』という。……」（『プロ野球史再発掘』）

外国旅行もまだ不自由なとき、記者団もたくさん連れてのまさに大名旅行だった。また田舎町で試合を開催しても観客は来ない、ホテルにはバスがない部屋があり、別所も憤慨していた。観客の最低の入りは三〇人くらいというから散々である。大名旅行だったはずだが費用が足らなくなり、宇野と原田はホテルを離れて安アパートに引っ越した。「原田さんも甘かったんですよ」と宇野は不信を募らせていた。原田は故郷への凱旋だったが、どうみても旅行会社の企画ミスのキャンプだった。

さらに原田にはもうひとつ仕事があった。惣太郎がまさに危惧していたことである。ペリー来航百年祭記念行事としてメジャー・リーグ・チームの日本遠征を実施することだった。

「これまで読売新聞は選抜チームばかり招いていたが、五三年にはペリー百年祭でもあるし、日米単独チームの対戦を実現したい。それについては、巨人がニックネームを拝借したニューヨーク・ジャイアンツをぜひ呼びたいので許可をとってほしい。」

原田はオドールを通じてジャイアンツのホレース・ストーンハム会長に会って正力の意向を伝えた。さらにメジャー・リーグのオーナー会議の了解とフォード・フリック・コミッショナーの了解が必要のためニューヨークに向かった。

ところが百周年野球行事はなにも読売だけが考えていたわけではなかった。ライバル毎日新聞の方でも同様な計画があった。両紙による米チーム招致合戦の様相となった。結局、正力は大局的判断をし、ヤンキース来日については毎日に交渉を譲った。

「ヤンキースは毎日にゆずりましょう。そして今後、正力、本田とアメリカのフリックの三者で協定を結んで、アメリカ大リーグの招聘は毎日と読売が交互にやることにして、一切他の割りこみをさせないことにしましょう。」

料金受取人払郵便

本郷支店
承　　認

5402

差出有効期間
平成26年4月
19日まで

郵便はがき

1 1 3 8 7 9 0

（受取人）

東京都文京区本郷3-3-13
ウィークお茶の水2階

㈱芙蓉書房出版　行

ご購入書店

（　　　　　区市町村）

お求めの動機
1.　広告を見て（紙誌名　　　　　　　　）　2. 書店で見て
3.　書評を見て（紙誌名　　　　　　　　）　4. DMを見て
5.　その他

■小社の最新図書目録をご希望ですか？（希望する　　しない）

■小社の今後の出版物についてのご希望をお書き下さい。

愛読者カード

ご購入ありがとうございました。ご意見をお聞かせ下さい。なお、ご記入頂いた個人情報については、小社刊行図書のご案内以外には使用致しません。

◎書名

◎お名前

年齢（　　　　歳）
ご職業

◎ご住所　〒

（TEL　　　　　　　　）

◎ご意見、ご感想

★小社図書注文書（このハガキをご利用下さい）

書名	円	冊
書名	円	冊

①書店経由希望 （指定書店名を記入して下さい） 書店　　　店 （　　　　区市町村）	②直接送本希望 送料をご負担頂きます お買上金額合計（税込） 2500円まで……290円 5000円まで……340円 5001円以上……無料

これが後の三者協定（正力・本田・フリック）に発展する。二リーグ分裂時に毎日は正力に世話になったこともあって、日本テレビ開局に際して本田は毎日社内の反対を押し切って一千万円を出資、正力はこれに答えて開局記念で本田にテレビを一台プレゼントしたという。こうした関係が、野球界では読毎競争がむしろ共存共栄への動きになっていた。宿願のテレビ開局に協力した本田に対し正力は、メジャー・チーム招待で譲歩したのである。

さて、七月一四日シンシナチでメジャー・リーグのオーナー会議が開かれ、原田の説明も通り、読売によるジャイアンツと、毎日のオドールによるヤンキースのエド・ロバット中心の全米選抜チームの二つのチームの訪日が決定した。前者は一〇月一七日から一四試合、全米（ロバット）選抜チームは一〇月二三日から一二試合開催となった。全米選抜はオドールとディマジオが率い、ジャイアンツ（活躍したスペンサーは阪急に入団した）は原田が率いて来日した。原田はこれを機にＮ・ジャイアンツの極東スカウトになる。因みに、これを機に巨人のチームカラーはオレンジと黒になる。

ところが、この二チームの来日は一見華やかに見えたが、現場の選手たちはさすがに困惑していた。川上の弁である。

「もういいですね。毎年こうして来られると、ファンのためにはいいか判らんが、我々の大切なペナントレースが無茶苦茶なスケジュールを組まれるし、日本プロ野球で一番大切な日本選手権試合が、全然旅行日もなく一週間ぶっつづけにやらされるし、雨が降ったらダブルヘッダーをやってくれというような我々日本のプレーヤーとしては泣きたくなるようなスケジュールになるんですから呼ぶなら呼んでもいいから、もう少しそういうことを考えてほしいですね。」

不満の声は現場からあがった。原田やオドールの興行試合はプロ野球リーグ戦を完全に混乱させた。過度の来日は日本人選手の健康管理を狂し、リーグ戦の打ち切りや中断などスケジュール面で日本側が大きな代償を払っていたのである。そのうえ、二チームの来日は、観客動員は増えるどころか、観客も分散し減少してしまった。試合数が増えれば新鮮味にも欠ける。ただ招待すれば良いというのではない。問題点が噴出していた。

たとえ記念事業としてもメジャー・リーグ・チームを呼びさえすれば観客が入るというのは幻想になってきた。事実、観客席は満杯ではなかった。こうした興行重視、計画性のない招聘は問題になった。原田やオドールの企画した交流のあり方を再考する大きな機会になった。それは日米球界に警鐘を鳴らすきっかけになる。

惣太郎取締役の誕生とその苦悩

一九五三（昭和二八）年八月二八日、日本テレビは放送を開始した。日本プロレス協会が同年七月に設立された。焦土の匂いが消えた東京では、正力が仕掛けた街頭テレビが都心のあちこちに設置され、このプロレスのテレビ中継を始めた。さらに正力は、レスリング・ファンだった知人の田鶴浜弘に「イジケてしまった戦後の日本人に勇気と力の自信を呼び覚ますのが第一だというのがプロレス」（『日本プロレス二十年史』）と常々言っていたという。同様にプロレスにも興味を示したのが原田だ。一九六〇年に原田はリキ・エンタープライズの副社長なる。原田がプロモーターといわれる所以である。アメリカ人レスラーとも交流があった原田は、後年、力道山がナイフで刺されたときその場に居合わせている。このあたりは、石井代蔵の『巨人の素顔―双葉山と力道山』を参考されたい。

空手チョップと不屈の闘志を見せて試合を逆転して悪役の外人レスラーを投げ飛ばす光景に大歓声が上がった。日米野球では、絶対的なパワーを持つ米チームに畏敬の念さえ持った日本人に、攻守があっという間にひっくり返るプロレスは大衆に興奮を呼び起こしていた。正力は野球の父であるが、プロレスの父でもあった。

さて同年七月三一日、惣太郎は読売興業の臨時総会で取締役に就任した。読売の全権を掌握した正力の配慮だった。

「君（惣太郎）を代表にしようとしたが、反対もあるので橋本（道淳）君を代表とし、佐々木（金之助）君がよいそうだから二人にやらせる。君はこの二人を助けて巨人軍をよくすること、併せて日本のプロ野球を正しく成長するようにされたい。」

右でいう反対論の中心は安田のことだ。惣太郎は、ようやく陽の当たる場所に登場したことになった。このことは、いままでの不透明な日米野球の見直しに発展する。

惣太郎は、「大任であるから最善をつくす」ことを述べ、正力に自身の心境を述べている。このあたりが実直な惣太郎だ。まず、自身に子供がいないため、居宅を日本プロ野球のために使いたいこと、また彼が今まで集めた数々の野球関係のコレクションを整理することに言及した。その後一部の資料が東京体育博物館に納入された。

次に、これまでの日米野球交流について協定の不備を指摘した。従来の契約にトラブルが多いので整備すべきとの意見だった。今まで耐えてきた惣太郎は、ここで正力のお墨付きを正式に受けた。このあと安田副社長、務台専務、橋本普及部長など読売首脳に挨拶した。正力は機嫌がよかった。その後、九月三日橋本道淳が巨人軍代表に就任した。

久しぶりに惣太郎が見た現場は隔世の感があった。一〇月五日、日本シリーズを控えて、巨人の激励会が開かれた。橋本代表、安田副社長ら幹部が次々と挨拶に立った。彼らの発言は、読売の巨人を祝うものだった。巨人は読売あっての巨人であり、販売宣伝の手段だったのである。壇上に立ったのは、巨人関係者ばかりではなかった。会場は球界や巨人軍関係者よりも、読売本社及び販売店関係者で溢れかえっていた。惣太郎は複雑だった。

「私は何かしら非常な寂しさを感じた。自分たちの作った巨人が今や全く違った一権力下にあるからだ。」

かつて高邁な理想でチームを結成したときの想いが、惣太郎の脳裏を掠めていた。一一月一八日、巨人が三連覇を果たした優勝祝賀会ではその思いはさらに鮮明になった。

「安田・務台両氏の挨拶を聞いていると、読売巨人が東京巨人になることもまずないし、読売は巨人軍を販売拡張の用に供していることを明らかにした。かくて、日本のプロ野球倶楽部が独立自営の時代に入ることは先ず私の生きている間はない。

……私は（安田に）後楽園を読売が借り切ることに対して是非御願いしますと言ったら、そんな理想的な話はだめだ……ということであった。これで、私があまり好意を持たれていないことが判る。どうやら私は『理想家』として敬遠されている。」

激励会や優勝祝賀会などの会場に、巨人以外の人々が多数参集しているのを見れば、読売の意向が如実に反映された祝賀会だった。

一九五三（昭和二八）年一〇月二九日も苦渋の「日記」である。

「私がコミッショナーになるのだ……という噂がチラホラ……少しだが耳に入ると気持ちが動揺する。まだ色気があってはいけない。私の出る幕はない。私の出る幕は永久にないのだ。」

「永久にない」と自らを言い聞かせてゆれ動いている惣太郎の葛藤がある。本当は、メジャー・リーグなみに日本野球界を変えたい。それにはコミッショナーになって改革に着手するほかはない。しかし、自己顕示欲の強い人材が読売に多いなかで、万事ひかえめで、理想の高い惣太郎は現実を直視して心の動きがストップしてしまうのである。

オドール、ディマジオ・モンロー夫妻の厄介な来日

一九五四（昭和二九）年一月三〇日、ディマジオがマリリン・モンローと新婚旅行を兼ねてオドールとともに来日するとのニュースが流れた。仲介役はオドールと原田だった。もちろん彼らは野球教室もおこなう予定である。世間では大騒ぎだったが、惣太郎には頭の痛いことだった。

「こんな連中に来てもらいたくない。厄介で仕方がない。こうした考え方になることがどうもおかしいのだが、私自身年をとったことを語るのも……」

惣太郎は、ついに「厄介」というほどだった。彼らの野球教室旅行は、それが原田たちの不透明なマネージメントだからである。惣太郎は、オドールと疎遠になっていたが、それでも古き友人として来日すれば会うことになる。会えば、何かが起こる。惣太郎の憂慮をよそに日本

では熱狂的にオドールとこのカップルを迎えた。それもディマジオよりもモンローをである。

旅行は野球教室以外プライベートに徹したディマジオとサービス精神旺盛のモンローの対照的な対応ぶりが話題となった。ディマジオたちが野球教室などを各地でおこなっている間に、モンローは朝鮮半島に行き、駐留米軍の慰問をしていた。日本へ戻ったモンローは広島の宮島でディマジオと合流したが、モンローはしょんぼりしていたという。伊東の川奈ホテルでは夫婦喧嘩もあった。

読売新聞記者でのちに一軍担当になったロイ佐伯は、この様子を見て「あれは9回でゲームセットだなと笑っていたが、本当に九ヶ月で別れてしまった」、また「マリリンは旅館の庭を見ながら泣いていたよ」とは、ディマジオたちに通訳として帯同していた原田がウォーリー与那嶺に語った弁である。結局、惣太郎はこの三人とほとんど行動を共にしなかった。二人の新婚流行はそのまま別離の旅行になりそうだった。

二月二四日、惣太郎は、オドールたちを見送るため羽田に行った。オドールは「何度も何度も手紙を書いてくれ」と言うし、ディマジオは「身体に気をつけろ」と妙にしんみりと言っていた。空港ではロビーから飛行機まで赤い絨毯を敷いていた。国賓並みである。

この二月には日本プロレス協会が創設、早速興行試合が日本テレビで放映された。一八日プロレス初の国際タッグマッチ、力道山・木村政彦対米シャープ兄弟という記念すべき試合が開催された。年末には初の日本選手権で力道山が初代王者になった。

三月だった。第五福竜丸事件が発生した。ビキニ環礁での米軍による水爆実験で同船は被爆したのである。テレビの次は原子力の利用を考えていた正力には痛い話だった。すでに読売は一月に「ついに太陽をとらえた」と有名な連載記事を始めていたからだ。一一月には、「生活の太陽─原子力の平和利用博から」と続いた。平和利用と名を打って原子力利用を使っていた。ＴＶ事業から原子力へと、正力の野望が目立っていた。いずれも日米関係に大きな影響を与えるテーマだった。そして七月七日、正力は役員会で、公式に読売の社主となった。

ところで原田は夏、アメリカのミルウォーキーに向かった。九月二六日英文『毎日』は原田の発言として「グローバル野球を明年日本でおこなう交渉をしている」という不可解な記事を掲載した。このとき、原田の肩書きは、巨人の「ＧＭ」また「NATIONAL BASEBALL CONGRESS」の DIRECTOR になっていて、惣太郎は驚いた。これでは日本野球組織のディレクターである。その上、彼の行動は「読売と毎日を両天秤にかける」行為である。

さらに原田は次のキャンプとして、野球先進国でもない中南米やオーストラリア遠征に取り掛かった。これで、巨人の野球技術は向上するのか？　惣太郎は疑問だった。これは単なる商業主義、興行野球ではないのか、ますます不信感は募っていた。

そして一九五四（昭和二九）年一一月二八日、オーストラリアに遠征していた巨人が帰国した。羽田から降りてきた飛行機にオドール夫妻も同乗していた。「予期した通りである」とは惣太郎である。翌日、帝国ホテルに宿泊していたオドールから惣太郎に電話があったが、その電話に、彼自身も認めるように「そっけなかったのは悪いような気がした」という。同夜、会食の席にはオドール夫妻、原田も出席、陽気なオドールは、いつものように胃腸を病んでいた惣太郎の病気が全快したことを大変喜んでいた。

しかしオドールは不安だった。久しぶりに正力に会見したら「今度は何をしに日本へ来た」

という「冷たい態度」だったのである。前回はTV事業の話をして正力から冷遇されて、またしてもという正力の態度だった。オドールは惣太郎に、「正力のNTVには永田、本田（毎日）の両社長が投資しているので、その二人がオレ（オドール）のことを悪く言うのであろう、オレを嫌うのだろう」と言っていた。

惣太郎は「そんなことは絶対ない」と否定していた。内実は惣太郎の考え以上に正力は怒っていたのかもしれない。正力にとってオドールの役割は、日米野球の架け橋であってそれ以外はない。オドール自身にその自覚がないのである。

まさにこのころだった。日米野球に一波乱がおきた。米球界が日本側にクレームをつけたのである。フォード・フリック（一八九四〜一九七八）コミッショナーは前回、同時期に二つのチームが渡日して混乱したことに鑑み、今後は読売と毎日で協議して一本化しないとヤンキースは遠征させないというものだった。惣太郎の心配していたことだった。

さらに不可解なことが判明した。オドールがメジャー・リーグ側に接触したとき、読売の代理人と自身を紹介していた。フリックは、オドールがそれを証明するものを提示しないことに不信感をもった。読売の処理の仕方も問題だったが、基本的なシステムが構築されないまま次々と日米野球を企画する不透明なシステムが横行していた。フリックはオドールや原田の交渉手続きの曖昧さや彼らの職務権限が不可解と反発していた。

事態を危惧した読売は宇野を渡米させた。一九五五（昭和三〇）年七月八日、渡米した宇野から報告があった。宇野はフリック側と交渉した。その報告によれば、やはり両者が「円満に話し合わぬ限りヤンキースの渡日を許さぬ」というものだった。読売と毎日の交渉が続いた。

結局二二日、「正力さんが、あっさり謝ったので毎日で呼ぶことに決まりました」ということになった。こうしたドタバタの影響もあってか、日本シリーズ中にヤンキースが来日するという不手際があった。

これを受けて正力と本田は、二二日付でフリックに書簡を送り今後読売と毎日が交互でメジャー・リーグから一チームを訪日することを決定したことを伝えた。フリックは「かかる決定の行われたことは、野球育成の精神があったればこそ」と歓迎した。正力は九月三日『読売』にその旨を発表したのである。

「元来、私は職業野球を発展させるについては、二大リーグ、二大新聞の主張者であるが、これも昭和二五年に実現をみた。今度その一方の新聞社である毎日新聞の本田君との間に円満な話合がつき、毎年交代でアメリカから大リーグを呼ぶことになったのは、私の年来の希望が実現したもので、欣快この上ない……」

いわゆる「三者協定」の成立だった。これが日米野球をしばらくコントロールすることになる。事態の収拾を図った正力をフリックは祝った。一〇月二三日、メジャー・リーグから正力に「メジャー・リーグ名誉賞」が贈られた。

さて来日したステインゲル監督率いるヤンキースはミッキー・マントル、ドン・ラーセン、ヨギ・ベラら大物をそろえた近年にない強豪チームだった。一五勝一分の圧倒的なパワーを見せて帰国した。

❖第10章 日米野球交流の転換――ウォルター・オマリーとの出会い

正力の政界入り

一九五五（昭和三〇）年になり安田が病床に伏し、二月九日死去した。巨人の実権は名実ともに正力の手に帰していた。だがその正力は、政界進出で頭がいっぱいだった。衰えぬ彼の野心は原子力問題に向いていた。そのための政界進出だった。

正力は七〇歳にして一九五五（昭和三〇）年一月の総選挙に出馬した。正力は、富山の選挙区で、地元利益の話ではなく「原子力の平和利用による産業革命の達成」、「保守大合同の実現」というスローガンを掲げて地元選挙民を驚かせた。

これだけではない。この選挙に際して二月一日付で鈴木龍二がセ・リーグ会長名で、「正力松太郎氏を、セントラル、パシフィック両リーグの総意として推薦することを申し合わせ致しました」、「この二〇年のプロ野球への支援に鑑み「前例を破って、政党政派を超越して日本野球の父、正力松太郎を両リーグの総力をあげて支持応援する次第であります」と表明したのである。いままでは考えられない声明である。球界もフル動員というまさに前代未聞の選挙運動だった。

正力が立候補した選挙区には、彼が終生勝てなかった松村謙三（一八八三〜一九七一）がいた。二月七日付『富山読売』を見てみると、民主党松村謙三が「住宅建設」「失業対策」といった「国民生活の安定」を演説している。しかし、正力は「テレビ事業を始めたのは地方に東京の文化を接触させるため」「電話などもマイクロ・ウエーブの中継を普及し、明るい世の中を作る」「保守大合同による力強い政治確立」と演説、あまりに対照的な二人だった。

二月に入り巨人が中南米遠征で苦労しているころ、一九日からたびたび惣太郎のところへ巨人事務所から電話が入った。二二日、ついに巨人事務所から電報までもが到着した。「日記」には緊張感が漂う。

「急ぎお願いしたきことあり、御連絡を乞う、巨人軍。」

何事かと惣太郎が球団事務所に電話した。すると選挙中の正力の旗色が悪く、巨人の選手を応援に動員してほしいというのである。巨人人気にあやかろうという目論見だった。さらにまたパ・リーグ側にも手を回して永田雅一大映社長に頼んでくれという。読売ならではの正力応援選挙工作である。

読売側は巨人の選手はいうにおよばず、タイガースの藤村富美男、ドラゴンズの杉下茂らも応援活動に駆りだした。前年盲腸炎の手術をおこなっていた千葉茂は和歌山串間の二軍キャンプに参加していた。そこへ佐々木金之助（一八九五〜一九七五）代表から電話がかかった。

「藤本（英雄）と二人で正力さんの応援に高岡へ行ってくれ。」

千葉もまさかキャンプ中にと驚いた。この時の二軍には後のジャイアント馬場もいた。さら

惣太郎とウォルター・オマリー

に電話で「野球用のジャンパーと帽子を持って来い」とまで言われた。千葉は急いで球団にもどり高岡行きの寝台列車の二等切符を受けとり、車内では同じく呼び出された三船久蔵柔道十段、作家の村松梢風などと共になった。それこそ読売による著名人のフル動員である。

一行が朝方七時着いてまず驚いたのは、壁のような積雪だった。その寒さの中を五日間滞在して小学校や公民館をかけ回り、正力が演説に立つ前座として三〇～四〇分話した。また正力が選挙民に対し頭を下げることもしなかった。「ワシは国家のために出るんだ」という信念のため、正力は後援会メンバーにも頭を下げなかった。

正力は支持者に「お願いしますとは絶対言うな」と部下に命じ、また地元の公共土木工事受注の依頼があったときは、「小さな市町村のために代議士に出たんじゃない」という具合だった。ワンマン正力の真骨頂である。選挙参謀たちは焦った。いわゆるどぶ板選挙をしなくては、新人候補は勝てない。それゆえ大衆を動員する著名人が必要だった。

また地元有力者の子弟を次々と秘書にして票集めに余念はなかった。万事この調子で、最後まで松村を越える得票はついにできなかった。

当選した正力は、四月には第一次鳩山一郎内閣で原子力平和利用懇談会の発起人代表となった。五月にはアメリカから原子力平和利用使節団が来日した。正力が原子力に関与していくのはここからだった。

その後、正力は、第三次鳩山一郎内閣で北海道開発庁長官に就任、翌年に原子力委員会の委員長、そして初代科学技術庁長官に就任した。実力者の片鱗をいかんなく発揮した。正力は、政府の官邸の一室から指示を出すため読売幹部の官邸への日参が続いた。

友情とビジネスは別問題——オドール・原田路線からの転換

一九五五（昭和三〇）年四月、ＩＯＣのブランデージ会長が来日、日本側は彼にオリンピック東京招致を要請した。戦前挫折した東京大会実現の招致運動が始まった。一〇月一〇日、東京都議会はオリンピックの東京招致を決議した。戦前に大会返上を決定してから一五年以上が経過していた。前述したように戦前、オリンピックムーブメントと野球は、日本のスポーツ興隆の両輪だった、戦後は、野球がいかに突出していたかがわかる。

一九五五（昭和三〇）年一二月一八日、読売の人事異動で清水與七郎が取締役、橋本道淳が事業本部長に、渡辺文太郎が球団代表に就任した。人事交代は政策の変更にもつながる。二二日、惣太郎は正力の大番頭というべき橋本道淳より連絡があり、面会した。橋本は、「明年はアメリカよりオールスターチームを招く事になったが、アメリカに対する交渉の全権をやってもらいたい」と発言した。

さらに橋本は、オドールや原田を使うことは自由だが、彼らに「仕事の内容に触れさせぬ」と述べた。

すでに読売では、日米野球や巨人の遠征で多額の赤字が出ていたことが問題になっていた。今回は、高橋副社長、清水NTV社長、品川重役も同じ思いを言っていた。橋本も「オドール・原田の線があまりに不明朗で金銭上の問題で明確を欠く」と明言した。このような事態になったのは、安田の死去（昭和三〇年二月）と無関係ではない。野球の中核にいた安田の死去は、路線の転換になる。原田は安田の死後、読売側から離れたことを回顧録で言及しているが、彼が後ろ盾を失ったということだろう。

風向きが変わると問題点も表面化する。二六日、惣太郎は高橋に面会した。今後の日米野球について、「原田君を除いた場合の影響」について説明を求められ、オドールを窓口にすれば「交渉の時間と費用がはぶける」から使ってはどうかとの話があった。

三〇日に会見した務台はさらに厳しい。原田に対し露骨な不満を見せた。すなわち原田が、「飛行機代六〇〇万円の二重取り」やハワイ・フィリピン間のオドールの費用、広島・東京間の巨人の飛行機代の原田の立替九〇〇〇万の請求が出たことなど、今までの法外の資金使途について批判を述べた。一挙に不満が噴出していた。安田が健在だったころは問題視されない話だった。
　また原田と仕事仲間だった旅行代理店の望月嘉人社長も原田について「非常に悪く言ってい
た」。原田の旅行会社には、望月が五〇〇万、東急航空が五〇〇万出資したこと、ディマジオ
が来日したとき一八〇万儲かり「オドール、原田、望月の三人で山分けした」こともあるとい
うのである。そのころは正力が全権を掌握しておらず、安田の手前もあって国際担当の原田に
日米野球が委任されていた。それが今やあちこちで不満が噴出していた。
　こうした時は、惣太郎は盟友鈴木龍二に相談するのが習慣だった。さっそく相談したところ、
「正力さんの命あれば断る途なし」、日米野球はむつかしい時代がきているので、「覚悟して引
き受ける」ようにとの注意もあったが、「もうオドールの時代ではない」こと、「骨が折れても
別に新しい線を作るべき」との意見だった。かくして、惣太郎は、再び日米野球のエージェン
トとなったのである。ともあれ惣太郎が中心になれば、日米野球交流は大きく転換する。
　翌一九五六（昭和三一）年元旦、惣太郎は明治神宮に詣でて来るべき日米野球完遂を祈った。
ベーブ・ルース来日以来の野球祈念である。いかにも惣太郎だ。一月五日、取締役の橋本本部
長が惣太郎に面会し、「原田君は今度の日米野球の事業には直接介入をさせぬ」という言葉が
あった。二人は二時間も話し込んだ。
　ところがである。翌六日、突然原田から電話がかかってきた。東急ホテルで面会すると、原
田は「橋本さんからアメリカ行きの切符のこと、ドルのことを頼まれた」と言うのである。す
でに原田は、惣太郎の訪米を聞きつけて、橋本に売り込んでいた。
　席上、惣太郎は「友情とビジネスの区別」を主張して、今回のビジネスは惣太郎の職務と紹

恒例の正力邸参賀（1956年1月3日）左から、野口務、宇野庄治、渡辺文太郎、鈴木龍二、正力松太郎、鈴木惣太郎

介した。意に介さない原田は、次回のオドール構想のオールスターメンバー来日の青写真を紹介し始め、また惣太郎のアメリカ行きの切符やドルの事などを頼まれたと述べた。原田の読売への売込みであろう。読売から交渉を一任されていた惣太郎は単刀直入切り込んだ。

「オドール・原田の線は現場でも不満足であるし、日本の野球界でも不評である……」

正面切って原田に反論したのは初めてだろう。

「……最も遺憾に思うのは…昭和二六年オールスターの日本へ来てからのオドール・原田両人が、私に何も通ぜず、読売に対して勝手な都合のよいことばかりやって来た事で、今日の悪い事態を起こしたのはそれが原因である。」

さらに惣太郎は怯まず、従来の交流のプロセスを批判した。だが原田は、「読売の重役達は自分の立場を理解してくれている」と弁明した。読売内の空気を知る惣太郎は「そんな甘い考え方は正しくない」と告げて付け加えた。

「友情とビジネスははっきり区別の必要あり。今度は友人としてのオドールの助力をかりることもあるが、ビジネスとしては全く別で場合によってはオドールに日本野球では手を出してもらわぬかもしれぬ……この旨をオドールに明確に伝えて欲しい。」

今まで我慢していた惣太郎はダムの堰を切ったように論駁し始めた。ここまで言うのはゆくゆくのことである。原田は昭和二六年のことを何度も陳謝した。この会見は、戦後の日米野球交流の分岐点だったことは間違いない。このときの両者のやり取りは、惣太郎の「日記」に詳しく書かれているが、原田の自伝には全く言及されていない。それはそうだろう。立場が逆転した原田が苦い体験を回顧録に記すはずもない。

ついに非を認めた原田は、今までの事を「しきりに私にあやまり」という状況になった。安田という後ろ盾を失った原田が、今度は惣太郎に接近するのも理解できる。それでも、読売社内の一部に存在する理想家鈴木惣太郎への反発について、原田は「今度は私が抑える」と言い出した。惣太郎は「そんな必要はない」と突っぱねた。

七日惣太郎は、橋本本部長に面会、原田との会見を報告した。ただ原田にドルのことを依頼したかとの質問に、橋本は「そうした場合は然るべく頼む旨を語った」というのである。惣太郎は「少々曖昧」と嘆息した。日米野球交流に関与できないなら、旅行のバックアップ役を任せて欲しいとの原田の条件闘争だった。

また橋本はオドールからの電報を紹介した。すなわち「旧来のごとく読売の利益のために働く」と言っているというのである。だが橋本は、「計画が大きいのだから日本へ呼んでもオドールを迎える事は金がかかる……細君もくるから」と苦々しく語った。ともあれ「鈴木さんの考えに添って他の方法により交渉をするのがよい」とアドバイスした。

読売内は脱オドールで方向性は決まっていた。それは同時に脱原田を意味した。しかし今回は、後釜は全く未定だった。

一月一〇日、万事慎重な惣太郎は佐々木孜美運動部長、次いで佐伯、小野、辻野といった読売運動部のメンバーにも広く意見を聞いた。佐々木部長は、「オドール・チームは魅力なし」、まだ「ディマジオ・チームなどがよくはないか」、「またオドールでは困る」などと述べていた。スタン・ミュージアルなど名高い選手を連れてくるよう求めることも忘れなかった。どうもオドールは不評だった。

惣太郎も率直となり、シールズを呼んだときには、ホテルの支払いのなかで、食事代が一三〇万円、飲み物代六〇万円、車代一〇〇万円と伝えると、あまりの大名旅行に佐々木部長も驚いた。運動部員のメンバーも同様に「オドール・チームでは魅力ない」という返事で、ヤンキースのような強力チームをライバル毎日が招いている以上「それに負けぬ顔ぶれが必要」と力説した。

さらによくオドールが試合の合間に見せていた「ファンにおどけて見せる」ピエロもどきの動作やアトラクションは「もうキキメがなく反感を買う」、強いヤンキースを見たら「もう試合を見る気になれなかった、勝負が決まっているからだ」といった意見が噴出した。

総じて運動部は新鮮なチーム、メジャー選手らしいプレーを望んでいたのである。単なる娯楽試合の提供という方向の強い試合はすでに過去のものとなっていた。次から次へと問題は噴出した。惣太郎は彼らに答えて、その後、善後策を橋本総本部長に伝えた。

一二日、巨人代表渡辺文太郎は惣太郎と会見した。渡辺もまた「原田君の場合、会計のことなど曖昧」だったと批判した。そこでオドールを使わず「アメリカ側と交渉することは時間と労力が大変だ」と述べていた。さらに、渡辺はN・ジャイアンツが来日のとき、五万ドルのほかに諸々必要で計一五万ドル費やしたこと、そのとき、原田がエージェント料を余分に要求したうえに、「自分（原田）も一万ドルもらう約束が安田さんとの間にあった」などと暴露した。

渡辺はこれに対し、「オドールの場合は少しも厄介がなかった」とも付け加えた。読売内では堰を切ったように原田批判が飛び出していた。ともあれ、原田がマネージメントする日米交流では、裏側で毎回異常な資金が動いていたのである。

ところで渡辺は、オドールに対して日本のファンは悪い感情はもってないから、日本へ呼んでもよいとのアドバイスだった。惣太郎も「原田君にはよくよく注意」すると関係者に返事した。惣太郎は、同日清水NTV社長にも面会、支援の約束があった。二〇日同じく幹部の宇野庄治に会うと、「オドールが怒るのは必定だから、そのつもりで腹を決めよ」といわれる始末だった。万事慎重な惣太郎の性格であり、根回しを身上とする彼の真骨頂が試されることになった。

読売首脳の意向を確認した惣太郎は、再び原田に会って念を押した。ところが、原田はハワイ・キャンプやコースト・リーグとの試合をプロモートしたいと惣太郎を絶句させた。二月二日惣太郎は、外務省の田中三男情報文化局長にも会って日米野球交流計画を説明、好意をもって歓迎された。惣太郎は今回のオールスター招待を、ルース一行並みの大イベントとして構想を練っていたのである。惣太郎は根回しに余念はなかった。

彼は二月二一日高橋副社長に面会、オドールを呼ばないことを伝えた。さらに二三日首相官邸の一室を占めていた正力を訪問した。正力は鳩山内閣の原子力委員会の委員長で、五月には待望の初代科学技術庁長官に就任する。

ウォルター・オマリーとの出会い

読売はアメリカからオールスターを招く要領を決定、オドールに対しては、正力松太郎の名で「鈴木惣太郎を当方へ派遣する、協議、助力を請う」と電報を打つことになった。オドールの役割はサポート役になった。日ソ国交正常化交渉が始まるころ、読売は新たな日米野球を模索していたのである。

一九五六（昭和三一）年三月六日、惣太郎はアメリカに向かった。羽田には見送りに、品川、橋本の両重役、旧友の赤嶺、連盟の井原宏、読売運動部のメンバーなど知人がやってきた。従来にない多くの人だった。巨人の日米野球が再び惣太郎の手に戻った日だった。それだけ惣太郎の手腕に読売サイドは期待していた証拠である。

七日、中途立ち寄ったホノルルでなんと原田が出迎えた。彼はまたもや「日米野球の話の蒸し返し」があった。原田はなんとしても巨人の興行に加わりたかった。話に進展はなく、惣太郎は八日サンフランシスコに向かい、オドールと対面した。

惣太郎は今までの事情を彼に説明した。今回の日米野球では、オドールは惣太郎のサポート役であることを説明すると、驚いた彼は当惑して答えた。

「自分は読売新聞が五十とか六十万とかいう発刊時代から野球のことで随分つくしてきたと信じている。それが何故、昨今になって嫌われるか。」

オドールは明確な答えがわからない。それもそのはずで、彼と問答をしている間に、惣太郎は「原田君のやった事で私が知らぬことが多い」ことがわかってきた。たとえばオドールは、原田による巨人軍の「中南米行きやオーストラリア行きについては不賛成であった」というのである。むしろ「誰がどうしてあんな計画をやったかと私に反問する始末」だったのである。

結局オドールと原田は一枚岩ではなかった。ここに日米野球の裏で動き回るプロモーター原田の姿が明らかになってくる。だが、事態がここまで来た以上、両者の溝を埋めることはできなかった。

渡米した惣太郎はフリック・コミッショナーに面会して来日チームのことを話した。席上フリックは、ブルックリン・ドジャースが「手取り早く話が決まる」と話した。ここでドジャースの名前が初めて登場した。さらにフリックは三者協定に言及した。毎年メジャー・リーグ・チームの訪日に「オーナーの間に不賛成の声がある」ので、「読売と毎日で仲良く協力して日米野球を行わぬ限り明年以降もアメリカからメジャークラブを日本へ送ることを許さぬ」と発言して牽制した。

惣太郎はこれに耳を傾けながら、日米野球交流の再構築を、読売から外務省を通じて国務省に働きかけて「日米親善」の見地からコミッショナーに申し入れすることを読売本社に打電した。彼らしいきめ細やかさである。

二五日、橋本から電話があった。「正力さんは単独（チーム）なら優勝チーム（ワールド・チャンピオン）を呼べと言っている」という連絡だった。しかもフリックはオールスター遠征に否定的だった。そこで正力は会議を開き、二八日「オールスターをドジャースに切り換えた」と連絡した。また費用は五万ドル以内、その代わりロイ・キャンパネラ（一九二一～一九九三）といったスター選手招聘の注文がつけられた。キャンパネラといえば、ドジャース在籍一〇年でワールドシリーズに五回導いた伝説の名選手である。

四月四日、惣太郎はニューヨークに向かった。同地で再びフリックに会い、来日チーム交渉をオール・スターからドジャースに変更したことを伝えた。フリックは大変喜び「最善努力する」と返事があった。ドジャースは一九五〇年代に全盛期を迎えていたことも幸いだった。

さて惣太郎はフリックの紹介で、ウォルター・オマリー会長と会見することになった。この日、ブルックリンのドジャースの本拠地に行くと、オマリーが会長室に彼を招きいれた。彼はコロナ・パーフェクトの葉巻をしきりに曇らせていた。惣太郎は正力からの全権委任を証明する書簡を手渡し挨拶した。運命の出会いだった。その物腰の丁寧さに惣太郎はまず驚かされた。惣太郎は、まず正力のフリック・コミッショナー宛の書簡を見せて説明する一方で、ドジャース訪日を依頼した。惣太郎は回想「ドジャースと一緒に」の中で、オマリーを絶賛している。まさに運命の出会いだった。

このころドジャースは強かった。前年（一九五五年）ワールドシリーズを初めて制したドジャースは翌五六年も好調で、オマリーはご機嫌そのものだった。オマリーはいろいろな条件を尋ね、待遇や条件はヤンキースと同等以上を希望した。話はさらに食事、保険、ホテル、飛行機のことなどビジネス上のさまざまな話題に及んだ。だが、オマリーは「選手たちに語る必要があるから」と説得工作に二週間待ってほしいと依頼した。惣太郎は本社への連絡もあるので、二週間以内の返事を了解した。

ここではまずウォルター・オマリーを紹介しよう。彼は一九〇三年ブロンクスに生まれ、ペンシルバニア大学、フォードハム大学で法律を学び、ブルックリンで弁護士を開業、ロング・アイランド鉄道の役員も兼ね、地下鉄広告会社の副社長にもなった。

一九五〇年シーズン途中、オマリーがブランチ・リッキー（一八八一〜一九六五）から会長を引き継いだとき、ジョーン・スミス、アンディ・シュミッツ、そしてオマリーの三人でシンジケートをつくって、彼らの代表としてオマリーが名義的な会長に就任するはずだった。ところがスミスがまもなく死去、そこでオマリーは名実共に責任者となった。その後弁護士業を辞め、一切の事業から手を引いてベースボール・ビジネスに専念することにした。惣太郎に言わせれば、「オマリーとは、こうした誠実の人柄なのである」。

惣太郎は、その後『スポーツニッポン』に「ドジャースとオマリー会長」を連載している。オマリーを通じて新たに知るドジャースは惣太郎にとっては久しぶりに好奇心を湧かせるものだった。そして、そのファミリー的な空気は、まさに彼の期待する球団像そのものだった。

「今、アメリカきっての〈スマート〉なベースボールを誇るドジャースは、組織の上でも、経営の面でも、行き届いた巧妙さをうたわれ、〈アートフル・ドジャース〉と呼ばれる。〈アートフル〉とは、ここでは洗練された〈巧妙〉ということである。」

ドジャースは一八八三年に誕生し、九〇年にナ・リーグに加盟してイースタン・パークに本拠地をかまえた。一九一三年、チャールズ・H・エベッツ会長によりエベッツ・フィールドが完成し、その後ケー・シー・スティンゲルを監督にむかえて、強豪チームに変身、一九四一年には二〇年ぶりにナ・リーグ優勝した。しかしチームが強くなる一方、ドジャース本体の借金は増え続けた。これを救ったのが会長のブランチ・リッキーだった。

リッキーはカーディナルスのGMを務めたこともある敏腕家で、ニグロ・チームに注目して、この中からジャッキー・ロビンソンを一九四七年に入団させて成功したことで知られている。入団したジャッキーは新人王を取り、この成功により一九四八年にロイ・キャンパネラ、一九四九年にドン・ニューカムといった黒人選手が続々とドジャースに入団、黄金時代を迎えていた。リッキーが非白人に選手を求めたこと、これは今やドジャースの伝統になり、野茂英雄にもつながっている。

一九五四年ウォルター・オルストン（一九一一〜一九八四）が監督に就任、五五年に初めてワールド・チャンピオンとなり、計二三年の間にワールド・チャンピオン四回、リーグ優勝七回というすばらしい成績を残した。監督のオルストンは、メジャー出場はたった一試合という経験もない監督であったが、若くして指導者として腕を磨き、四二歳の就任一年目に二位、ジャッキー・ロビンソン、デューク・スナイダー、ロイ・キャンパネラ、ギル・ホッジス、ドン・ニューカムなどのメンバーが揃い黄金時代を迎えていた。幸運なことに惣太郎はドジャースの黄金時代に遭遇したのである。

惣太郎は日米野球を進めていくとき、戦前は外務省のお墨付きをもらうことをやっていた。

それは信頼度を高めること、同時に宣伝工作でもあった。これが原田と決定的にアプローチが違うところでもある。特にこのころは、日本は国際連合に加盟工作をしていたころだった。国連加盟より、日米野球交流が遥かに先行していたことになる。読売の野球交流は、国交回復前の日米関係の架け橋になっていた。

惣太郎は六日、加瀬俊一（一九〇三〜二〇〇四）国連代表部特命全権大使（昭和三〇年に赴任）に会見した。彼は戦後日本を代表する名物外交官の一人である。加瀬は「イヤーご機嫌よー」と愛想良く求めに応じた。加瀬は、日本が国連に加盟するためアメリカで折衝の任にあたっていた。

残念ながら加瀬の『回想録』には、国連加盟問題が中心で、野球交流に言及はない。だが国際社会復帰を第一にしていた加瀬はこのドジャース招聘は、国連加盟への環境作りの一環と認識し、この点で両者の思惑は一致していた。惣太郎は加瀬に、ドジャース来日を「日米親善」の視点から応援してもらいたいこと、またオマリー会長に加瀬大使からドジャースの日本行きを支援する旨の書簡を送ってほしいと要請した。

加瀬大使は快諾した。さらに大使主催の午餐会を開いてはどうかとのアドバイスもあった。さっそく関係者を招いて小宴を開くまで発展する。外務省には日米親善のムードを高める、またとないスポーツ交流だった。惣太郎は日本が国際社会に復帰しようとする時代の流れのまさに真只中にいたのである。

九日、惣太郎はワシントンの日本大使館の谷正之駐米大使にも協力を要請した。そして万事順調に根回しが進んでいることを本社に打電した。正力はさっそく加瀬・谷両大使に感謝の電報を打った。橋本本部長にいたっては、すでに来日が決まったかのような喜びようで、早くも米軍の飛行機は使えないかと惣太郎に尋ねてくる始末だった。「未だ日本行きを承知していないのに気の早いことである」と、惣太郎はあきれている。

だが現場では、キャンパネラ、ロビンソン、ニューカムなどドジャースのスター選手の来日も決まっておらず、手放しに喜べる状況ではなかった。当時、スター選手はシーズンオフとなると副業に忙しかった。キャンパネラなどはバーを経営している。

一三日、加瀬大使公邸に大使、フリック、オマリー、惣太郎などが午餐会で参集した。外務省が関わればメジャーの権威はいっそう高まる。とてもなごやかな雰囲気のなか話は進み、食後に桜湯がでて、この気の利いた趣向にフリックやオマリーもすっかりリラックスムードとなり、とくにオマリーも来日に乗り気な口ぶりとなってきた。

だが、オマリーは、選手の説得工作に苦労し、選手を説くのにさらに二週間待って欲しいと言っていた。彼はロビンソン、キャンパネラをどう説得するか悩んでいた。なにしろペナントレース真っ最中で、選手たちもまだそれどころではない。なかなか結果が出ないため、滞在を延長している惣太郎もさすがに疲れが出始めていた。

「いろいろ考え悩むと悲観することばかりでいやになる、結局私の力が足りないということと、日本人の思想とアメリカ人の思想の違いは仕事の上に重大なハンディキャップを覚えていることがわかる。」

今回から惣太郎は単独の根回しで多忙の一言だった。疲労の色が隠せない惣太郎に、加瀬大使の援護があった。大使夫人がオマリー夫人令嬢のために日本から着物を取り寄せてくれたのもうれしい話だった。これを受け取りに行くと、加瀬大使は「何としても成功してもらいたい」と熱意に満ちた発言をしてくれた。

一方、惣太郎は本社に対し、正力あるいは読売からフリックに対し、もう少し協力をしてもらうよう強い調子の電報を送ってもらうことを依頼した。またキャンパネラには特別報酬を出してはどうかと本社に具申した。ルースのような抜きん出た選手がいないため、ベストメンバーを揃えることが重要だった。橋本本部長は「国務省に交渉（助力方）せよ」としきりに言っていた。

二七日、本拠地エベッツ球場には加瀬大使やオマリー会長、息子ピーター（一九三七〜　）、そして惣太郎が試合観戦に参集した。オマリーは、惣太郎にチームの内情を話し、笑顔で「大体の見込みがたった」と述べた。

四月三〇日、惣太郎は「ゴタゴタしてくさっているかも」と不安な気分でタクシーをブルックリンに飛ばした。オマリーは「終始ニコニコして試合に負けたことなど問題にしていなかった」。そして正式に日本行きの話を紹介した。惣太郎は飛び上がらんばかりの喜びだった。

「オマリー会長ぐらいセンス・オブ・ユーモアに富んでいて、奇抜軽妙な褒句を、無造作に飛ばせるアメリカ人に、私は会ったことがない。この武器があるので、私との会議がしばしばいきづまることがあっても、気合の転換が出来て、何とかして妥協点を発見することが成功し、ドジャースの日本訪問が実現したわけである……」

二人の良好な関係が窺える。翌日、本社の橋本に交渉がまとまったと電話した。橋本からは、ヤンキース来日のときの契約問題が出て、そのときは、選手に渡した金が一人三〇〇〇ドル、夫人同伴者には一五〇〇ドルを飛行機賃として出すこと、フリックが言っていた五〇〇ドルという小遣いは出してはいなかったこと、いろいろ不平はあったようだが「我慢してやり通した」こと、結局二〇〇万円の損失だったこと、そういった報告だった。

同日、惣太郎はオマリーから日本行き承諾の非常に丁寧な手紙を受け取った。現在のところ大体二〇名ほどが参加ＯＫで予想以上の進展だった。オマリーはすっかり惣太郎を気に入っていた。

「オマリー氏は、私を信頼してくれ、私が好きだから、選手を説くのにこれほど努力した事はない……」

二人の絆はこうしてでき上がっていくのである。ドジャース遠征に、仲介をしたフリックも快諾、伝え聞いた加瀬大使も大喜びだった。

さて、問題は蚊帳の外にいたオドールだった。五月九日、惣太郎はホテルに戻り、オドールに会い詳細を伝えた。オマリーとの交渉で最後まで出る幕のなかったオドールは、おもしろいはずがなかった。「日記」は辛い状況を伝えている。

「もう読売はメジャー・リーグを呼ばぬ社告を出せ。」

交渉に参加できなかったオドールは不愉快そのものだった。そこで惣太郎は妥協もした。

「私はオドールさんに成るべく都合のよいように考えている。」

来日前のホノルルでのドジャースの練習試合は、オドールが「読売の代理」として開催する希望を入れた。全権委任を受けていた惣太郎の旧友への配慮だった、ただし「この試合は原田さんが関係しないこと」が条件だった。長年、読売のために尽力したオドールをバッサリ切るようなこともできない。

数日後、今度はオドール夫人が電話を掛けてきた。彼女もいろいろ内情を開いていたのだろう。「だいぶとがっていて、いろいろ言い出した。こちらも負けないで言ってやった」というから空気は最悪だった。さらに夫人は「オドールに契約をくれ」と述べ、次いでオドールに電話すると、「読売に九〇〇万円近く貸し」があり、「正力さんに請求する」というのである。さすがにこればかりは「私にはどうしてもわからない」と反論するほかはなかった。かえって不快となってしまった。惣太郎のオマリーへの接近は、結果的にオドールとの仲をさらに疎遠にさせるという皮肉な事態を招いてしまうのである。交流の窓口は完全にオマリーに移った。かつてハンターから日米野球の窓口を奪った読売は、今度はオドールを切り、オマリーとの連携になる。

ドジャースの来日

帰国した惣太郎は一九日、首相官邸に正力を訪問した。正力が北海道開発庁長官を兼任していたこともあり、惣太郎は、北海道の道路網はロスのようにフリーウェイが便利なこと、野球場の建設はガラス張りがよいことなど、四方山話をして後、惣太郎は要点をまとめて報告した。
①アメリカ野球界の情勢が変化していること
②オールスターチームの編成は現在困難なこと
③ベーブ・ルースのような著名な選手が少なくなったこと

④オマリーとの交渉と現状
⑤契約は毎日のヤンキース招待が標準となっていること
⑥紛糾が発生したら「日米親善」「スポーツマン精神」を基本として解決する

以上のことを伝え、確定していない数名についてはオマリーが「最善努力中」と言明した。これを受けて橋本は準備のため読売内に委員会を設置することを決めた。さらに惣太郎は毎日出版局に行きヤンキースと毎日の契約書を見たい旨を申し出た。ライバル社だけにさすがに拒否された。むしろオマリーからの連絡で、ヤンキース側から訪日時の契約書が手に入った。オマリーの手際の良さである。

一方、六月二五日惣太郎が橋本本部長に会うと、また驚くことがあった。ドジャースのハワイ、マニラ、沖縄、グアムの興行試合をなんと原田に頼んだというのである。あれほど渡米する前に、原田の関与はないと確認したのにもかかわらず、「開いた口がふさがらぬ」と惣太郎はあきれていた。恐らく、惣太郎がオドールに委任した仕事に原田が飛びついたのだろう。

七月二五日、オマリーから再渡米を促す書簡が到着した。惣太郎は「この人は実に注意のよく行き届いた人」と感心している。二七日、読売では、高橋社長、務台、品川、橋本らが集まり対米交渉とドジャースとの交渉は引き続き惣太郎に一任、なるべく速やかに再渡米することを決定した。

ところで日本の国際社会復帰で、海外渡航者が増加し、国内には海外旅行の代理店が急増していた。多くの人間が移動する日米野球は格好の商売であり、読売の周辺にビジネスチャンスを求めて関係業者が集まることになる。

三一日、日米野球の旅行代理店契約などを結ぶためジャパン・アメリカン・エンタープライズ（ＪＡＥ）の望月嘉人社長、業務提携した東急航空の代理人となった原田らも出席して開かれた。なかでも問題になったのは日本以外で開催される興行試合だった。望月は強気で、海外での九試合を全部任せてもらえれば「鈴木惣太郎がアメリカへ行ってドジャースと交渉する要などない」と言い放った。会議は紛糾した。

静観していた惣太郎は、オドールには配慮しつつ、全試合を通じて「読売に主催権があり、私がチームと同行してその権利を行使する」と読売の権利を強く主張、出席者の理解をようやく得た。新しいビジネスチャンスに様々な会社が関心を示していたことが、混乱を招く一因でもあった。

橋本本部長から、三日の重役会議で望月案も原田案も結局不採用になったという報告があった。惣太郎は首相官邸に何度も足を運んで正力と協議した。結局正力の采配がすべてである。紆余曲折の後に、八月八日正力は橋本を立会いにして惣太郎に最終的な指示を与え、さらに翌九日にも呼び出し「成るべく約束の出来るようにして帰れ」とダメを押された。

一〇日、オマリーの招きに応じて惣太郎は再び飛行機に搭乗、ニューヨークに向かった。二〇日にオマリーとの再会を祝し、二三日にはニューカムらの訪日の確約を得た。オマリーは日本行きメンバーが確定したと話した。翌二四日正午、惣太郎はオマリーとパターソン副会長、ウォルシュ弁護士と会談、契約について協議した。彼らは「実によく説明してくれて、深い考慮の払われていることがわかった」という。それからオマリーたちとともに、五番街のテイファニーにショッピングに出かけた。惣太郎には忘れられない日になった。

このドジャース訪日正式決定の報を聞いた加瀬大使は、大変な喜びようだった。惣太郎はあらためて大使の尽力に感謝の意を伝えた。九月一〇日、ドジャース訪日が全米で公表された。このシーズン、ナショナル・リーグでドジャースはブレーブスと激しい優勝争いをしていた。観戦していた惣太郎は前年のような勢いがないドジャースに心配していた。ワールド・チャンピオンになったドジャースを訪日させたいのは当然である。ともかく最後はなんとか逃げきってリーグ優勝した。

ワールド・シリーズは直後の一〇月三日に開始、一一日には日本に出発という強行軍だった。ところがヤンキースとのワールド・シリーズはもつれて七試合目に突入した。惣太郎は気が気ではなかった。ドジャースが七日、八日と連敗、九日はドジャースが勝ち、最終決戦の一〇日にドジャースのドン・ニューカム（一九二六～　、サイヤング賞一回、最高勝率一回、六二年中日で一年プレー、打率二六二）が登板した。だが打ち込まれてすぐ降板、試合は9対0でドジャースは惨敗してワールド・チャンピオンを逃した。

エベッツ球場の特設ゴンドラで観戦していたドジャース首脳はチームの大敗にうな垂れていた。そこへニューカムがやってきた。打ち込まれたショックから日本に行かないと小切手をオマリーに返したのである。訪日するという高揚した気分も消え失せてしまった。こんな状態での翌日の旅立ちであった。惣太郎も慰めの言葉も見つからない。

それでも翌一一日は出発だった。当日飛行場は報道関係者でごった返した。傷心のニューカムがなかなか現れず大騒ぎになった。警察官が必死に探し出し、空港の隅でたたずんでいた彼を無事見つけ出し説得して機上の人となった。

ともかく大混乱と敗戦の疲労をためこんだままチームは出発、ハワイに到着、一三日さっそくハワイのオールスターチームと試合をおこなった。観戦した惣太郎は「相手が弱い……恐らくマイナーリーグのDクラスだろう」と見ていた。ハワイ興行を終えたドジャースは日本に向かった。惣太郎は不安だった。この年のドジャースは好不調の激しいチームで、ハワイでの乱戦を見て惣太郎は心身とも平素のドジャースではないと見てとっていた。

一〇月一八日に来日したドジャースは計一九試合をおこなった。驚くばかりの試合数だ。惣太郎の不安は早くも第一戦の対巨人戦で的中してしまった。ドジャースの先発はドライスデール、巨人は堀内(庄)。初回巨人は宮本の2ランでリード、三回は川上のホームラン、四回さすがにジャッキー・ロビンソンやホッジスのホームランで四点を取って逆転したが、八回巨人は坂崎と川上にホームランが出て再逆転、なんとドジャースは5対4で惜敗、三振も一六個も奪われるという体たらくで開幕第一戦を落としてしまった。

第二戦は勝ったが、第三戦、体調万全にして対全日本戦にニューカムが登板した。ところが全日本は初回与那嶺が四球、豊田ホームランで2点、中西ヒット、川上ヒット、山内のヒットでなんと一人もアウトを取れずにノックアウト。ニューカムはマウンドを降りてしまった。シリーズ敗北から立ち直れない傷心のニューカムは全くの期待はずれに終わった。以後彼は一度も登板しなかった。ちなみに、ニューカムは一九六二年中日に入団している。惣太郎も面子丸つぶれである。明らかにワールド・シリーズの後遺症を引きずっていた。かくしてドジャースは第三戦も落とした。

さすがに翌日、危惧したオマリー会長はオルストン監督以下チーム幹部を緊急集合して気合を入れた。功が奏してか以後、一分けをはさんで八連勝した。

ところで、惣太郎は、休養日の二九日に、オマリー会長夫妻やドジャース幹部を日光東照宮に連れていった。オマリーは大喜びで、千手観音像の手を見て「こうした遊撃手がほしい」とユーモアを飛ばしていた。京都遠征では、一一月五日一行は、山の紅葉、黄金色の稲穂、山林風景に京都の嵐山近辺を散策した。オマリー夫妻は初めて見る日本に感激し、感動のツアーとなった。七日には名古屋でオープンカーの行進がおこなわれた。

さて、ドジャースは、ニューカムの不振が痛かったが、グレイグが五勝と踏ん張り、スナイダーがホームラン六本、ロビンソンが二本、合計ホームランは四〇本を放ち、メジャーの底力を見せた。敗戦の試合内容は確かに悪いが、一四勝四敗一分けでメジャー・リーグの面目を保って全日程を終了した。

オルストン監督はパーティー席上で「波の激しいチーム」だったことを自戒したが、それは確かだった。他方で体格や肩ではおとるものの、日本人選手が打てるようになってきたという期待感をもたらした交流戦だった。几帳面で責任感の強い惣太郎は全行程帯同した。終了後、正力に報告に赴いた惣太郎はかなり緊張していた。

「よかった。大成功だった。」

惣太郎には、正力が指揮している以上、失敗は許されないという緊張との戦いだったが無事終了して、この半年の労がむくわれた一言だった。正力の信頼を確固たるものにするには十分な成果だった。それよりもオマリーというオーナーを知ったことが最大の成果だった。

このドジャース来日と直接関与をもたなかったはずの原田は次のように記している。

「このドジャースの仕事を最後に、原田は読売新聞社と巨人の縁を切った。国際的な問題に関して全面的に原田にまかせ切っていた安田社長が、故人になったということも、その大きな理由だった。」(『太平洋の架け橋』)

「縁を切った」ことは以上の経緯でわかるだろう。ドジャースが帰国してほどなくの一二月七日、ニュースが流れた。原田が闇ドル所持で摘発され家宅捜索を受けたのである。オマリーの原田を信頼していないとの発言は当たっていた。惣太郎も不快感を隠さなかった。

「誠に気の毒なことだが、あまりに日本の政府を馬鹿にしすぎ、日本人を甘く見ていたからこうした事になったのである。」

巨人強化のために野球交流をめざす惣太郎と、退役して旅行代理店を通じて商売として野球交流に従事した原田の視野は自ずと別な道を歩む宿命にあったのかもしれない。

ベロビーチ・キャンプ初参加の四人

ドジャースと惣太郎の交流は、巨人の野球を変えるものになる。一九五六(昭和三一)年のペナントレースは水原率いる巨人が優勝した。だが日本シリーズでは三原西鉄に惨敗した。

帰国したオマリーは、早速別所、藤尾をアメリカでのキャンプに参加させ、彼らと契約したいとまで申し出た。このため球団のウォルシュ弁護士を正力のところへ送るとまで報告があった。あまりの急展開で惣太郎は電話でウォルシュの派遣は中止してもらった。オマリーも日本進出をいよいよ具体化しようとしていたことがわかる。

翌一九五七（昭和三二）年一月七日、オマリーの連絡を受け惣太郎は正力に面会、巨人選手の派遣について説明すると、「この話は実現がむずかしいぞ」と正力は答えた。巨人の有力な選手がドジャースに引き抜かれるかもしれない。日米球界の合意もない。それが現実味を帯びてきたのである。正力は心配した。

しかし、キャンプ参加のみなら妥協もできる。渡辺文太郎代表、水原監督、品川重役との協議する中、正力は英断した。ついに八日、惣太郎、水原監督、堀内、藤尾の四人をベロビーチのキャンプに送ること、交通費は巨人の負担ということが決まった。

一月二八日、オマリーからキャンプについての書簡が着いた。だがそれだけではなく、巨人との関係強化の具体策も含まれていた。惣太郎は翌二九日、水原監督、引き続き渡辺代表に会って、海外キャンプについて「大局より判断してくれ」と依頼した。水原は、戦前の海外遠征の経験もあり、惣太郎の良き理解者だった。彼は、本格的な海外キャンプについて、「巨人軍が先鞭をつけなければ、他のクラブが手をつける」と力説した。惣太郎や水原は日本野球発展のため、このキャンプ参加を強く望んだのである。以上をみれば、選手獲得やキャンプ問題などオマリー側の積極的なアプローチがわかる。日米野球は興行ペースを乗り越え、いよいよ本格的な技術交流に発展しようとしていた。そこには、ドジャースの並々ならない日本野球への強い関心があったといえる。

二月一五日、正力は惣太郎と会見した。オマリーからの書簡は、①「別所だけがメジャー・リーグ選手として通用する」という意見、②日本でファームを持ちたい、③日本の球場に投資することはどうか、というものだった。日本進出を視野に入れた行動は明らかだった。

正力はキャンプ以外のオマリーの意向に消極的だった。だが水原が言うように、いずれ他の球団が交流を推進するはずだ。今回は、オマリー率いる名門ドジャースからの誘いで、正力も巨人の強化という点で決断した。正力の識見、将来を見通す卓越した能力、大局観はやはり並みの興行師ではない。

他方で、正力の周辺からこれを機に日米決戦の声も挙がった。日米間の太平洋シリーズ構想だった。だがこれは、メジャー・リーグの参加はない。３Ａクラスとの決戦だ。大の巨人ファンだった鈴木龍二会長が乗り気だった。これはマイナー・リーグのトラウトマン総会長のイニシアチブがあった。オマリーはこれに否定的だった。この対戦は、マイナーが中心の野球決戦では「経済的に実現不可能」だし、コミッショナーが認めるはずがないと断言した。日本野球をまだ低く見ていたからだが、これには惣太郎も反対だった。

二月二六日、惣太郎、水原監督、堀内庄投手、藤尾茂捕手の四人がベロビーチに向かった。巨人のベロビーチ・キャンプの始まりである。このわずか四人のキャンプ参加が巨人の野球改革の先鞭となった。ドジャース側は歓迎し、コーチ陣が熱心な指導をおこなった。当時のキャンプについては、幸いなことに一本のキャンプ中の記録が鈴木家に保管されている。貴重な映像である。これを見ると、水原はともかく堀内や藤尾は英語がわからない。そこで惣太郎は通訳も兼てグラウンドで選手にコーチたちの技術指導を伝えたりしていることがわかる。

堀内にはベッカー・コーチがチェンジアップを教えたりしている。だがここからが問題だった。ストライドが広すぎると通訳してアドバイスしても、堀内は「強情はって直そうとしない」という場面もあった。あるいは紅白戦で捕手となった藤尾が、カーブをパスボールしたり、アウトと覚しき本塁返球をなんと落球したりと、惨々の出来で「やめさせて下さい」と申し出ることもあった。キャンパニスからも、「藤尾のステップスライドが大きすぎる」との指摘があり、本人は「徐々に直す」と言い張るなど、合同キャンプはまさに技術アップを巡る異文化交流が始まっていた。

さらに併殺のさいの二遊間の守り方、ランナー一・三塁のときの重盗の防ぎ方など日本球界の今に繋がる技術が伝わっていた。水原監督は熱心にメモを取り、見守り続けた。彼の学んだメジャー野球は着実に日本に導入されることになる。

キャンプさなかの三月一二日、かつてのア・リーグのホームラン王ジミー・フォックス（一九〇六～一九六七）から電話があり、惣太郎に会いにやってきた。ルースとともに来日しその時五番を打った伝説の殿堂入り選手である。オルストン監督をはじめ選手たちは大歓迎した。彼らは、あの伝説のフォックスが惣太郎と親しく会話している光景を見てさらに驚いた。ドジャースの選手たちにしてみれば羨望の的だった。戦前にメジャー球場に通いつめ、日米野球に携わり、アメリカの球界に知己を広げた彼の面目躍如である。

一方、正力はオマリーが日本市場を狙っていることには警戒していた。さすがにオマリーもビジネスマンで、あからさまな要請は控えるようになった。そこで、オマリーは日本に投資する考えはないこと、また投資しても日本から利益を持ち出せないと前言を翻した。だが、日本人選手の獲得については非常に熱心で、「日本選手をドジャースの組織に入れたい」と惣太郎に今後の協力を要請した。簡単なことではなかった。これから野茂英雄がドジャースに入団するまで三〇年近く後になる。

ところで、このころ大映の永田雅一が東京に球場を建設する計画を進めていた。永田側から連盟を通じてオマリーに協力要請があった。だがオマリーは、原田や彼と親しかった永田については、冷ややかだった。すなわち「私の友達ではない、永田さんがどんなに金持ちであっても一緒に仕事をする人ではないと決めている」と断言していた。日本との交流も増えるなかで、オマリーも球界のいろんな情報をもっており、人材を色分けしていたようだ。

その上、「マイク・ヤスタケというスインドラー（ドルの闇売買をする意）や原田のグループのものが仲間入りしているのでよくない」とまさに一刀両断だった。オマリーは日米間で動いている原田や彼の周辺を明らかに警戒していたのである。

このとき、実は、原田はドジャースのロサンゼルス移転に伴う新野球場建設の青写真までもオマリーに持ち込んでいた。売り込みだろう。だがオマリーは全く関心がなく、惣太郎に「その青写真を持って行け」と述べた。かくして原田はドジャースには接近できなかった。

キャンプ中、オマリーは惣太郎を歓待した。公務以外、連日二人は連れ立って食事や練習試合の観戦に出かけた。新鋭機のドジャース号の処女飛行でマイアミまで惣太郎を案内するほどのサービス振りだった。ドジャースと巨人の蜜月時代は惣太郎の仲介が大きな役割を果たしていたのである。

「オマリー氏は対日本の仕事については、何事も私に第一に相談する旨を再び強く確認された。これは、私が求めたのではなく、オマリー氏自身が言い出したことである。」

オマリーは友人として、ビジネスパートナーとして惣太郎と交流を深めた。他方、正力が描いていた日米決戦には、オマリーは消極的で「実現は不可能」と発言した。日米の実力差は誰の目から見てもまだ明らかだったからだ。この夢は、またまた遠のいた。

さて、惣太郎はドジャースのスタッフ会議まで出席を許可され、メジャー流の野球を学んでいた。今の日本では考えられない待遇である。マイアミに行くと、来日したこともあるヤンキースのヨギ・ベラ、ビリー・マーチンなど知友もたくさんやってきた。マーチンなどは、「次にオールスターを連れて行くときは俺がマネージャーになる」と言っていた。惣太郎は渡米するたびに交流で人的財産を作り上げることになる。

四月三日、惣太郎は、ブルックリンのドジャース事務所に赴いた。サプライズが待っていた。二人が初めて会ってから一年が経過したと言って、オマリーは記念にドジャースの指輪を惣太郎にプレゼントしたのである。心憎いばかりのオマリーの演出だった。

時には読売で孤立感を味わっていた惣太郎としては彼の気持ちがとてもうれしかった。メジャー屈指の名門球団オーナーの誠意ある配慮に、惣太郎はオーナーや球団のあり方も学んでいくのである。すでにビジネス・パートナーを超えた絆で二人には信頼関係が構築されていた。この状況を読売首脳がどこまで理解していたのか、知る由もない。

おりからの野球ブームに乗って、日本テレビが初めてスポーツ番組を始めた。それが一九五七（昭和三二）年三月一七日から始まった毎日曜朝の放映の「ミユキ野球教室」（平成二年まで放送）だ。まさに巨人がドジャース野球を学び始めたころである。司会はスポーツアナの草分けというべき越智正典（一九二八〜　）アナウンサー、解説は巨人ＯＢの中澤不二雄である。越智はＮＨＫを退職後日本テレビに入社、名物司会者になった。同番組は打撃や投球、守備の技術だけではなく、キャンプなど巨人の動向を詳しく紹介していた。この放送で巨人人気はさらに拡大し、子供たちはＹＧマークの帽子を被り、長嶋、王の登場で人気に拍車がかかった。

読売が仕掛けたプロレス、ボクシング、プロ野球などテレビのスポーツ中継の成功はその意味では読売の勝利であった。だがこの全国的な人気が一極集中を生み、他球団が巨人頼みを強くして、フランチャイズがまた不透明になる。

広がる評論家活動

四月三一日惣太郎は帰国した。直ちにアメリカでの状況を重役たちに報告した。オマリーとの交流の始まりは、読売内での惣太郎の存在感を高めていた。だが、それもオマリーあってのことで、読売サイドは惣太郎の対ドジャースの役割を、フレンドシップというよりビジネスパートナーという視点で重用していたことは間違いない。そのため、読売内でゴタゴタがあると、惣太郎は思わずオマリーに内幕を報告してしまうのである。

ところで、巨人を倒して念願の日本一になった三原脩は、西鉄監督として戦力強化に苦労していた。三原は海外キャンプも含めて、何度も惣太郎に強化策を相談したが、西鉄球団との協議は進まず、一九五九（昭和三四）年秋に監督を辞任した。そこで、三原を助けるために考えたことの一つが、以前に鈴木龍二会長から相談を受けていた大洋ホエールズ強化策だった。惣太郎は秘かに三原の大洋入りを考え始めていた。

大洋は一九五六（昭和三二）年に土井淳、秋山登という明治大バッテリーを獲得、戦力は強化された。惣太郎は龍二や正力に対し三原の大洋入りを勧めて、大洋の球団代表森茂雄にも接触したりして推挙、三原は一九五九（昭和三四）年一一月二一日、大洋の監督に就任した。

　話を戻そう。ところでこの間に巨人では大変な事態がおきていた。七月二九日、品川代表に会った惣太郎は驚いた。水原退陣を品川が言うのである。この一九五七（昭和三二）年、水原巨人は低迷した。水原巨人のベロビーチ・キャンプ体験はすぐには成果に現れず、巨人は前年以上の苦戦だったのである。結果を求める品川代表は「巨人軍の連敗は（キャンプの帰りに）ニューヨークを廻ってきたからだ」、「三日でも四日でも（アメリカから）早く帰っていれば」とクレームがあった。惣太郎は、品川について「この人の野球のことについては、とてもお話にならない」と野球に対する無知ぶりに呆れるばかりだったが、なかなか連勝しない巨人に、品川は海外キャンプの失敗と騒ぎ出し水原の責任問題に発展した。

　結局、阪神とわずか一勝の差でセ・リーグ優勝、しかし前年に続いて西鉄との日本シリーズではひとつの引き分けをはさんで四連敗という惨敗を喫した。これが品川の逆鱗に触れた。品川は正力と同じく警視庁出身、一九五五（昭和三〇）年に巨人の球団社長に就任、頑固ながらなかなか口達者で知られた人物だった。正力とは旧制四高の柔道部で主将正力、副将品川という旧友でもあった。

「改心をすすめてもう一度やらせたらどうか」と慰撫する惣太郎に対し、品川は「水原は反省するような男ではないから駄目だ」と頑としてきかなかった。惣太郎は、水原を自身の後継者と考えていただけに、彼の退任話はショックだった。ましてや巨人の黄金時代を作った水原はメジャー・リーグにも顔がきいている。巨人の財産を、一、二年の失敗で失うことは大きな誤りとの考えだった。納得がいかない惣太郎は、「三原と水原が当代監督の双璧である」と品川に詰めよった。

だが巨人ではすぐの結果が求められる。惣太郎は弁明するが、品川は「優勝したのは選手の出来がよかったから」であり、水原自身がよかったからではないと強弁、的外れな厳しい監督評が彼の口から飛び出した。

さらに、品川は惣太郎に、「正力さんから下問のあった時は、水原反対を述べてくれ」と言うので、さすがに惣太郎は、「品川さんの言う通りでなく自説を述べる」と反論した。惣太郎は、こうしたゴタゴタに「最もいけないことは巨人軍の問題に本当の責任者がいないこと」と感じてしまう。この品川との論戦が後に惣太郎を窮地に追い詰める。結局正力は「君はやめる必要はない」と鶴の一声で水原を慰留した。

球団内のドタバタも納まり年も暮れた一二月一六日、読売のライバルである毎日系スポーツニッポン新聞社の宮本義男がやって来た。『スポーツ・ニッポン』に記事を書いてほしいとの依頼だった。宮本は「あなたのことは本田社長(毎日)にも話してある、失礼ながら読売と巨人軍でもらっているくらいのことは原稿料とは別に私のところで考慮します」と話を続けた。

「なにしろ一年余も前からアナタを狙っていたのですから手放しませんよ。」

宮本の熱意に口説かれて『スポーツニッポン』に記事を書くようになった。当初は球界のこぼれ話や球団の体質、あるべき姿、必要以上に介入する新会社、キャンプのあり方、トレードの意義、今日ではあたり前のプロのあり方について建策、苦言を呈し、時には巨人関係者には耳の痛い話も寄稿した。宮本の狙いはここにあったかもしれない。しかし、この寄稿がまた読売の上層部の一部の反発にあうことになる。

翌一九五八（昭和三三）年二月一五日、惣太郎は品川代表にも会い評論活動について一応の釈明をした。かつて安田からも了解を得ていたとして、巨人に身を置きながら野球評論家として外からプロ野球を見ていきたいとする惣太郎の思いでもあった。

品川代表は、『スポーツニッポン』に書くのは困るが、せめて「毎月一回ぐらいにして欲しい」と述べ、惣太郎は「次第にそうすることに努力する」ということで別れた。惣太郎は、巨人復帰以来、一部に「私に対する態度の冷やかなること」、「プロ野球の発頭人でしかも終始一貫巨人軍と読売のためにつくしてきてあまり報われぬ事」も述べた。またまた品川とのトラブルが増えた。

惣太郎は、日米野球交流では陽のあたる道を歩き始めたものの、巨人のチーム育成や強化では積極的な関与はなかった。ましてや読売の生え抜きではない。正力の背景があるからこそ読売での存在感はあった。そこに惣太郎の苦渋がある。あまり我を通すと読売首脳と衝突してしまう。このことを惣太郎は龍二会長に言うと、「くれぐれも正力さんとの関係を悪くしないように」、「読売の惣さんなのだから他に書くことを整理したらどうか」とアドバイスがあった。「私は偉そうなことをいったり、大きくふるまったりしてもやはり小心者なのであろう。或いは自分のやっている事に自信というものがないのか？」

いざ球界のあり方を書くと読売批判の部分がでてしまう。だが読売にも読者にも背は向けられない。矛盾であり、葛藤である。本来ならフリーランスになるべきだろうが、愛する巨人と別れることは惣太郎にはできなかった。

さて巨人では引き続き水原が指揮をとった。長嶋茂雄が入団して臨んだ一九五八（昭和三三）年はセ・リーグでは優勝したが、日本選手権では三連勝のあと四連敗を喫し、三年連続で三原西鉄の軍門に下った。

水原と惣太郎は面談した。すると日本シリーズ前に、品川が「今度のシリーズには川上を使うな」と水原に申し入れていた。品川は強硬だった。また正力は水原に「俺は思い切った改革を考えているから任せろ」と述べながら、逆に「どうすれば巨人は強くなる」と聞いた。メジャー・リーグのＧＭを想像していた水原は「監督中心の行政を必要とする」と述べ、また「川上のことを善処してもらうように頼んで留任を承知」したという。結局水原は留任、川上は引退してヘッドコーチに就任する。

水原は巨人創設以来の惣太郎の盟友、川上は惣太郎がスカウトした逸材である。この二人をけっして冷遇してはいけないとする惣太郎の思いは強かった。品川代表が突然辞任を発表したのは、それからまもない一二月三日だった。後任は副社長高橋雄豺だった。

第11章
❖変転する読売の惣太郎とオマリーとの絆

青天の霹靂―取締役退任

品川の退陣後球団代表に就任した高橋雄豺も、野球には全くの門外漢で巨人事情にはうとかった。一九五八（昭和三三）年一二月二四日、さっそく惣太郎を呼んだ。

「君は品川さんと水原・川上などの争いの局外におかれた人とみるので、公平な意見がきけると思う。率直に話してくれ。」

こう言って高橋は、①品川派の誰が悪いのか、②水原監督のどこに欠点があるのか、③川上コーチは将来監督になり得る質があるか、と聞いた。惣太郎は率直に語った。ところが一二月二九日、惣太郎は驚くべき報に接した。読売興業取締役退任となったのである。惣太郎には突然の通知、まさに晴天の霹靂だった。

「たとえ品川・水原両氏と一緒であっても読売興業会社の取締役をやめさせられた事は痛恨の至りである。若いとき巨人軍を去るのを何とも思わなかった私も、年をとった故か今日は、昨夕から随分苦しい思いをさせられた。

高橋代表の話では、私の功に報いるため何かの形で巨人の仕事に参加してもらうという事であるが、私は受けない方がよいと思う。佐々木君が是非たびたび来て巨人と縁を切らないでくれという。高橋代表が来て私に会いたい……電話をかけようとしていたというので数分間代表室で会見。私が取締役を退くことにきまっていたのを二九日まで全く知らなかったという。私が取締役を退くことになったのは、正力さんと務台さんの間で重役数を減じようとする話合いによるものである。……」

誰にも第一線を退くときは来るが、それが突然だった。読売ではそれはありえた。惣太郎こそ、正力以外では巨人発展の第一人者である。正力と衝突したわけでもない。それが唐突の退任では惣太郎ならずとも不愉快になるのは当然である。心配した龍二から連絡があった。そこでわかったのは、取締役退任の発端はなんと品川の動きだった。

「龍二君は、(惣太郎が)巨人の役員をやめさせられたのは品川さんの主張であることを初めて知ったのであるが、それを確認した正力さんがおかしいと言っていた。私(惣太郎)はおかしいどころではない、それを承認した正力さんがおかしいと述べたら同感であると言っていた。」

水原をかばい、他紙に寄稿したりする理想家惣太郎を煙たく思っていた品川は、自身の退任の道づれに惣太郎を巻き込んだような退陣劇だった。重役数の削減もあったが、品川退陣のとばっちりを受けたようなものだった。なぜ正力はこの人事を追認したのか。もう今までの功に報いたと理解していたのだろうか。恐らく正力は、旧制第四高校、東大で同期の品川に遠慮したのだろう。

高橋も惣太郎の退任に驚き、三〇日佐々木取締役と協議して、「何とか巨人軍に関係を残しておいてもらいたい」と仲介すると話した。さらに「気持ちも悪いだろうが我慢してやってくれ」という速達が佐々木から届いた。運動部を経験した佐々木ならではの擁護だった。日頃あまり接触のない佐々木だが、「この人がこんな手紙をくれるとは思わなかった」と感謝して、長文の返事を出した。こうして人生最悪の年末を迎え憔悴しきって年を越した。

一九五九（昭和三四）年一月一日、恒例になっている鈴木龍二宅へ年始に出かけた。さすがに彼も「あの人事は意外だった」との弁。結局この話に終始し、「近年にない不愉快の元旦」となった。それも翌日は、これまた恒例になっている逗子の正力邸年始回りで惣太郎の気は重い。

「正力さんのところへ行くのがイヤでイヤでたまらない。あるいは皆とは時間をはぐらかしとも考えたが、今年を最後として年賀に行くという気で我慢して行くことにした。」

惣太郎は沈鬱な気分で出かけた。正力邸には川上、広岡……多くの選手も参集していた。逗子行きは今年限りだという思いもあった。年始の挨拶の中でもれ聞こえる笑い声がつらい時間だった。こうなれば評論家惣太郎で生きていくほかはない。彼は「一心不乱」に川上獲得のころの原稿などを書きはじめた。

一方、事態の深刻さを気づいた読売首脳はなんとか惣太郎との縁を繋ごうとしていた。二八日、正力の腹心、橋本道淳から電話があった。

「一二月二九日前の気持ちになってもらって私のいうことを聞いてもらいたい……来年読売がアメリカから大リーグを呼ぶことを一切やってもらいたい、……これはみんなの希望である。」

次回の日米野球交渉を全権委任する話で惣太郎の気分を持ち直そうとの話だった。橋本は事態打開に必死だった。惣太郎は前回のドジャースの来日が「生涯最後のお使い」をしたはずだった。ところが、今回「万事任せると言ったのに、私に少しも打ち合わせがないのはどういうわけか?」と問い詰めた。橋本は「正力さんに会ってくれ」と念押しした。惣太郎は「何の用か」と問いただすと、またもや「明年の日米野球の用意のため」と返答した。

こういう不愉快のときに用事を入れてきて「自己勝手だが呼び出してくる」として、こうなったら先方の言うことを聞き置くことにして「返答を保留する」という作戦を立てて出かけた。

翌二九日、騒動が始まって一ヶ月、惣太郎は正力に会見した。惣太郎は、「一切聞き置く程度に何も言わぬこと」にして、もし発言することになっても取締役退任の理由を質したいとの気持ちで溢れていた。惣太郎がその状況を記した正力との「会見記録」は、よほど憤慨していたためか、わざわざ赤インクで書いている。残念ながらこれが裏目になった。時間もたって文字が薄れてしまい判読不可能なのである。乱れた字、感情が溢れた記述は何を語っているのだろうか。

さて、翌三〇日巨人事務所から惣太郎にいつも通り俸給が出されたが、惣太郎は「いらない」と返事、それでは困ると事務所側の対応だったが、「重ねて受けとれない」と断った。「困ったらみんなで使いなさい」とも付け加えた。いささかヒステリックであるが、しかし怒りも当然だった。長い彼の人生で、初めて正力に叛乱を起こしたのである。

このようなとき、惣太郎の身に降りかかった不幸を知らないオマリーから手紙が到着した。実に重要な内容だった。オマリーは、本拠地をブルックリンからロサンゼルスに移動すると連絡してきたのだ。ニューヨーク市民を大混乱させた移転騒動だ。それだけではなかった。次にドジャースは日本の野球体育博物館にユニフォームなどを寄贈すること、日本選手をチームに迎えたいこと、日本のオール・スターを招きたいこと、近鉄がしきりにアメリカ人選手をほしがっていることを伝えてきた。

友人オマリーの要請に、惣太郎は高橋代表に会って、ドジャースの巨人軍招待について、「アメリカへの招待は、安全なれば受けた方がよい」と進言した。惣太郎が今できることは、非公式ながらオマリーの要請を読売に取次ぐことだった。惣太郎に残された役割はもうこれしかなかった。

四月一〇日は明仁皇太子の結婚式だった。国中が祝賀ムードのなか、惣太郎は自身の境遇に不快さを感じながら、悲痛な日々を送っていたのである。

幻の天覧試合解説

五月二〇日、再び橋本から電話があり、正力は惣太郎を呼び出した。

「今度、天皇陛下が試合を御覧になるが、今迄の君の功労に対して、君を説明役に決めた。」

伝統の巨人―阪神戦、それを昭和天皇が観戦するという後世に有名な天覧試合である。そして、天皇が席を立つ直前、入団二年目の長嶋が村山実から劇的なサヨナラ・ホームランを打った伝説の試合でもあった。企画、交渉の中心は巨人の代表を務めたこともある野口務だった。彼は四高時代の人脈をフルに使い、相撲好きの昭和天皇の「ナイターが見たい」との発言を正力の晴れ舞台に変えた張本人である。

同時に正力が取締役を退任させてしまった惣太郎への配慮でもあった。だが予定試合は雨が降り、試合はたびたび順延した。ところが六月二二日、龍二会長から正力の衝撃的な断りの伝言があった。なんと、「後楽園球場の陛下御座席は狭いので、私の入る余地はないので説明のこと、今回はやめてほしい」というのである。一度ならず二度目の仕打ちだった。またも晴天の霹靂だった。またまた「実に不愉快」なことであった。

こうした突然のキャンセルや退任劇は、古くから巨人を支えてきた老紳士へのマナーとはいえない。ましてや使命感の強い惣太郎であればこその配慮が必要だった。

裏事情はあった。名誉ある天覧試合はセ・リーグ主催のため、正力や鈴木龍二会長は球界に配慮して、せめて説明役はパ・リーグ側に依頼するという別の思惑が優先したのである。こうした説明が事前に惣太郎にはなかった。一世一代の名誉をいとも簡単に奪ってしまうやり方は惣太郎にはとんだ茶番である。取締役退任の落胆の傷が癒えない中、天覧試合の解説役を降ろされ、惣太郎の孤独感は深まっていった。

「私は読売の用でアメリカへ行く気がなくなっている。」

惣太郎はアメリカからチームを招くことで近く正力と衝突するだろうと感じ始めていた。二五日天覧試合は挙行された。壮絶な試合を惣太郎は自宅でテレビ観戦した。消沈していた惣太郎は一〇月一二日の巨人激励会を欠席、龍二会長には「正力さんに対する不平」を再び伝えていた。

正力は一一月四日、明年ジャイアンツかホワイトソックスを来日させたいと記者会見をおこなった。当然、惣太郎には事前の連絡もない。「不愉快このうえなし」と記すのも無理からぬことだった。このころ惣太郎は眠れない日々をすごしていた。夢にまで正力が出てくるのである。

ここで読売と縁を切ってしまうかもしれないという葛藤だ。「かねて覚悟した事であるが一生涯の痛恨事」と思っているので彼も引くに引けない。だが一抹の望みをかけて高橋代表に会見した。

「本来、正力さんに申し上ぐべきであるが、正面激突の恐れがあるので副社長に申し上げる。」

明年のメジャー・リーグ・チーム来日問題について過去の経験から問題点を指摘した。だが高橋代表の話からメジャー・チーム来日はなんと原田の売り込みだったことがわかった。ニューヨークを本拠地にしていたジャイアンツはサンフランシスコに移転し、S・ジャイアンツとなった。同チームの極東スカウト担当となった原田がオドールと組んで日米野球を画策していたのである。

今日でこそ、ドジャースやレンジャースなど各球団は日本に担当スカウトを配置するようになったが、原田はその先覚者というべきだろう。原田の登場に、「不快この上ない」と惣太郎の怒りが増した。惣太郎が取締役を退任した後、原田はS・ジャイアンツ側から読売に接近していた。

さて、惣太郎は橋本に、「私はあなたに会うと存分に言わねばならぬことがあるし、厄介な話になるので自宅では会えない」と断り、「それより正力さんに強く言いたいことがある」と述べた。再三の連絡に根負けした惣太郎は、一一月一〇日橋本に会見した。橋本は、「気持ちを大きくしてやってくれ」とのこと。だが惣太郎は、日米野球は「オドール・原田の線とは一緒にやれない」と言明した。橋本も今回の惣太郎の憤懣は「決して解けないこと」を理解して別れた。唯一の救いはドジャースが二度目のワールド・チャンピオンになったことであろう。

一二月二一日、ようやく正力と惣太郎は会見することになった。惣太郎は「今更なにをいわれても覆水盆に帰らず。私は憤懣の点を述べてキレイに別れるつもりである」と意を決して正力に面会した。正力が言った。

「今度、オドールが来てサンフランシスコ・ジャイアンツを明年アメリカから日本へ呼ぶことになった。それについてオドールを昨日昼食に招き、君も呼ぼうとしたのだが原田君と仲悪いというので呼ばなかった。」

一九五〇年代以降、テレビの普及、航空機の発達で便利となり、メジャー野球はアメリカの東部や中部から全米に広がり、さらに黒人選手を入団させて急速な拡大を見せていた。ジャイアンツの遠征も東アジアのマーケット開拓につながるものだった。原田はここに着目していた。

正力は、原田が極東スカウトであり、巨人を離れてパ・リーグ側と親交を深めていたことも知っている。日米野球なら読売も話に参加したいし、原田には追放解除で世話になった縁がある。無下には却下できない。惣太郎は返答した。

「原田とは関係なし、仲も悪くない。問題はオドールが私を誤解している点で、その原因は読売にある。」

次いで、正力が、巨人軍の顧問に惣太郎を迎えるとの話があるが、昨年「一二月二九日の措置を憤慨して顧問にはなれない」と返事した。惣太郎は腹をくくっていた。ここまで正力に主張したのは初めてだった。ここまで話すと、正力は言った。

「巨人軍に対する君の功績を認め、別になんとかする考えだ。」

老友惣太郎のここまでの剣幕に、ようやく一つの誠意を表して付け加えた。

「とにかくみんな円満に仲良くやってもらいたい。」

あの正力が腰を引いた。惣太郎は人生最大のピンチで、正力の妥協を引き出した。この要請に対し、惣太郎も珍しく厳しく返答した。

「プロ野球の父らしくしてもらいたい。」

温厚な惣太郎にとっては、正力に対する前代未聞の発言だった。ここまで言って、惣太郎はようやく軟化した。いつも正力に振り回される人事だが、彼は正力の正当な評価を望んでいた。惣太郎は、巨人を結成し、キャンプに協力し、日米野球交流に尽力したことに敬意を払ってほしいのである。頑固な老体にいまさら大きな野心があるわけではなかった。

この混乱の中で、かつての小松商店の社長だった小松晋助が一一月一日死去した。小松は、惣太郎が読売で「遇することの薄いのをしきりに難じていた」のである。よき理解者だった小松との別れは辛いものだった。

巨人の顧問

一九五九（昭和三四）年一二月二日、読売会館貴賓室で正力、高橋、橋本、惣太郎、そしてS・ジャイアンツ側からオドールと原田が参集して契約を取りかわした。惣太郎からすれば、予想外の成り行きだった。だが原田やオドールは相手チームの代理人だった。興行のために惣太郎は我慢していた。翌三日、オドールは羽田から帰国の途についた。だが惣太郎はやはり見送る気持ちにはなれなかった。

なんとも割り切れない気持ちになっていたところに、ドジャースのディック・ウォルシュ弁護士から書簡が舞いこんだ。ドジャース側は、S・ジャイアンツの訪日に驚いていた。フリック・コミッショナーはオドール・原田の仲介でのメジャー・リーグ球団の遠征を喜んでいないというのだ。フリックは「オドールは正式のコーディネイターではない」とも言っていたと書いているのである。要するに、原田たちは、フリックの了解を経ないで日米野球興行をおこなおうとしていたのだ。三者協定破りだった。

コミッショナーの権威を無視して日米野球を開催することにフリックは憤慨した。読売の一員として三者協定を遵守してきた惣太郎には、またまた厄介な話だった。

そんなときだった。翌一九六〇（昭和三五）年一月一三日、惣太郎の下へ読売興業株式会社から一通の封書が到着した。

「今般貴殿を当会社読売巨人軍の顧問に推挙いたしますので、御承諾いただきたく此段御通知方御願い申し上げます。昭和三十五年一月十一日

代表取締役　高橋雄豺」

顧問就任の依頼だった。「こんなものもらってもいまさら」と思いながらも、身の置き場所が決まってホッとする気持ちも惣太郎にはあったはずだ。龍二会長から先方が頼むのだから「なんともいわずそのままにしておけばよい」とアドバイスがあった。一年間の葛藤から多少解放された気分になった。一月一八日、惣太郎は正力に顧問就任の挨拶に行った。

「あまりにこちらが頭を下げていくと、ムヤミにそっくり返えるのが正力さんのクセだ。」

長い付き合いだけにツボは心得ていた。二人の冷戦は終わった。かくして巨人顧問で惣太郎は再スタートした。

二六日、築地の田村での宴会は、惣太郎には喜びの席となった。水原、川上、長嶋ら巨人関係者が集う会食に招かれたからだ。彼らは、窮地に立っていた惣太郎が、巨人顧問として再び巨人に関われることになった惣太郎を祝い、久しぶりの楽しいひと時だった。

ほどなく惣太郎はオマリーに手紙を書いた。気持ちが和らぐと長い書簡を書くのが彼の癖である。そこにはドジャース視察を希望した別当薫（一九二〇〜一九九九）のことをよろしくとも付け加えた。巨人のOBでもないが、大毎オリオンズの監督を辞任した別当を野球勉強のためにアメリカに紹介したのである。日本人選手には、引退後メジャー野球を勉強したい人も増えつつあった。手っ取り早いのは惣太郎を頼ることだった。惣太郎は、球界の功労者をアメリカ側に紹介することに労を惜しまなかった。

ドーム球場構想

さて、惣太郎の顧問として最初の仕事は、①ドーム球場建設のためのアメリカ視察とメジャー・リーグ・チーム招待の下交渉、②フリックへのジャイアンツ来日への了解を求めることだった。原田、オドールたちのマネージメントのいわば尻拭いである。

ところで、話は遡るが、一九五八（昭和三三）年六月一〇日、正力の意を受けて日本テレビの清水社長は、地上七〇メートルの屋根付球場（ドーム）をつくると設計図を発表、一躍マスコミの話題となっていた。戸山ヶ原、江東楽天地の紡績工場の跡地、市岡忠男が仲介した旧岩崎邸などがあったが全部失敗した。

　正力は、オマリーがロサンゼルスにチームを移転するとき、ドーム球場を建設するということを聞いていた。だが、ドーム建設はいつのまにか中止になった。オマリーからは、調査に協力すると言いながらも同時に「日米の選手交換を是非実施したい」こと、ただ、巨人の選手との交換交渉は惣太郎の立場を悪くしかねないので、別当を通じて大毎と交渉してはどうかという配慮まであった（この件では惣太郎は三原と会見して3A以上の選手を招きたいと一致している）。

　交換トレード問題が両国の間で協議の対象になった初めてのことだった。一九六〇（昭和三五）年三月二一日、惣太郎は正力を訪ねた。話を聞いた正力は選手交換について、「巨人選手（レギュラー以外）をドジャースに出し、ドジャースから選手をもらうことを原則的に承認」した。レギュラー外の選手がメジャーで通じるわけもないが、正力は無下に拒否することなく、現実の運用の厳しさで対応しようとしていた。だがこれは、日米交流、野球協約上、問題がある。本来ならプロ野球機構の問題でもある。

　ほどなくオマリーに惣太郎は書簡を書いた。問題は、なぜオマリーがドーム建設を中止したかであった。清水社長は、技術的に失敗したのではないかと疑っていた。やはり調査が必要だった。

　だが、このとき日米関係は風雲急を告げていた。いわゆる六〇年安保の年だったのである。岸信介首相は安保条約の不平等性の是正を考えていた。だが労組や学生たちには、岸の外交姿勢に不満で、「安保反対、岸を倒せ」のスローガンを掲げて各地でデモを繰り広げていた。実は多くの国民が安保改正の中身を知らずして、デモに身を投じていたことが今日判明している。当時は異常な空気が東京を支配していた。

六月一一日、混迷する東京にアイゼンハワー大統領の特使ハガチーが先遣隊として羽田に到着した。ところがデモ隊に阻止され、一行は米軍のヘリコプターに救出されてアメリカ大使館に入った。この結果、アイゼンハワーの来日も中止になる前代未聞の事件となった。ハガチー事件である。日本国内は安保問題で政治混乱に突入した。

国内が騒然とする中、正力は大成建設幹部、学者などと何度もドーム問題について本社で会議を開いていた。惣太郎も出席していた。議論が進展しないことに正力は苛立っていた。正力を前にした御前講演は関係者に大変な緊張を強いていた。正力は説明が悪いと大成建設側の担当者を大声で叱り付けたりすると「並んだ平山博士以下四名震え上がった」と惣太郎は記している。

正力の迫力と細かいところに目を配る目つきは、回りを圧倒していた。なにしろメジャー・リーグ・チーム招待でも、オマリー書簡を惣太郎が苦労して訳したものを他人にチェックさせ、誤訳があると大変な剣幕で惣太郎を怒ることもあった。また正力は過去五年の収支表を取り出して商売のあれこれ追及するため、おざなりな説明は許すはずもなかった。計算高い正力の姿が垣間見れる。大成建設も厳しい試練にさらされていたのである。

さらに、二七日の会合には博士だけで五名、大成建設幹部も参集してドーム建設の実験結果が紹介されたが、不十分だと正力の雷が落ちた。どうもドーム内の空気の流通など技術的な問題があるとして議論は発展しなかった。オマリーからは、彼らの疑問に答えるため丁寧に何度も返書をよこした。正力もオマリーの律儀さに感心して惣太郎に調査のため渡米を指示した。

それだけではなかった。正力は「巨人をベロビーチへ送り練習させよう」と、惣太郎に言わせれば「飛躍的な考え」を伝えた。正力はこの経験に触発され、今回は読売からのキャンプ参加はオマリーからの要請だった。前回の数人の選手のキャンプ参加要請だった。ドジャースのキャンプにチームを丸ごと参加させるなどとはまたまた破天荒なことだった。しかし、時代の先覚者正力、この種の流れの先読みはまさに天才的といえる。他の読売首脳が躊躇するのを尻目に、八月二六日、惣太郎はドーム問題と巨人のキャンプ参加問題について調査すべく渡米を命じられた。九月一四日惣太郎は出発した。

一六日到着した惣太郎は直ちにオマリーの山荘に招かれた。オマリーは巨人のキャンプ参加に大賛成だった。その後、惣太郎はアメリカのドーム建設の第一人者フラー博士に会って話を聞き、あとはご褒美も兼ねてワールド・シリーズを観戦した。結局、ドジャースのドーム建設中止の一番の理由は、ニューヨークと違ってロサンゼルスは雨が降らないので不要ということだった。ドジャースは一年間ロス市の配慮で球場を借りていたが、その間、雨は降らず建設する理由はなくなった。またドームそのものにも技術的な困難さも判明した。

その足で彼は、ニューヨークに向かった。ヤンキースタジアムではゲーリッグ夫人やレフティー・ゴーメッツと感動の対面をし、試合中、彼がスコアブックをつけていると、テッド・ウィリアムスが隣の席にやってきて驚きながら覗き込んで「説明してやる」と言われた。日本での嫌なことを多少なりとも忘れられるひと時だった。フリックに対しても、オマリーからの口添えを得てなんとか読売は窮地を脱した。一〇月二〇日、ホノルルに滞在していたオマリーに再び会い、最終的なキャンプの打ち合わせを協議して帰国した。

　二七日、正力、五人の博士、大成、鹿島、清水の関係者を集めて惣太郎は現地の話を紹介、「よく調べてこられた」と慰労されたが、結局ドーム建設問題は中断した。現在の東京ドームは、一九八八年竹中工務店の建設によるもので、このときの論議が生かされたかは定かではない。

　安保騒動が一段落した日本では、池田勇人内閣が成立した。同内閣の「寛容と忍耐」、「所得倍増」をスローガンに日本経済は急成長していった。また岸内閣の置き土産になった日米修好百周年の記念事業が行われていた。明仁皇太子夫妻の訪米が挙行されたころだった。

　一一月初め、惣太郎がフリックにとりなしたＳ・ジャイアンツが来日した。仲介した原田とオドールはまたもや奇想天外な談話を発表した。すなわち四年後の一九六四（昭和三九）年に日米ワールド・シリーズを開催するというのである。惣太郎は二人の出し抜けの発表にびっくりした。

　記者会見席上、オドールは「日本の野球を三〇年間に渡って育ててきたつもりだ」と述べ、全九試合を日本で開催することを言及した。驚いたのはなにも知らない日本球界である。井上登コミッショナーは、直ちに「実現は困難」とこれを否定した。伝え聞いたアメリカのフリックも「オドール氏個人の意見」で米コミッショナー事務局の許可を得ていないと一蹴した。またもやオドールたちのスタンド・プレーだった。正力たちがゆくゆく日米野球争覇戦を実施したいことはオドールも承知していたわけだから、日本でこの話に火をつけようとしたとも思われる。

このようにオドール・原田の米チーム来日はともかく問題が多すぎた。彼らは、アメリカと違い、日本はコミッショナー事務局の基盤が弱いため、大風呂敷を広げてもかまわないとの意識を感じる。彼らはアドバルーンを揚げて、世論操作をしようとしたのだろうか。

日米野球交流もこれだけ拡大すれば互いのコミッショナーの許可が必要だ。惣太郎は日本のコミッショナーがこの種の話をコントロールしないといけないと憤慨していた。

そんなころである。一一月二一日、ステッドマン提督主催のパーティーが開かれた。出席した惣太郎は来日していたオドールにも対面した。彼は涙ながらに悲しげに話しかけた。

「君がナンバー1の友達であるのに、つれなくするのは情けない。」

野球交流に対する見解や、読売と原田のビジネス問題で惣太郎にはまだ感情的な思いが残っており、さしたる話もしないで別れた。まだまだ時間が必要だった。

ドジャース戦法の学習―ベロビーチでの交流

S・ジャイアンツ来日（ウイリー・メイズ参加）のころの秋、巨人でもうひとつの激震があった。一〇月二九日、日本シリーズで水原巨人が南海に四タテをされて敗北したとき正力は大変な立腹だった。

「申しわけないですむと思うか。水原君、君は何も考えていないのか。」

かつて品川の不興をかばって水原続投を宣言しただけに正力には許せなかった。そんなとき水原は、パ・リーグの中澤不二雄会長から東映の大川社長と会食してほしいと頼まれた。大川は「万一、巨人をやめるようになったら……きてくれないか」と水原に言った。これがマスコミに素っ破抜かれた。一一月一七日、高橋代表と水原が会見した。『私の見た裸のジャイアンツ』はこのあたりのことが赤裸々に描かれている。高橋代表は「このへんでチームの刷新をはかりたい。背広を着てくれ」と言った。このとき球団への意見を求められた。

「三十四年は一億五千万、前年は二億という収入を上げている。巨人が読売のものであるということは誰でも知っているのだから、読売から独立して、専任の社長、専務監督を持ってくる。万一補強で金が欲しいときには本社から借りるようにすればよい。社長にはよく野球を知っている人を持ってくる。」

以上が水原の意見だった。惣太郎の願いと同じである。高橋が「社長に適任者がいるのかね」と問いかけると、水原は答えた。

「鈴木惣太郎さんがいいと思います。アメリカの野球にも詳しいし、野球をよく知っている。ジャイアンツとも、創立以来深い関係があるから、そういう点でも適任と思います。」

かつての三原発言と同じである。現場を知る水原も長年の盟友である惣太郎を推した。

「それはダメだ。」

言下に否定され、そのうえ巨人の独立も、球団は「自分のグラウンドもない」、「銀行から金を借りるのにも担保もない」と否定された。巨人独立問題や惣太郎の球団社長問題は一蹴された。結局、川上が監督に就任し、水原は退陣、ほどなく東映フライヤーズの監督になる。この結果ベロビーチ・キャンプは川上体制で行われることになった。

さて一九六〇（昭和三五）年一二月二一日、惣太郎は佐々木代表、川上監督とベロビーチ・キャンプについて打ち合わせるため会った。席上惣太郎は、「物見遊山ではなく必死真剣にやらねばならない」と念押しした。いかにも彼らしい。翌一九六一（昭和三六）年二月に入り、巨人はベロビーチに出発するため大変忙しくなった。

二月二〇日、まず惣太郎が先発でアメリカ向かった。今回の渡米で惣太郎は再び通訳の役割も担っていた。取締役解任からようやく巡ってきた野球交流だった。

一週間遅れで巨人がロサンゼルスに到着、市当局の大歓迎を受け、二八日ベロビーチに到着した。ここでも大歓迎だった。川上巨人のスタートだった。まずコーチの旧友ドローチャーの巨人評である。

「それにしても、あのバックナンバー3はすごいね。第一やる気があるよ。腕・腰・走るのはいいね。バッティングもシャープだし、……」（『ベースボールマガジン』）

長嶋への絶賛だった。さらに「私が日本へ行ったとき（昭和二八年）よりも、ずっと体が大きくなっている。日本人は一体、何を食っているのか」との声もあがった。終戦直後の頃のような貧弱な日本人プレーヤーはいなくなっていた。

ベロビーチは球場大小合わせて一二面もあり、ドジャースからは『ドジャースの戦法』の著者アル・キャンパニスとジョン・ケーリーの二人のコーチが巨人投手を指導した。キャンパニスは夜もピッチングの講義をおこなっていた。相変わらず熱心だった。ダブルプレー、内野の守備位置、ベースカバーなど様々な細かい野球を巨人は目にすることになった。日本野球の歴史に新たなページが加わった。従来の交流試合を超えて、ようやくチーム全体の本格的な技術交流が始まることになる。

巨人選手には驚くことが多かった。まだ日本には新幹線も開業していないころ、彼らはドジャース専用機まで乗せてもらっていた。ドジャース号を前にし、藤田元司は「これからは、もう自動車では時代の流れに遅くれてしまうのかな……」と嘆息すると、長嶋も「こっちは、まだ自動車も買えないというのに…」とつぶやいた。

そして巨人の選手が飛行機に乗り込んだとき、ドジャースの強打者スナイダーがあわてて乗り込んできた。巨人選手を見て、彼らを知らないから降りようとすると、惣太郎が「日本の選手は全部君を知っているから乗りたまえ！」と一言あった。彼は笑いながら搭乗した。今度は巨人の選手がビックリした。巨人の選手も惣太郎の存在感は東京よりもメジャーで発揮されていることを知ったのである。メジャー・リーグ通第一人者の面目躍如である。飛行機内で交流が始まった。惣太郎はドジャース側の粋な計らいでドジャースとアスレチックスのオープン戦の始球式まで経験した。

朝七時半、ドジャータウンは、鬼コーチというレッド・パターソンの声で起床だ。巨人軍にも鬼軍曹と呼ばれた別所コーチがいた。軍隊調のシゴキではあまりに有名である。その別所がキャンパニスの指導で一つ不満をもった。彼も実績を残した名投手、簡単には納得しないことがあった。パターソンが「投手の踏み出す足はツマ先からつかなければいけない」と説明したときだ。惣太郎が通訳に立った。別所が反論した。

「私の経験では投手はかかとを先につかなくてはおかしい。一歩譲っても、足裏の真中からつかなくてはいけない」と述べ、キャンパニスと別所の激論が始まった。しばらく眺めていた惣太郎の「もういいじゃないか。ベーやん、それ以上言うな」という鶴の一声でおさまった。かつての別所事件ではひと悶着あったが、今や巨人で二人は仲間、年長の惣太郎が別所を黙らせるほかはなかった。あるとき、ケーリー・コーチが、投手は投げたとき「軸足を折らない」と言うと、これまた別所は気に入らない。クレームがついた。キャンプでは、こうした技術交流でぶつかりあうことがあった。

さて、地元ロサンゼルス・タイムズ紙は、巨人が名門ドジャースの破格の待遇でキャンプを始めたことに驚き、次のように紹介した。

「東京ジャイアンツは、すばらしいチャンスをドジャースから与えられた。それはドジャースの選手も乗ったことのない新しいドジャース専用機に、二八日に初乗りできたからである。彼らがこの幸運をつかんだのはなによりも、オマリー会長の配慮だが、こういうことは、両方の都合がうまくいくときと、そうでないときがある……」

長い日米野球交流の中で、巨人のドジャースキャンプは、チームにとってはメジャー仕込みの技術を学ぶ格好の現場体験だった。正力の先を読む大局的な決断と、読売の日本球界をリードしたいとする誇り、惣太郎の熱意、オマリーの日本への関心の高さと惣太郎との絆、そしてスター長嶋の登場、彼らを日々報道するマスコミ各社、そのいずれもがうまく相乗効果を発揮した結果だった。ドジャースの黄金時代に巨人はメジャー野球を学ぶというまたとない幸運に遭遇していたのである。それは同時に巨人野球の転換期でもあった。

このとき野球技術のコーチングで巨人のレベルアップに大きな役割を果たしたのは前述した牧野茂（一九二八〜一九八四）だった。牧野はアル・キャンパニスの『ドジャース戦法』を熟読していた。また『デイリー・スポーツ』を通じて舌鋒鋭い野球批評をおこなっていた。これに目をつけた川上は七月に牧野をヘッド・コーチに招き、徹底したドジャース野球の日本版を巨人に実施しようとしていた。

いわゆるスモール・ベースボールの学習である。彼の意欲は惣太郎の橋渡しを見事に技術成果として結実させた。それが巨人の九連覇という黄金時代にもつながっていくのである。

このキャンプは日米野球交流の歴史の中で、革命的な出来事だった。巨人のキャンプの成果が成績に現れれば、他球団が追随するのは当然だった。後年、阪神、ヤクルト、西武など様々なチームが渡米していったのは、日本球界がメジャーのキャンプから技術を真摯に学ぼうとする姿勢があったからにほかならない。

プロ球団の海外キャンプはブームになった。南海ホークスは鶴岡監督時代に原田のプランで一九五六（昭和三一）年ハワイ・キャンプをしていたが、六〇年代の海外キャンプは本格的になった。阪神タイガースは初のキャンプが一九六一（昭和三六）年加古川市だったが、一九六三（昭和三八）年にデトロイト・タイガースのフロリダ・キャンプに参加、中日は一九七五（昭和五〇）年与那嶺監督のときフロリダで、大洋では、一九八〇（昭和五五）年別当が勇退して土井淳が監督に就任、アリゾナで初キャンプを行った。海外キャンプは巨人と南海が早かったのは、惣太郎と原田がそれぞれ関与していたからということもわかる。

正力の「読売」の名称は不用！発言

一九六一（昭和三六）年四月六日、巨人はキャンプで大きな収穫を得て帰国、惣太郎は正力に報告するため面会した。「ご苦労」と冒頭いわれた惣太郎も思わず「珍しい」と記すほどだった。

さて、帰国して惣太郎は再びドーム問題の会議に参加した。このころには三〇人も集まる会合だったが、進展はなかった。会議室には直径一〇メートルもする模型ができていた。八月には生田の用地に大きな模型を作って実験までしていた。この作業はまだまだ実験段階だった。

巨人が球界を牽引していく中、惣太郎はあらためて日本プロ野球の前途を考えていた。それはプロ野球の「独立性」の問題だった。

「日本プロ野球の失敗と成功の分岐点はどこに在るか？　考えてみると唯一点、野球倶楽部が真に独立しているか否かに、存しているることに気がつく……今更気がついたのではない。プロ野球創始の時に、この点には気がついていたのだが、最初から真実の独立に進み得ないで、今日に及んでいるのである。」（『ベースボールマガジン』）

惣太郎は「職業野球の再出発」と題する論説で述べている。

「……大衆の支持がなければやっていけないスポーツ企業なのだから、大衆の感受性と想像力に訴える、大きな衝撃がないと、職業野球に素晴らしい人気など沸き立つわけがないし、隆盛なんて事は思いもよらぬことなのだ。……こうした巧妙なスタートを切りながら、その後の職業野球発展は、世人の期待したほど素晴らしいものではなかった……」（『ベースボールマガジン』）

まるで自身の反省である。正力にサポートを依頼し、結果的に読売本社の過剰な介入を引き起こした。現実は簡単ではなかった。惣太郎は率直に反省している。
「最初の球団東京巨人軍を生み出した技術方面の工作者と、これを企業化した生みの親との間には、職業野球の育て方に拾って先ず根本的に考え方の相違があった。技術方面の関係者の方針は、極少数の倶楽部を大阪、名古屋というような大都会を本拠にして、順次強い強力な倶楽部を生み出して、職業野球はなるほど強い……そして立派なものだ……という先入観念を大隈に植えつけようと考えたのだ。……当時選手に人材を集めるということが、非常に難しかったのだから、この行き方より外になかったのだ。」（『ベースボールマガジン』）
　ところで読売と毎日の球団保有に対する意識について、大毎オリオンズの監督を歴任した宇野光雄の発言は興味深い。
「……読売の社員というのは巨人とともに全体が大きくなった感じですね。だから、社にいっても、巨人に対する気持ちが違うのです。ところが、毎日というところは、毎日がもともと大きいところへ球団ができたのですから、……球団は別になくなったって会社は大きいのだという感じでね。ちょっと違う。……読売にいくと社員全部が読売新聞というのは、巨人軍とともに歩んで大きくなったという感じだから、この球団は離せないものだという感じで、全体が巨人に愛着を関心を持ってますね。毎日はそうじゃないのですね。大きい会社があるところにつくったですからね。球団の調子が悪くても、我関せず。こういう社員もだいぶおるわけです……」（『プロ野球史再発掘』）
　読売は巨人とともに拡大した。読売首脳にとって巨人は一心同体だった。販売の神様たる務台取締役が巨人の激励会や祝勝会席上で奮闘する販売店主を鼓舞し、選手たちを祝い檄を飛ばすのは、読売の巨人であることを自明の理にしていたからである。

一九六一（昭和三六）年八月一七日、日本テレビ主催で、正力は往年の野球功労者を招集した。この日は、惣太郎にも今日の野球ファンにもオヤ？　と思わせる正力の発言があった。かつての仲間の慰労会という形で会は進行したが、二人の鈴木、市岡忠男、野口務、井上宏、報知の竹内四郎社長、清水社長、高橋、柴田ら首脳も含めて懇親会は和やかに進んだ。

正力からは、プロ野球を始めるときの苦労話や戦後の混乱からの復活、自身のコミッショナー就任のことが話された。そのとき惣太郎の戦後まもなくのプロ野球復活への尽力を珍しく賞讃した。正力は極めてご機嫌だった。話は続いた。

「ついに話が終わらなくなった。正力さんは終戦後の私の功績を認めたし、東京読売巨人軍の読売を不用と明言した。」

惣太郎も、出席者の前で、正力が自身の功績を評価してくれたことにうれしい言葉だった。同時に、正力が「読売」のネーミングを用いる必要はない、つまり「不用」と言及したことは溜飲を下げることでもあった。この問題を他に出席していた誰が注目しただろうか。読売首脳が「読売」を「不用」とは認めるはずもないが、社主正力が、「不用」と公の席上で明言したのである。親会社からの独立を夢みる惣太郎としてはうれしい話だった。だが、肝心の正力のその「不用」の真意は定かではない。ヒントになるような話がある。一九五五（昭和三〇）年雑誌『野球界』（七月号）に、インタビューで、正力は以下のように答えている。

「読売ジャイアンツとか阪神タイガースなどとかいうものはもってのほかだ。職業野球は私（企業）のものではない。広くファンのものだ、いわば公的なものだ。」

正力は、読売ジャイアンツの知名度は上がっており、大衆とともに歩む巨人の存在の公共性を強く示唆したものだった。時代の先覚者たる正力は、すでに全国区となった巨人の広告塔としての役割は果たしたと理解していたかもしれない。

だが、政治的な動きを深めていた正力は本業を部下に任せたこともあり、社内における販売の中心になっていた務台たちの影響力は、東京ジャイアンツではなく、読売ジャイアンツこそ拡販戦略の手段になっていた。突然の正力発言だったが、その場にいた関係者で喜んだのは、惣太郎一人ぐらいだろう。見果てぬ夢に思わず、ささやかに心ときめいた瞬間だった。

ドジャースタジアム完成式典出席

一九六二（昭和三七）年三月二七日、巨人を代表して惣太郎夫妻は、再度のドーム球場調査とドジャースタジアム完成式典出席のため渡米した。惣太郎七一歳であった。巨人から餞別一〇万、正力より三〇万、竹内社長より五万を受け取って、オマリーやキャンパニスへの贈り物を持参しての出発だった。

二八日、惣太郎はロサンゼルスでオマリーに再会した。ドジャースタジアムはダウンタウンから北方へ四キロ弱のところにあった。そこは、一万六千台の駐車場、五万六千人の座席を有する壮観なボール・パークだった。当初ドーム球場を建設する予定だったが、ロスは降雨がなく、結局新球場は素晴らしい芝生を敷き詰めた屋根なしの球場になったのである。あまりの素晴らしさに惣太郎は驚嘆するばかりだった。

惣太郎夫妻は新しいドジャースタジアムを見学してしばらくすごした。オマリーのもてなしは相変わらずの素晴しさだった。四月九日、この日は旅行で最も大切な日だった。ロサンゼルスのシティー・ホールでスタジアム完成のデレケーション・セレモニーがあった。和服で正装した惣太郎夫妻も出席、テーブルで司会者から紹介された。惣太郎はマイクを取って壇上でスピーチをした。もちろん新球場の祝いと野球による日米親交にふれた話だった。オマリーはニコニコと彼の話を聞いていた。席にもどると、ロス市やドジャースの関係者から割れんばかりの拍手で迎えられ、政治家にもなれると皮肉られた。読売の関係者でここまでドジャース側に歓待された人物は後にも先にも彼一人だろう。

こうして惣太郎はロサンゼルスであたたかく迎えられ、自他共に認めるドジャー・ファミリーとなったという生涯最高の旅行だった。一二日夜、ドジャースタジアムでは惣太郎夫妻と読売に敬意を表し「ジャパニーズ・ナイト」と称して惣太郎夫妻を讃えた。日本でも味わったことのない、惣太郎には栄誉ある行事だった。東京オリンピックの二年も前のことである。惣太郎はロスで日米野球交流で親善使節の働きをしていたのである。

惣太郎はオマリーに帰国の挨拶をすると、「また早い機会に二人で来い」と言われ、名残りを惜しみながら別れた。かつてルースとともに来日できなかったア・リーグ元総裁ハーリッジ、現総裁ジョー・クローニンなど友人たちにも面会した。

二七日、惣太郎は羽田に到着、すぐにも正力を訪れた。

ドジャースタジアム完成記念式典に招かれた惣太郎、右はオマリー

「イヤ、御苦労」

ドジャース側の大歓待を聞いて正力も、珍しく機嫌もよく二人は長い時間話しこんだ。一〇月六日、久しぶりに惣太郎は毎日の本田社長と話す機会があった。本田が心配していたのは盛んになってきた日米野球交流の行末だった。

「正力さんも年をとってきたから、私も病気があるから折角今迄毎日、読売が日米野球についてアメリカチームを招くのに労を折ってきたが、他球団のオーナー、代表などが正力さんの生きているうちにフリック・正力・本田の申し合せ（隔年両者がメジャー・リーグ・クラブを呼ぶ）を破る考えであるから、フリックが今度来るのを機会に新たにリエゾン・オフィスを日本につくり、それを通してのみ日米野球のことをする。

ついては鈴木君、キミはアメリカに知己も多いのだから森口君と一緒になってリエゾン・オフィスを引き受けて欲しいという案で正力さんに話してから実行しろということで私も賛成した。」

読売、毎日以外の球団がこの協定に反対しているので、このシステムを再考する必要があった。そこで、日米野球をマネージメントする事務所を設置しようというものだった。これとても読売と毎日が主導権を握るものだった。三者協定は、まさに戦後の野球交流システムのひとつの手段だったが、限界だった。ともあれこのような変則なシステムを他球団がいつまでも許すはずもない。各球団の野球交流が活発になればいろんな意見も出てくる。コミッショナーの権限が弱い日本では、企業本位の交流になることに変わりはない。それでも余裕も出てきた正力は他球団の対米交流にも積極的だった。

「正力さんはゴキゲンよく、私が今後、東映から頼まれるアメリカ野球交渉の件をアッサリ許してくれた。」

さて、一九六二（昭和三七）年九月三〇日、巨人から移った二年目の水原率いる東映フライヤーズ（日本ハムファイターズの前身）は尾崎行雄、土橋正幸の両エースが大車輪の働きでチーム創設一六年目に優勝、さらに一〇月二一日、阪神を破り初の日本一となった。大川博社長は東映に水原を呼ぶとき、「君に全部まかせる。思うとおりにやってくれ」と言ったが、ついに水原は優勝にこぎつけた。彼が巨人のノウハウを踏襲するのは当然だった。

一九六三（昭和三八）年に入り、水原はチームを強化するため惣太郎に働きかけた。巨人に倣って、東映のキャンプをベロビーチで実施するため惣太郎の支援を求めた。旧友を助けるために惣太郎はまた渡米に向けて動き始めた。まずオマリーに書簡を送り東映のキャンプ参加を打診した。

五月二三日、惣太郎は正力に面会して、水原東映の渡米交渉への助力を認めてもらい、二六日オマリーに手紙を書き、六月九日水原監督と協議した。一七日には正力亨の報知新聞社長就任の挨拶の会合に出席した。その後正力亨からは、ファームのリーグを設置する、巨人強化の科学的研究など話があった。いずれも巨人強化と東映のベロビーチ・キャンプ支援の動きだった。

ところが、しばらくして東映大川社長からの手紙で、海外キャンプについてアレコレ注文が殺到した。要するに莫大な渡米費用に対して躊躇し始めたのだ。

惣太郎は、「どうも私の行動を束縛するものであるから、とても私にはよい気持ちになってフライヤーズのベロビーチ・キャンプ行きを御世話できない」と断りの返書を送った。驚いたのは大川である。「何か誤解しているのでは」と連絡が入り、惣太郎は一度翻意した。そして数日後、東映本社の外国課に行き遠征問題について協議した。だが東映側は、交渉のための渡米について「飛行機を二等にしてくれ」など細かい話などが出て、また惣太郎を不快にさせた。話が二転三転してはっきりしない。

八月一三日、東映の土屋唯男（一九一七〜二〇〇七）社長室長から電話があり、「昨日、外国課の若い者と何か話があったそうだが、どうぞ一等で行ってくれ」と懇願された。ドタバタの状況だった。惣太郎は、「そんな簡単なことでなく……」とクレームを言った。要するに東映側の対応に誠意を感じなかったのである。

惣太郎は、交渉役を降りると伝えたが、土屋室長の必死の取りなしで惣太郎は怒りを静めた。しかし東映側に対する不信感は消えることはなかった。巨人は野球交流の経験の蓄積があったが、東映は野球界ではまだ新勢力、こうした海外交渉にマニュアルなどあろうはずもない。会社も手探りだったのは事実である。大川社長は水原立会いで「渡米につき一切をまかせる」と惣太郎に伝えた。惣太郎は不安を感じながらもオマリーと協議することを約束した。

九月四日、惣太郎はアメリカに向かった。九日ウォルター・オマリーと再会し、東映のベロビーチ・キャンプ参加を伝え快諾を得た。このとき息子ピーターから質問があった。

「あなたの後継者（日米野球）は誰か？」

惣太郎は「水原監督に望みましょう」と即答した。戦力強化について何かにつけて水原は、惣太郎に相談していたし、よき理解者だった。自ずと惣太郎は水原に期待することになる。巨人の生え抜きで、惣太郎の希望をつないでいるのは水原だった。同時に、この支援はドジャース野球がパ・リーグに伝播することを意味する。惣太郎と水原の交流はプロ野球界の底上げにつながる。

オマリーはプランを提示した。東映のキャンプについて、まずドジャースタジアムで一週間から一〇日間のトレーニングをおこない、そのときはマイナー・リーグのコーチが担当する。ホテルは世話するが食費は日本側がもつこと、これを経て、ロサンゼルスでトレーニングをおこなってベロビーチに行く、このときドジャース飛行機を使用する、巨人は三月一〇日までメジャー並の費用一人あたり一二ドルを支払う必要があり、マイナー・リーグが入ってから七ドルくらい払うこと、以上細かい部分までドジャース側の誠意ある回答でキャンプスケジュールの大略は決まった。

その後、九月一〇日、オマリーの山荘で惣太郎は家族のように歓待された。ピーターはウォータースキーなどの話をしながら一〇人乗りの新型キャデラックを運転、あとはオマリーと惣太郎のみの優雅なドライブを満喫した。ドジャースの黄金時代に遭遇した惣太郎は、古き良きメジャーのオーナーの歓待を最も受けた日本人だった。惣太郎は一二日、ニューヨークに向かった。

一三日フリックは上機嫌で会ってくれた。ヤンキースがちょうどア・リーグ優勝を決めたころだった。フリックは惣太郎をワールド・シリーズ観戦とディナーへ招待した。メジャーのコミッショナーと差しで話せる惣太郎は、このころの日米交流に大きな足跡を残したことは事実だった。

ワールド・シリーズはヤンキース対ドジャースとなった。惣太郎はオマリーの計らいで移動にはドジャースの飛行機を利用させてもらい、ピート・コーチの隣に座ったり、ジャッキー・ロビンソンと話し込んだりしてチームメイトと親しく交流した。世界の三振奪取王サンデー・コーファックス（昭和四〇年に世界記録奪三振三八二個）が二勝してＭＶＰになるなど、四連勝でドジャースはワールド・チャンピオンとなった。オマリーの絶頂期だった。惣太郎はドジャース優勝の大祝賀会にも招かれ、ドジャースの一員としてオマリーともに喜びを分かちあった。

さらに惣太郎の帰国を前に、巨人のコーチをベロビーチに派遣することも了解してくれた。最後までオマリーは惣太郎に紳士的に対応した。

日米決戦を主張する正力

一〇月一〇日、惣太郎は帰国した。真っ先に迎えたのは水原監督だった。ほどなく正力社主、正力亨（一九一八～二〇一一）に会って渡米報告をおこなった。正力はワールド・チャンピオンをともかく招待したい、その一念だった。日米決戦実現に向けてボルテージは高まるばかりだった。

「正力さんは読売新聞社としてアメリカ側に申し入れると強い決意をもらしていた。」

正力の途切れることのない事業への熱情は、ついに日米野球決戦へとかりたてた。さらに正力ランドプラン（生田ゴルフ場＝よみうりランド）を熱く、長々と説明し始めた。

「三度も椅子から立ちかけた私を再び席に座らせて細かくディズニー氏やＭＣＡ映画会社参加のことを語るのであった。」

日本シリーズでは正力、清水社長、高橋、惣太郎に加えてＭＣＡ（ミュージック・コーポレーション・オブ・アメリカ）社長も観戦、「そばに座って説明せよ」ということで、惣太郎は解説役までおおせつかった。日本シリーズにも勝った正力は大満足、惣太郎は、川上監督夫妻に築地の田村に招かれてお祝いしたことのほうがうれしかった。

ところで、一九六三（昭和三八）年一一月一五日、大川社長は突然東映のベロビーチ行き中止を発表した。惣太郎は新聞を見て驚愕した。何も知らされていなかったからだ。すぐ水原から電話があり何度も陳謝された。日米のキャンプの時期がズレていることで両者の調整困難というのが理由だった。こうしたことは最初からわかっているはずである。資金不足が本音だった。「こんな大事なことを本人に語るべきだ」とは惣太郎の弁である。それでも水原に頼まれ、一九六四（昭和三九）年春、惣太郎の計らいで東映はドジャースよりリーザー・コーチを招いた。彼は練習中ＢＧＭをかけたり、ビデオを使ったりして選手を驚かせた。

まだまだ日本のオーナーたちは日米交流に対するマナーに欠けていた。それに資金的裏付けも脆弱だった。日本のアメリカに遠く及ばぬ点は「行儀の悪い点」などと『スポーツニッポン』の原稿を書き始めてしまうところに、満たされない惣太郎の葛藤がある。

一一月二三日惣太郎は巨人球団事務所で高橋代表に会った。席上、高橋から「今度ベロビーチに巨人のコーチを見学にやりたい」と言われた。キャンプの成果を首脳は実感していた。惣太郎も、コーチの見学は二週間が適当であること、人数は四名にして約二〇〇万円必要であろうこと、キャンプ参加の効果はあること、などを具申した。読売もすっかりベロビーチが気に入ったようだった。

二四日、二六日と正力は惣太郎を呼び出した。「渡米につき請訓」があった。まず第一は、一九六五（昭和四〇）年にはワールド・チャンピオンを日本に招き日本チャンピオンと試合をすること、第二は、ドジャースが注目している長嶋は「出さぬ（アメリカへやらぬ）」こと、だった。正力は東京オリンピックの前後のころから、しきりに日米決戦に言及するようになっていた。国民の大歓声を浴びたオリンピックを見て触発されたようだ。

務台専務も同様に熱心で、そのためにも、オマリー会長に「ぜひ優勝してもらいたい」との伝言を預かった。日米のコミッショナーが協定を結んでもいないのに、優勝する予定のチーム巨人対ドジャースを日米決戦にしたいという思惑が夢の舞台をつくろうとしていた。

一方、惣太郎は、読売の取締役となった正力亨と単独で会見する機会も得た。彼は一九六四（昭和三九）年五月に巨人のオーナーに就任し、報知新聞社長にもなる。亨は、正力松太郎の長男として生まれ、王子製紙に入社後、海軍経理学校に入校、終戦時は海軍主計大尉だった。五六年に読売の事業部の嘱託を経て、六〇年取締役になった。惣太郎に会った正力亨からは、①巨人強化の科学的研究、②ファーム・リーグの創設、③アメリカとの密接な関係、の三点の確認があった。惣太郎には歓迎すべき会談だった。

一九六四（昭和三九）年になると、各球団が海外キャンプとは別にメジャー・リーグからコーチを招いて春のキャンプをおこなうようになっていた。惣太郎も巨人の宮崎キャンプを視察、講演などをおこないながら、現状を視察してメジャーから臨時コーチ招聘する必要性を考えていた。帰京した惣太郎は、佐々木孜美代表に電話して、ドジャースからコーチを求めるなら、「シーズン終了後、私にはとっておきのピッチングとバッティングのコーチがある」と進言した。

まもなく川上監督、佐々木代表、惣太郎の三人で協議した。そのとっておきの一人が、ピッチングコーチの一人トミー・ラソーダで、もう一人は巨人が世話になっていたキャンパニスだった。

一方、ペロビーチ・キャンプは諦め、臨時コーチ招聘を依頼した後、東映の大川社長からは、「大物打者をアメリカから欲しい」との依頼があった。「大物」となると「むづかしい」ものがある。それでも惣太郎はさっそくオマリーに大川社長が「強力打者を欲しがっている」と書簡を書いた。そしてその後、ノーム・ラーカやメジャー監督も経験するヤンキースの名物コーチとなるドン・ジマーなどが入団した。彼らはドジャースの出身だった。

正力は一九六四（昭和三九）年七月一日、惣太郎を呼び、また日米決戦の交渉で渡米させたいと言い始めた。高齢となった正力としては、生きている間に決戦を見たい一心だった。だがオマリーの話でも日米の実力差はかなりあり、ましてや決戦となれば、従来の交流試合とまったく形態が違ってくると言われ、惣太郎は憂慮していた。

日本中は来るべき一〇月の東京オリンピック一色だった。九月二三日には王貞治がシーズン新記録の五五号ホームランを佐々木吉郎投手（大洋）から放った。彼の記録は二〇一三年に六〇号を放ったヤクルトスワローズのバレンティンに抜かれるまで伝説の記録となる。

高揚するムードのなかで正力は持説をまげない。これに対し惣太郎は、第一に、日米決戦となれば、日米間で「協約」を結ぶことになり、これは簡単なことではないと言及した。この結果、交渉に手間とって来年秋にはまず間に合わないこと、第二に、アメリカの選手会との協議も発生して、これも容易ではないこと、第三に、一九六一年巨人のベロビーチ・キャンプのとき、佐々木代表が「正力さんの言葉として、次に読売が米チームが呼ぶときはドジャースにすると確約している」ので、次の招聘チームはドジャースになること、などを述べて正力に再考を促した。日米の信義を重んじる惣太郎は正力を自重させることに必死だった。

こうした会合は何度も繰り返されていた。九月五日もそうだった。惣太郎は「実際的に不可能」と説明したが、正力は執着した。惣太郎は、そもそも正力・本田・フリックの三者協定が存在し、これをどうするのか。またフリックが引退するという風説やヤンキースの身売説もあり球界が混乱していること、さらに巨人側がすでにベロビーチ・キャンプを実施したとき、次はドジャースを招くと相手側に言明したことなどを細かく説明した。ようやく正力も少しわかったようだった。

ここまで説明して、龍二会長、毎日の本田社長、惣太郎三人で日米野球を協議した。これを受けて本田が正力と会見した。

「日米争覇シリーズの実行は理論としては結構なのだが、アメリカ側がなかなか応じない。」

本田が日米決戦の見通しは困難と説明、惣太郎も続けて説明したが、やはり正力は引き下がらなかった。

「できるよ！」

この一点ばりだった。こうなってくると、正力の面子を保たなくてはならず、またまた惣太郎が渡米せざるを得なくなった。正力と本田二人連名の書簡を持ってメジャー・リーグ側に申し入れに行くという形で惣太郎が訪米することになった。三者協定を活用しようというものである。今回は大変な使命だった。惣太郎は訪米の意図を事前にオマリーに連絡した。

九月三〇日、惣太郎は巨人佐々木代表に、オマリーからの返事を書いた書簡を送った。その返事には、第一は、正力オーナー要望のトミー・ラソーダとキャンパニスの二人を巨人春キャンプにコーチとして派遣することに同意する。第二は、期間については二月一日より一五日までとする、第三、費用については、各一人に米六五〇ドル、一〇〇〇ドル相当の日本貨、飛行機往復は一等、ホテル代とその他の旅費は巨人の負担、以上だった。

ただ問題なのは来るべき新コミッショナー（ウィリアム・エッカート、一九〇九〜一九七一）がワールド・チャンピオンを訪日させることを認めるかわからないというものだった。さらに重大なことは、日米決戦にはオマリーは全く関心を寄せなかったという点だった。正力の思いとメジャーとはかなりのキャップが存在した。

さらに問題が起きていた。フリックからの主張が届いていた。彼はピッツバーグ・パイレーツを日本に遠征させたいというのだ。パイレーツは三度目のワールドチャンピオンになったが、その後低迷し、六三年八位、六四年六位と振るわない状況だった。強豪チームを招きたい正力は不機嫌だった。できれば友好関係があるドジャースが優勝してほしいのである。一一月一六日、正力は惣太郎に強気の発言をしている。

「フリック氏がパイレーツを押しつけてきたら日米野球を放棄するかもしれぬことを言ってよろしい。」

一八日、ふたたび正力は言った。

「今日も、パイレーツなど断われとはっきり言われた。オマリーさんに、ぜひ優勝しワールドチャンピオンになって来シーズン日本に来てくれという。」

オリンピックは終了したが、日本は高度成長期の真只中にあった。日本経済が元気であればスポーツ交流も勢いがつく。今や大新聞に変貌した読売はメジャー・リーグとの交流にいっそう積極的で、日米決戦に執着する。だが盛んになればなるほど、問題も発生する。だいたい日米協定もなければ制度が不透明だ。

さて、まもなくドジャースからピッチングとバッティングのコーチがやってきた。キャンパニス、マイヤー、トミー・ラソーダといった面々だった。ラソーダは一九七六年に監督、九六年勇退、シドニー五輪の優勝監督、近鉄のコンサルタントを経験、二〇〇九年ＷＢＣの親善大使も務めた人物だ。

一一月一九日、惣太郎は羽田を出発、二〇日ロサンゼルスに到着、オマリーに迎えられて山荘に向かった。オマリーは、仕事をマルヴィー副会長に委任して、あいかわらずの気配りの細かさを示してくれた。一二月三日、ホテルで休んでいるときだった。突然原田恒男が部屋を訪ねてきた。久しぶりの対面に驚いた。二度の胃ガン手術の後ということでかなりやせてすっかり風貌が変わり「気の毒」なほどだったようだ。原田は「私の仕事を内部から手伝ってやる」という売込みだった。ビジネスの話になると惣太郎は気持ちのいいものではなかった。結局、惣太郎は提案を突っぱねた。

原田はこの年、南海の鶴岡との交流から村上雅則らを野球留学させ、永田雅一との話で東京オリオンズのマウイ島キャンプを手配、翌年もマウイ・キャンプをおこなった。パ・リーグとの縁が深くなった原田は、ジョージ・アルトマンやアルト・ロペス獲得に手を貸すなど助っ人外人の仲介に熱心だった。

惣太郎は七日にフリックに面会した。さっそく惣太郎は懸案となっている日米決戦の話を始めた。フリックは「正力案は更に一〇年を要す」という冷めた返事だった。また問題になっている南海の村上雅則（一九四四〜　）選手（九月一日メジャー昇格）の件について議論があった。彼は法政二高では柴田勲の控えだった。六二年入団し六四年、ジャイアンツ参加の1Aフレスノに野球留学した。このときジャイアンツは、メジャー昇格者が出れば、一万ドルの金銭トレードで契約できると条文を入れていた。

南海は、野村克也、杉浦忠、ジョー・スタンカの活躍もあって、村上には帰国のお呼びがかからなかった。そこへ八月三一日、メジャーから昇格の声がかかった。翌日には、ニューヨーク・メッツ戦に登板したのである。日本人選手にメジャー昇格などありえないという南海の楽観的な考えは甘かった。ともかく、ドタバタではあったが、村上は日本人初のメジャー・リーガーになったのである。この一件で南海とジャイアンツとの交渉は難航し、日本球界は大騒動になった。村上問題は、当時盛んになってきた日米野球交流には試金石になった事件だった。だがこれも原田が村上雅則、西村省一郎（近畿大学出身）を野球留学させたことによる結果だった。

席上、フリックは「メジャー・リーグの契約でプレーしているが、日本へ帰すか否か自分のあずかり知らぬところ」と述べた。最後にフリックは、パイレーツを日本に送り、「次はホワイトソックスかエンジェルス……普遍的にチームを日本にやりたい」ということだった。日米決戦の意識などフリックには毛頭なかった。さっそくオマリーにも報告した。

ともあれ、日米野球交流で日本人プレーヤーの保有権が初めて問題となった事件だった。惣太郎は「南海の考え方の甘い点」は間違いないとの認識だった。南海には惣太郎のように日米野球を契約からきめ細かくチェックする人物がいなかった。勢い、それは鶴岡の友人ということで原田のペースになっていた。安田巨人のときと同様なことが南海でも起きていた。

村上事件後、原田は広陵高校の佐伯和司投手をＳ・ジャイアンツに送り込もうとした。これは鈴木龍二セ・リーグ会長が待ったをかけた。龍二も原田のフィクサーぶりに不信感を抱いていたのである。結局佐伯は広島カープに入団した。原田の自伝によると、彼のＳ・ジャイアンツ入り問題について「これもまた鶴岡一人から原田に持ち込まれた話」となっている。村上問題で苦労した鶴岡監督がまたこの種の留学騒動を再び引き起こすだろうか？　筆者は疑問である。従来の原田の行動パターンから見るとこれもスタンドプレーではないかと勘ぐりたくもなる。

さて新しくコミッショナーに就任した内村祐之は、「村上は昭和四〇年だけＳ・ジャイアンツでプレーし、昭和四一年以降は日本でプレーする」とメジャー側と取りまとめた。結局、南海は一万ドルをＳ・ジャイアンツに渡し、村上は六六年から南海でプレーした。これが村上事件であった。

こんなトラブルが続くようでは、日米決戦など俎上に乗るはずもない。一二月一六日帰国した惣太郎は正力にいい返事を出せなかった。翌一九六五（昭和四〇）年一月二日、恒例の正力邸年賀があり、監督、コーチ以下選手、両鈴木なども集まった。長嶋の結婚式も控えて華やいだ空気だった。律儀な川上監督もビールをもって惣太郎のところへ挨拶に来た。

上機嫌の正力は、惣太郎に左側に座るように言ったが、清水社長も来会しており、遠慮して正力亭の横に座った。相変わらずの控えめな惣太郎である。日米決戦交渉がなかなか進まないためか、席上正力が「鈴木なんかどうもアメリカに対して弱気でいけない」と突っ込むと出席者たちからも苦笑いがおきた。メジャー側の意向をわかろうとしない正力はあくまで強気だった。

❖第12章 アイク生原との出会い

生原のドジャース入り

一九六五（昭和四〇）年、それは惣太郎にとって新しい縁の始まりだった。その名は、生原昭宏、いわゆるアイク生原（一九三七〜一九九二）との出会いであった。生原昭宏は一九三七（昭和一二）年一月福岡県田川郡香春町に五人兄弟の長男として生まれた。上京して早稲田大学へ入学、野球部に入り、卒業後ノンプロのリッカーミシンに入り、その後亜細亜大学野球部の監督をつとめた。特に亜細亜大学での監督時代は今や伝説になっている。同野球部をリーグ戦の三部から二部そして一部に昇格させるという手腕を発揮した。大変な勉強家で、同期の西大立目永によれば、「生原は、練習が終わったら、グラウンドから学校に走って行って勉強してましたよ」ということである。

大学一年生の一九五六年秋、ブルックリン・ドジャースが来日し、その試合を白黒のテレビで観戦して生原は圧倒された。ドジャースの黄金時代のメンバーが彼の最初のメジャー・リーグとの出逢いだった。その後亜細亜大学では鬼といわれるような厳しい練習を強いた監督生原だが、水面下で監督交代の話が進んでおり、四年目にして退任した。このまま監督を続けていたらアイク生原は誕生していなかったことになる。

惣太郎との出会いをつくったのは弟の生原伸久だったという。妻の喜美子の『ドジャースと結婚した男』を見ると、昭宏が「アメリカに行くには、どうしたらいいだろうか」との問いに、伸久は「兄貴、日米野球の父といわれる鈴木惣太郎先生にお願いしてみたら」という返事だった。このとき、「そうか、よし」と席を立って、東京駅に行き、突然電車に乗って横浜の惣太郎宅を訪問したという。いささか唐突な出会いになっている。だが頑固者の惣太郎、まったく見ず知らずの者が突然やって来てすぐ会うはずもない。一方、惣太郎の「日記」に生原の名が出てくるのは、一九六五（昭和四〇）年一月六日である。

「亜細亜大学野球部監督生原君というのが電話をかけてきて、これから会見させてくれという。私の方は今原稿執筆中だからと断わった。アメリカへ野球研究に自費で監督をやめて行きたいとの事で、中日（新聞）の連載も読んでいるとのこと。近日に会う事を約束した。」

一二日に巨人軍事務所で会見することになった。リアルタイムの「日記」を見れば、まず最初は事務所で落ち合ったのだろう。惣太郎は尋ねた。

「あなたはドジャースで勉強したいというが、どの部署で何を学ぼうというのか。もし、ドジャースが受け入れてくれたとしても。言葉や習慣、文化の異なる世界で働くのは容易なことではない。そこまでの覚悟があるのか。」

生原は「どんなセクションでもよいのです。ドジャースで勉強できる道を開いて下さい」と答えた。彼の熱心さにうたれた惣太郎は快諾した。そこで渡米させる前にまず生原を巨人キャンプに参加させることにした。まず現場のプロのキャンプを見学させる腹積もりだった。佐々木代表にこの件を依頼、了解を得た後、生原は、生まれて初めて巨人の宮崎キャンプに参加した。

惣太郎はすぐ生原紹介の書簡をオマリーに書いた。オマリーからは快諾の返事があった。宮崎キャンプでは、川上監督ら現場首脳は球界の大先輩を丁重に対応した。二月二日惣太郎は、この機会にということで久しぶりに川上監督に申し入れをおこなった。

「巨人としては優勝する必要はもちろんあるが、昔から沢村、川上、千葉、次いで長嶋、王など人気選手を輩出して来たことが運営上の大利益があった。監督はキャンプで混雑のうちにあっても静かに次の人気選手を仕立てることの重要性を語った。」

大監督の道を歩み始めた川上にこうしたことが言えるのは、正力、藤本定義か惣太郎ぐらいだろう。川上は惣太郎の話を熱心にノートにメモしていたという。長嶋にすれちがった惣太郎は「ケガするな」と告げて宮崎を後にした。

三月一日、巨人事務所に、生原と父親の佐七郎、妻喜美子の父親らが集まり、惣太郎は渡米の件で細かく注意をおこなった。一七日惣太郎は渡米した。一八日ロサンゼルス空港で一足先に帰国していたラソーダが出迎え、ドジャース機でベロビーチに向った。もちろん生原も一緒である。生原は土産にネクタイ、スカーフなどをたくさん買い込んでいた。ベロビーチ空港に到着、タラップの下から「フレンド・オブ・スズキサン」と声をかけてきたのがオマリーだった。惣太郎を空港に出迎えるメジャーのオーナーの姿、こんな光景はなかなかない。惣太郎は生原の名が早く覚えられるようにと、「アイク」というニックネームをつけた。それは生原のローマ字の頭からを英語読みするものだったが同時に、一九五三年から八年間アメリカの大統領だったアイゼンハワーの愛称で、最も尊敬する人物調査で九年間第一位の座にあった。これも影響しているのではないかと思われる。

ところでピーター・オマリーは生原のドジャース入りを次のように振り返っている。

「鈴木さんからの手紙を読んだ父は、アイクがどんなにアメリカに来ることを望んでいるか、それもドジャースで野球について学ぶためだということを知って、強く心を動かされたようだ。私は、アイクが当って砕けろとばかりに、アメリカ行きを鈴木さんに直訴する様子を想像した。最初、鈴木さんはアイクを手助けすることに気が進まず、アイクに会おうともしなかったという。しかし、アイクは決してあきらめなかったと、鈴木さんは、父への手紙でそう書いていた。父は、鈴木さんを大変、尊敬していた。鈴木さんが誰かをドジャースへよこすというのであれば、父にも無論、異存はなかった。父は鈴木さんの判断を尊重し、すぐにアイクをドジャースに受け入れることを決めた。」（『ドジャースと結婚した男』）

生原の研修生活が始まった。生原が配属されたのは、ドジャース傘下のスポーケン・インディアンズ（ピート・リーザー監督）だった。このチームは息子のピーターがGMをやっており、これからピーターとの二人三脚が始まることになる。オマリーの言っていたことである。

「フロントの仕事は、試合の前にパーフェクトに完了していなければならない。プレーボールになれば今度は選手が全力を尽くす。」

惣太郎やオマリーの教えを着実に守る生原だった。彼は、朝四時半に事務所に着くや新聞を役員に配布し、チケット売り場をチェック、場内の見廻りなど、雑務にいたるまでの仕事を精力的にこなした。突然始まったアメリカ生活だったが、ロサンゼルス郊外のガーデナに、惣太郎の古くからの友人江籠・フランク・与春《おきはる》が住んでいたことが幸いした。生原は江籠夫妻の好意により小さなアパートを借り、不自由ないように古い家具もそろえられていた。彼もまた生原や惣太郎のよき理解者だった。これは後述する。

一方、ボスとなったピーターは、語っている。

「私はアイクに、ドジャースのすべての部署を経験してほしかった。チケット・セールス、マーケティング、マイナー・リーグ、それから、ベロビーチも含むプレーヤーズ・ディベロップメント。アイクはこれらの部署を順番に回り、経験を積んだ。アイクはドジャースのすべての職員に会ったが、彼はまさに〈親善大使〉というべき人物だった。……」（『ドジャースと結婚した男』）

後の話だが、惣太郎は生原に次のような書簡（昭和四二年一月七日付）を書いている。

「ドジャースに誠心誠意働いて勤めて日本へ帰りたがらぬこと、いずれはドジャースの代表として日本に来るチャンスもあろう…」

惣太郎の予想は見事にあたる。その後、生原はヘッドコーチに上り詰める。また有名な早慶六連戦のときの早稲田の主将で国鉄スワローズに入団した徳武定之（現定祐）は、球友生原の仕事ぶりについて次のように述べている。

「ベロビーチで生活していて驚いたのは、生原さんの早朝ランニングと腹筋体操、鈴木惣太郎さんから、腹筋を鍛えないとドジャースの仕事についていけない、生原さんは鈴木さんを神様のように思っていた。鈴木さんが見ているわけでもないのに、言いつけを信じて実行する姿に心を打たれた。」

野球勉強にやって来た徳武は、忠実な惣太郎の弟子を見たのである。惣太郎のもとには、生原からの書簡が何通か残っている。これを見ると両者の絆を物語るような、また日米野球交流史の一面にもなるようなやり取りである。

その後一九六七（昭和四二）年夏、ピーターはスポーケン・インディアンスのGMからドジャースの副社長としてロスに戻った。彼は、いよいよオマリーの後継者の道を歩み始めた。ピーターの下で働いていた生原は当然ロスに戻った。

後継者正力亨

正力松太郎の時代はいよいよ終わりに近づいていた。東京オリンピックあたりから、正力は第一線での権力を部分的に分けはじめていた。特に巨人は息子正力亨に委ねることにした。しかも巨人が読売の事業展開の推進力だったため、マスコミデビューで脚光を浴びる機会も多かった。そしてもっとも脚光を浴びる機会が日米野球交流という華やかな舞台だった。記者会見でフラッシュを浴びる息子亨を見る父正力松太郎は、我が子の成長をみる喜びにあふれ、惣太郎にもおりにつけ亨の働きについて触れるようになった。これを聞くと、惣太郎には嬉しくもある一方、その現場から離れていく一抹の寂しさも感じていた。

一九六五（昭和四〇）年一月一四日、正力亨は、アメリカからオールスターチームを呼ぶため、惣太郎に書簡を書くようにと指示があった。惣太郎は困惑したが、オマリーに連絡した。まもなくオマリーから書簡が来て、来年の読売の招待工作に、彼が協力するという内容だった。

オマリーが手伝うなら話は別だった。惣太郎は「日米野球についての最後の努力」と言い聞かせるほどだった。

ところで、二六日の長嶋の結婚式は空前のニュースになった。惣太郎は式に参列、お祝いのスピーチと共に、オマリーからの祝電を惣太郎が代読することになった。しかし来賓が多く話す時間が押されて省略となった。やむなく司会役の越智アナウンサーに一部は代読してもらった。珍しい式次第などが惣太郎家には残っている。

さて、惣太郎はオマリーに書簡を書き始めた。野球交流でどうも正力亭とオマリーで隔たりがあり溝が埋まらない。

「……正力さんが迷っていてたびたび決心を変えるので困るから、どうしても私が渡米する方がよかったら、その旨正力さん宅に電報してくれと率直に申し入れた。本当は私は渡米しない方が身辺利益であるが、オマリーはじめドジャースの人達の日本来訪の熱意を思うと私のことばかり考えてはいられぬ。失敗してもよいから行こうと決心し、正力さんの御曹司はこんど同行しない方がよい。大切な身体で対米最初の仕事にケチをつけられたくないと書いた。」

ドジャースへの気配りと、なにより二代目正力亭への気遣いが惣太郎らしい。だが父親とはまた違った二代目キャラクターのため良好な関係を築くことは難しい。

惣太郎も困惑するときがあった。たとえば前年九月一四日の会見のときである。コーチ招聘で正力亭の質問に答えていたが、「中途から川上監督の指導係も出た」という。現場の監督の指導など全くの筋違いの話だった。干渉というべきか、「時に不快な正力亭さんの言い分もあり、少し私も激した」ことがあった。川上采配に対する正力亭の注文である。フロント側が現場にとやかく言うのを好まない惣太郎としては、そのセリフが気にくわなかった。

いずれにせよ正力亨のペースで対米交渉は始まろうとしていた。三月五日、亨は惣太郎を呼び、①巨人へのコーチ派遣、②一九六五年秋にドジャースを招待する、この二点を伝えるために渡米することを命じた。オマリーの希望やフリックの意向などは全く眼中にないようだった。

一二日再び正力亨はアメリカ側の意向にクレームをつけた。

「ドジャースを呼ぶことにコミッショナーが反対で不可能となれば、明年呼んでもよい。今年パイレーツなんか呼ばない。従って今年は日米野球をやめてもよい。」

父親と同じ発想だが、経験がないだけ強気の姿勢だけが目立つ。正力の強硬姿勢に惣太郎の渡米は困難が予想された。すでにフリックが、村上問題が円満に解決するまで日米野球交流を断つということに言及したことを聞いており、危惧しながらの渡米だった。

三月二四日、惣太郎は渡米した。二七日、惣太郎はロスでオマリーに会い、パイレーツ来日問題を相談した。オマリーは、自身が仲介すると話した。そのおり、惣太郎は、石灯燈をドジャースタジアムに寄贈したいと申し出た。それは、オマリーとの友情の絆を現したものだった。江籠のアドバイスもあり、石灯籠が最も日本の伝統的な記念品と思ったようだ。

江籠は一九五五年に日本から帰国し、ロスの郊外で庭師をやっていた。惣太郎はオマリーに、「トクと私の名で贈りたいが、許してくれるか」とたずねると、「大きなものでなくともよい、是非寄贈してくれ」と大変喜んでくれた。桜も贈ったがその後、旱魃で枯れてしまったようだ。

これこそが今もドジャースタジアムに残る「惣太郎ガーデン」である。オマリーと惣太郎の友情の証である。

さて、オマリーは、パイレーツの会長ガルブレイスに「日本行きを思い止まるよう」と勧告した。ところが、フリックの申し出だからといって頑固に来日すると言って聞かなかった。すでに配下の選手にも遠征すると伝えていたのである。

「オマリーさんは失望の色が濃く、遂に私の方でなぐさめたり気を引き立てたりする始末。」

さっそく本社に惣太郎は書簡を書いた。四月一日、惣太郎はニューヨーク、ワシントンに向かった。惣太郎が日米野球で重大な事態が発生すると外務省側に相談するのは常だった。日本大使館で文化担当の赤谷源一郎参事官に会い、ドジャースを迎えたいのだが、フリックが強くパイレーツを推薦してきている。もし外務省を通じて、国務省に日米親善の見地から、この交流で不測の事態が発生したら事情を知っておいてほしいという彼らしい根回しだった。

惣太郎が久しぶりに面会したフリックは南海の対応を快く思っておらず怒っていた。彼は、村上がＳ・ジャイアンツの支配下にあると解釈するのも当然だった。村上問題が片づかない限り「日米野球の通常関係を絶つ」と強硬だった。それは日米交流にも影響する。予想外の展開に南海の動きを静観するほかはなかった。これについては、前述したように年末に決着する。

一九日再びロスでオマリーに会って、日本大使館での話もつけ加え、二四日に惣太郎は帰国した。惣太郎通算二〇回目の渡米はこうして不本意なまま幕を閉じた。ドジャースとの交流だけでは日米交流を進展させることはできない。というより読売を中心にした交流に限界があることが判明してきた。

「今度の旅では今が限りというのに身体がいたんでしょうがない。あるいはもうアメリカに来られないかもしれぬ。さみしい。」

オマリーとの交流は進展しても、フリックとの溝は埋まらなかった。成果のない旅は、七五歳の惣太郎には辛いものがあった。四月三〇日、正力亭は、惣太郎を呼んで渡米報告を聞いた。彼は用意したメモに従って正力亭に交渉状況を説明した。どういうわけか、正力亭は機嫌もよく、報告を終えて立ち上がろうとするとそれを制して御茶を勧めるほどだった。惣太郎は明言した。すなわち、本年はドジャースの優勝（ワールド・チャンピオン）が濃厚で、パイレーツの優勝は困難なこと（この年三位）、今ごろフリックはパイレーツを推薦して困っているのではないか、そこで極力ドジャース来日に努力することを進言した。

こうしたプロセスを経て六月一一日、惣太郎は正力松太郎と再度の確認をおこなってから、オマリーに対し、パイレーツを呼ぶ意志のないことと、明年はドジャースを呼びたい旨を伝え、その心づもりで努力してほしい、そして他方でフリックには、本年はメジャー・リーグ・チームを呼ぶことはない旨を伝えた。パイレーツ来日を正式に拒否する姿勢に出たのである。正力亭の強硬論とオマリーの尽力で、結局パイレーツは来日しなかった。

一〇月、ドジャースはミネソタ・ツインズを破り、予想通りワールド・チャンピオンに輝いた。喜んだ正力は、早速日米決戦実現だと言い始めて、「直ぐ行ってドジャースを呼んでこいというムチャクチャを言い出し、橋本がそれは無理ですよ」と納得させた。巨人は二年ぶりに優勝し、この年からV９街道を走ることになる。正力も上機嫌だった。二一日、惣太郎は正式にオマリーにドジャース招待の書簡を書き送った。

ここで予想外の行動に正力は出た。正力亭と惣太郎の二人をアメリカへ派遣するというのである。息子亭の後見人ということで惣太郎にサポートさせたかったのだろう。さすがに前回の渡米でかなりの疲れを感じていた惣太郎は、二人も行くことはないと辞退、結局正力亭が一人渡米することになった。亭のメジャー・リーグ側との交渉、初デビューでもあった。ほどなく出発、同年一一月一二日帰国した。

ここからが亭らしい。帰国した正力亭は、早々に記者会見を開き日米争覇戦のプランを明らかにした。亭は「一人で決めてきたように」話して、なおかつ翌一三日、セ・パ両リーグ会長を呼んで報告会を開いたのである。驚いたのは惣太郎である。出発まで巨人顧問としてアドバイスして、事前にオマリーに書簡を出して根回しや日米決戦の困難など協議していたからだ。亭の帰国後は、彼の報告がないまま事態が勝手に進行していた。ましてや正力亭は渡米中に、オマリーに面会できていなかった。惣太郎の根回しを無にするような行為だった。

「……勝手な報道が各紙にのせてあって不愉快である……私が何で呼ばれないのかとても不愉快である。この戦後、最後の不快を胸に抱いて宅を出る。」

こうした筋の通らない推移に惣太郎は不満である。従来もそうだった。別に惣太郎がカメラの脚光を浴びたいわけではない。相手を紹介した以上、露払いをした頑固な老人に事後の連絡と米球界の意向を正確に伝えてくれればいいのだ。惣太郎の思いは、かなり失望感に襲われていることがわかる。

一九六六（昭和四一）年、恒例の正力の年始会は、ドジャースのワールド・シリーズ制覇を受けて日米争覇戦で盛り上がった。正力亭の渡米談は席上の話題だった。

「亭さんの話になると眼を細くして喜んで何かと語ってくれた。」

正力は、とかく亭の話になるとどこにでもいるわが子を思う父親そのものだったようだ。その後再渡米した亭は、オマリー側と交渉して四月一九日帰国した。そこで今秋ドジャースが来日すると発表、惣太郎の様々な根回しが功を奏した形となった。

「来訪は決定的である。先ずこれで良い。私の縁の下の力もちも、実ったことになる。」

しかし一方で淋しさもあった。ジレンマである。ドジャースとの橋渡し役で尽力した彼の役割は亭の登場で終わりと思い始めていた。五月四日の「日記」である。

「私の対米野球の仕事は、これによって対内的に大転換期に入り、もうアメリカを訪れることは永久にないだろう。もっとも今日七六歳になった年齢を考えると渡米しようとしても至難なことである。」

翌五日、正力松太郎からドジャース来日が発表された。そして亭が五月一四日に再渡米して契約する旨も明らかにされた。記者会見席上、正力亭は満足そうな顔をして、これは「準世界選手権」とまで語った。

オマリーの友情

惣太郎の誕生日に読売がドジャース来日の発表とは皮肉なことである。ほどなくして七日、読売普及部からドジャースとの契約について要点を確認したいと惣太郎のところに連絡があったため、余計に彼にはショックである。日米野球でも、対ドジャース交渉で契約問題となると、読売は惣太郎に話を持ちかけていた。

「対ドジャースについて私への態度は不快、失礼である。」

それでもオマリーに、来日を祝す書簡を書いた。だが書いていくうちにそれは徐々に愚痴めいたものになる。恐らく歓迎委員にも選ばれないかもしれないが、と記してしまう。高齢になっただけ、頑固さも強くなっていた。オマリーしか自身の思いを伝えられなかった。

この書簡を読んだオマリーからはすぐ返事があった。それは落ち込んでいた惣太郎の胸を打つものだった。それは、訪日したら、公式行事のセレモニーは若い重役にまかせて、オマリー自身は「静かに日本を見たりして楽しみたい」というのである。そこで「私たち夫婦とたびたび会うことを希望している」と懇切丁寧な惣太郎夫妻を思いやる手紙を送ってきたのである。

惣太郎も「うれしい、有難いこと」と感謝している。その後もオマリーから心温まる手紙が送られた。その気配りに惣太郎は感じいっている。ビジネスライクを超えた二人の友情は、まさに日米の架け橋となる絆だった。

八月二八日、各紙はドジャース来日を正式に発表した。予想通り読売側から事前に連絡もなく惣太郎には、厳しい現実の日だった。ドジャースとの交渉はすっかり正力亭の方に回った。このため惣太郎が関心をもったのが大洋ホエールズ側によるドジャース接近へのサポートである。それは水原がそうだったように、今度は大洋の監督になっていた三原への支援だった。

ペナントレースも終盤になった九月、大洋はドジャースの下部組織のリーグに選手を派遣することなどチーム改革に奔走していた。キャンパニス・コーチの紹介を依頼され、また辻村正一社長、三原監督らが惣太郎に面会し、ドジャースの教育リーグへの参加協力を依頼した。

一〇月一〇日日本シリーズで巨人は南海を破り優勝、Ｖ２を達成した。いよいよ巨人対ドジャースの対決が迫った。二〇日には「今春以来の苦悩のタネ」だったドジャースがエッカート

・コミッショナーと共に来日した。
　仁義に厚いオマリーは本当に約束を守った。到着したこの夜、惣太郎は水原の車でホテルニューオータニへ行き、オマリー夫妻と会食をして旧交をあたためた。さらに翌日もピーターらとともにパーティーに出席した。この時、久しぶりに惣太郎は正力に会った。

「一年間、謹慎していました。」

　最近、野球交渉で会うことがなかった精一杯の正力への皮肉だった。この「皮肉」が通じたのか、オマリーからの取り計いがあり、翌日読売から惣太郎に対ドジャース戦での通訳の要請があった。

「今日は、オマリー会長とエッカート・コミッショナーと正力社主の間にはさまって説明をしてくれ……」

　オマリーが来るならと惣太郎は引き受けた。エッカートは従来の弁護士出身ではなく、空軍中佐という軍の出身だった。軍人からコミッショナーへの転身は非常に珍しい。各球団からフリックへの反発が強くなって、未経験のエッカートをその座に据えたといわれている。

　さて、説明しやすいように惣太郎は座席を第二列にひかえ、正力とオマリーの間に顔を出せるようにした。興味深いのはこの時、試合を観戦しながら正力に対しオマリーが盛んにドジャースの日本進出に言及したことだった。彼はあきらめてはいなかった。だが正力は、これに消極的だった。惣太郎もこの件だけは苦労して通訳した。

　一一月一日の夕刻にはオマリー夫妻とピーターが横浜の惣太郎宅を訪問した。この記念すべき訪問は惣太郎家のアルバムにも残っている。そしてホテルニューグランドでドジャース初来日のとき世話になった加瀬俊一夫妻と会食した。

ところで惣太郎はオマリー夫妻との再会に合わせて、ささやかながらセレモニーを企画していた。執筆していた『アメリカ野球史話』の出版記念祝賀会を開くことになったのである。発起人は鈴木龍二だった。

四日、帝国ホテルに多くの球界関係者が集まった。司会は小西得郎、正力、オマリー会長やエッカート・コミッショナーも出席、後にロッテオリオンズに入団するジム・ラフィーバーなどドジャースの主力も参加して華やかな祝賀会となった。宮沢俊義コミッショナーの乾杯で会は始まり、続いて正力が、惣太郎が日米野球に尽力したことを述べて祝辞とし、会は盛り上がった。

最後に惣太郎がマイクをもって謝辞、またアメリカ野球が数十年来の楽しみであり、「このアメリカにおける健全にして明朗なる国民娯楽を正しく日本に紹介しよう」として執筆その他の努力をしてきたと話し、大拍手が湧きおこった。日米野球では裏方ばかりだった惣太郎が、この日ばかりは主役だった。

対ドジャース戦は一一月八日には昭和天皇の試合観戦もあって交流は大いに沸き立った。通算二回目の天覧試合である。正力の面目躍如だった。これは、あまり知られていない。しかも、この試合で長嶋はまたもやホームランを打ち込んだ。昭和天皇のいわば御前試合二試合で二本のホームランとは、恐るべき運命を持ち合わせた選手である。

その一方、日米交渉で二つの約束事が決まった。すなわち、①日米両コミッショナーは、日米親善野球において、一度招いた球団は六年間訪日できないこと、②同一リーグからは三回連続招待できないことなどを決定した。ようやく日米野球が三者協定時代から日米コミッショナーの協定に変わった。いつまでも特定球団の日米交流を座視するわけにはいかなかった。

惣太郎のような個人的な窓口により日米交流をしていく時代から、日本プロ野球とメジャー・リーグとの交流はコミッショナーの権威の下で動き始めたのである。アメリカの窓口もハンター、オドールからオマリー、ドジャースと相手が変わっていくように、惣太郎から読売、プロ野球機構へと変わった。だがまだまだ読売が権限を握っていた。これは本来惣太郎の望むべき転換だったはずである。他方で惣太郎には寂しい日々の到来だった。日米交流の裏方からも撤退を意味したからだ。

ところで正力が日米の決戦だと述べていたように、周囲の大歓迎をよそに苦労して招致した今回のドジャースは九勝八敗一引分けという、来日メジャー・チームらしからぬ惨々な結果に終わった。これには惣太郎は不満だった。ともかくナ・リーグ優勝まではよかった。ところが、ワールド・シリーズでボルチモア・オリオールズに四連敗し、敗戦のショックを引きずったまま来日した。それだけに力が出なかった。

「それにしてもドジャースの九勝八敗一引分けは不可。」

惣太郎はせっかくの来日にもかかわらず、あまりにひどい試合で憤慨していた。ただ日本チームが圧倒される試合が減少していたのは事実だった。そしてメジャー側の油断は禁物であることも事実だった。両国の力の差は、確かに近づいていた。

ドジャースの日本遠征が無事終了した二〇日、羽田の見送りには惣太郎もかけつけた。エッカート・コミッショナー、オマリー一家、オルストン監督、各選手、一人一人別れを告げた。

オマリー夫人は目に涙を浮かべながら別れを惜しんでいた。淋しさの中にも「わずかに面目を保てたのはオマリー一家が私を大切にしてくれた」という事実だった。ドジャース来日には複雑な気分であったが、オマリー夫妻の心遣い、出版記念会など惣太郎には晩年の思い出の日々となった。

巨人優勝の裏側

ドジャース来日の成功は、以後の巨人のアメリカキャンプの恒例化への布石でもあった。翌一九六七（昭和四二）年一月五日、正力亭はさっそくエッカート・コミッショナーに招待され渡米した。

二月二七日、巨人はベロビーチに出発した。ドジャースとの交流は順調に進んでいた。巨人はアメリカでメジャー・リーグ・チーム相手に練習試合で善戦した。アストロズに4対2で勝つほどだった。練習試合では巨人は十分メジャーと渡り合えるようになった。

無事帰国した巨人を迎えて四月三日、ペナントレースを控えて激励会が開かれた。これは事業本部と巨人事務所からの案内で招待された。だが、出席すると毎度のことだが、これはチーム関係者やOB主体の行事ではない、読売新聞の行事の一環になる。

「この激励会というのが読売の職員や販売店主をむやみに優遇するので気に入らない。」

わかってはいるものの、巨人は完全に読売の広告塔である。販売の神様の務台が控えているだけに野球関係者よりグループ企業や読売の販売関係者が多い。

それだけに、惣太郎のこのころのささやかな楽しみの一つは、昔馴染みの「野球古顔の会」の出席になっていた。両鈴木や三宅大輔や小西得郎らが集まって古き良き時代を語っていた。読売の昔を知る幹部も年齢などで退職者が増えて社内が若返り、いっそうの淋しさを与えていたようだ。この間に惣太郎は、荒井良徳からの電話で広岡達朗が渡米するため紹介状を書いて欲しいと会った。惣太郎は合計一一通も書いている。

四月二四日、惣太郎が正力に会うと、ご機嫌な顔をして「亭をアメリカにやる」「オマリーさんがアメリカ財界の人達を亭さんに引き合わせる」という。この春も再び正力亭が渡米した。正力亭周辺の華やかな賑わいに反比例するように、惣太郎と読売の繋がりは薄らいでいった。

秋の巨人の優勝祝賀会では、ついに惣太郎には正式なパーティー出席の招待もなかった。読売内の新旧交代は功労者への会合招待の段取りさえ影響が出始めていた。惣太郎はいよいよ読売では過去の人になりつつあった。晩節を迎えて惣太郎も、なかなか眠れない日々が続いた。正力に対する愚痴も出る惣太郎に、妻トクもアドバイスしている。

「長いものにはまかれた方がいい。正力さん達にさからわないように。」

惣太郎も「その気でいるのだが、先方の考えややることが実に不快」なことがあるため、なかなか納得もいかない。心に秘めているだけに夢にも出る。

「私も用心しないと正力さんが万一の時、巨人の顧問を辞めさせられる可能性あり、と考えて寂しい気持ちになった。こうした寂しさはこのごろ時々おそわれる。……わずかに面目を保ったのはオマリー一家が私を大切にしてくれたことと、正力さんが日米野球第一日に私に傍へきてコミッショナー、オマリーさんと正力さんの三人の間にいて話の仲介と試合の説明をさせてくれたことである。……」

日米交流という最後の砦でさえも奪われることに寂しさを感じて思い出すのは苦労話ばかりだった。それだけに正力の息子、正力亨には会えば直言することもあった。正力亨にとって惣太郎はありがたい存在ではあったはずだが、頑固で、また巨人を愛するがゆえに正論を述べるため、煙たくもあったかもしれない。

「正力亨さんから私に対し文句が出た。それは悪い意味でなく、正力亨さんは私の意を承けてアメリカの仕事の後をついたので、いわば私は父にあたり、正力亨さんは二代目である。その二代目に対して打ち明けて文句を言ったり、忠告をしてくれるなというのだ。私は正力松太郎社主の跡をつぐ人にそうした態度はとれぬ、尊敬していたのだ。しかし、これからは気をつけると述べた。」

惣太郎にはほどほどの発言にしてくれというもので、二代目とのジレンマを感じとらせるものだった。日米野球交流の華やかさがないかぎり、おそらく惣太郎は表舞台から静かに去るのみだったはずである。

オドールとの再会

一九六八（昭和四三）年二月四日、驚くような連絡があった。旧知のカイザー田中（田中義雄）から、突然久しぶりの電話があった。来日したオドールが惣太郎に会いたがっているというのである。それも惣太郎に来てもらえるならパーティーを開きたい、不参加なら開かないというのものだった。恐らく両者を知る野球関係者が、オドールとのかつての交流の復活、さらに旧友が集まって激励しようという二つの意味合いがあったのだろう。

ところで一九五八年、オドールはサンフランシスコ市のユニオン広場近くにオープンさせた「レフティ・オドールのレストランとピアノ・バー」というスポーツ・バーのオーナーとなった。彼は故郷で客席二〇〇を数えるレストランを開店し、年収六万ドルの実業家になっていたのである。彼は読売がドジャースとの交流を深めて以後、球界から距離を置き始めた。店内には彼と親交の深い野球選手たちや有名人たちの写真が飾ってあった。

オドールが野球から離れ、実業家として成功していたことも関係修復の背景にはあったようだ。惣太郎は、電話口でパーティーに参加すると言ったら、とたんに、電話の相手が田中から、オドールに代った。

「ソータロー、アイ・ラブ・ユー、奥さんはどうか？」

電話のむこうで懐かしい声が響いた。久しぶりに聞く彼の肉声だった。八日夕刻パレスホテルに惣太郎は出向いた。オドールは本当に大喜びで出迎え、惣太郎をかかえこんで頭にキスをした。疎遠となっていたかつてのオドールではなかった。二人はそろって帝国ホテルに向かい、二階の特別室でパーティーに出席した。

主賓は惣太郎、参加者は三宅大輔、水原茂、小西得郎、田中義雄など馴染みのある球界人だった。この会を開くために関係者は随分根回しをしていたのだろう。彼らも年をとり、互いに昔を懐かしみ歓談を楽しみにしていた。それには二人の雪解けはどうしても必要だった。久しぶりの再会を祝うパーティーはかつての二人の関係の修復の第一歩だった。昔話に花が咲き、オドールも上機嫌で会合は終わった。しばらく東京に滞在したオドールは、その後惣太郎と何度も会って旧交をあたためた。氷解したかどうかはわからないが、二人の溝を埋めていく交流だった。帰国したオドールからほどなく葉書が届いた。

「また近いうちに日本へ行く。」

二人の関係の復活がまだまだ続くと思われた翌一九六九（昭和四四）年末、不幸なことがおきてしまった。オドールが一二月七日に死去したのである。惣太郎との友情をギクシャクさせたことはあったが、日本プロ野球の発展に貢献したアメリカ人であることはまちがいない。彼は二〇〇二年、日本の野球殿堂入りした。

オドールを敬愛するディマジオは、一九二七年からのオドールファンだったという。

「私には二人のアイドルがありました。……一人はジョー・クローニン、もう一人がレフティー・オドールでした。オドールは子供たちには、実にすばらしい人でした。」（『伝説のレフティー・オドール』）

オドールは、服装にも執着があった。特に身につけるものがグリーンを基調にしていた。グリーンのスーツ、グリーンのジャケット、パンツやシャツもグリーン、セーターやネクタイもグリーン、目もグリーンだった。一九二九年フィラデルフィアで首位打者になったのを記念に、グリーンのスーツを買った。その服で球場に行きホームラン、ヒットを打ち、翌日グリーンのシャツを着てグリーンのネクタイで出かけ、ホームラン、三塁打、など四本のヒット、こうしてグリーンを身に着ける習慣ははやめられなくなった。

子供好きでも知られ、一九五一年の来日のときは障害者の学校に一〇万円を寄付したり、六六年のキャンドルスティック・パークでのオドール・デイでは、恵まれない子供たちのために小切手を贈呈した。語り継がれているのは、一九六九年の「レフティ・オドール・キッズ・デイ」には何と二万二千人もの子供が集まり、最初に入場した六千人の子供たちにはミニチュア・バットをプレゼントした。

オドールが最近話題になったのは、二〇〇四年のシーズン、イチローが二六二本の一シーズン最多安打を記録したときだ。そのときまでの歴代一位はジョージ・シスラー、そして第二位がオドールだった。何十年ぶりに彼の記録が脚光を浴びた。

日米野球交流で友情とビジネスは別とした惣太郎の無念の思いは、かつての二人の関係が過去になり始めたことを意味した。しかし、帝国ホテルでのパーティーは二人にとって再出発になるはずだったが、それにしてもオドールの死は早すぎた。

奇しくも日米開戦の日が命日となった。オドールはサンフランシスコの隣町コルマのメモリアル・パークで眠っている。墓石にはバットとボールが浮き彫りになり、打率も記してある。「故正力松太郎社主が日本プロ野球の父ならば、オドールは師であり、兄であり、そして日米親善のスポーツ外交官だった。」

さて、一九六八（昭和四三）年、巨人がV４を勝ち取った秋、セントルイス・カージナルスが来日した。惣太郎が目を見張ったのは一一月三日だった。第三戦、日本側は阪神タイガースのエース江夏豊の登板だった。高校を卒業した江夏は入団一年目、奪三振二二五個というとんでもない数字を出し、二年目の江夏はこの年、大車輪の活躍だった。九月一七日、対巨人戦で三五二個目の三振を王から奪い、さらに新記録の三五三個目の三振を取るため打者を一巡させて王からまた奪うという離れワザを見せるなど、このシーズン四〇一個という前人未到世界記録の奪三振記録をつくった。監督は元巨人監督藤本定義である。

日本プロ野球で最強奪三振王のサウスポーは、対カージナルス戦で打者たちを「くるくる三振したり凡打」にしたことに、長らく日米野球を見てきた惣太郎は、ただ驚嘆するばかりだった。筆者はかつて江夏氏にインタビューし『左腕の誇り』を世に出したが、このときカージナルスの選手はストライクコースをどんどんと振ってくるので勝負は面白いと語っていたことを思い出す。全盛期の江夏がメジャーに入団したらどんな結果を出していただろう。

「カージナルスが弱いのか、日本が強くなったのか、その両方だろうが、日米野球の将来には問題が出てきそうである。」

日米の圧倒的な差はなくなってきた。そうなると、いよいよ日本人選手のメジャー入りが現実になるかもしれない。長嶋の流出は阻止できたが、これからは防げるのか？

一八年後江夏は日本球界を去り、一九八五（昭和六〇）年メジャーに挑戦、夢叶わず引退する。野茂英雄がドジャースに入団したのは一九九五年だった。

正力の死去

一九六九（昭和四四）年の正月三日、惣太郎の恒例の正力邸年賀は熱海の国立病院となった。惣太郎も病気がちだが正力の方が事態は深刻だった。だが、衰えぬ野望は留まるところを知らず、正力は病院から指示を出していた。正力タワー建設などすでに読売には手に負えないプランも数多くあり社内の混乱も深まっていた。

「正力さんは自分の意見をいろいろ言ったが聞きとれなかったところがある。」

なにを言おうとしていたのか、話す言葉も明確に聞き取れないこともあった。正力が考えていたことのひとつは永田雅一の東京オリオンズ（千葉ロッテマリーンズの前身）を横浜に移転することだった。大映社長永田は経営難で苦しんでいた。東京スタジアムを正力は巨人も使ってサポートしようとしたが、永田はパ・リーグの面子で断っていたが、もう背に腹は代えられなかった。受け皿となる横浜の飛鳥田一雄市長と内交渉をしてほしいという惣太郎への指示だった。地元で知己も多いからという理由だが、またまた「厄介」な仕事だった。

一月七日、惣太郎は飛鳥田市長に会い、「正力さんは、横浜を野球都市にしたい」という話から始め、プロ球団を一チーム移動させて本拠地とするので、市の方で球場建設か現球場の改修をおこない、三万五千人収容できるスタジアムを作ってほしいというものだった。問題は建設資金の捻出だった。

一四日、一五億円のうち五億円を正力の仲介でつくってもらいたいとの横浜からの要望を惣太郎が伝えた。正力は、横浜移転に五億円の出資金を出すことになった。さらに翌一五日、正力と善後策を話しているとき、東京オリオンズがロッテと提携することが聞かされた。また極秘ながら正力は五千万円を永田にすでに貸していた。他方で、正力は移転に関し、要求にはなんでも了解する意向も表明した。

このように、日本プロ野球界では正力が大なり小なり関与していることがわかる。だからこそ、巨人中心の構造になってしまう要素を含んでいたのである。

二三日、再び正力は惣太郎と会見した。市長はオリオンズの受け入れを決定したので知事や銀行、中華街など地元関係者に話して一万から一万五千人ほどの後援会をつくることなども出ているることを、惣太郎は正力に話した。資金不足で結局オリオンズ横浜移転は頓挫する。ところが、一方でもうひとつの話が動いていた。鈴木龍二会長は、正力の協力を得て大洋の中部社長を説きつけて二年後にフランチャイズを川崎から横浜に移すことを承諾させようとしていたのである。

三月二四日、市長や幹部立会いのなかで、極秘条件の下、大洋が横浜にフランチャイズを移すことを承諾、いよいよホエールズの移転が決まった。この春巨人は、倉田、山内、新浦をベロビーチの教育リーグに派遣、田淵幸一は阪神に奪われたが、さらに戦力アップを図っていた。一月には東大安田講堂での事件、七月アポロ一一号による人類初月着陸など国内外で大きな事件があった年だった。

ところで惣太郎はこの年野球殿堂入りした。一月一〇日祝賀会があり、正力亨オーナー、宮沢俊義コミッショナー、永田雅一などが参集した。正力亨は、「私を、巨人と日米野球交流の足跡をたたえ」、毎日の宮本からは、「どうしてスポニチの執筆をするかを明らかにしてくれ」てありがたかったという。球界でもこのいきさつを知っている人はあまりいなかった。三宅の音頭で乾杯した。

「私には格別の功労などない。正力さんのキビに付して使い走りをした。」

けっして余計なことを言わず、控えめな惣太郎の姿勢がでている。こうした姿勢が、読売の中で最後まで生き抜いた結果でもあった。

そして、その時はやってきた。一〇月九日、小康状態を保っていたプロ野球の父、正力松太郎が熱海の病院で死去した。偉大なる興行師の死だった。八四歳の大往生だが、一人付き添っていた柳橋の芸者がこれを見取った。家族がかけつけたのはもっと後だった。遺体はほどなく逗子の邸宅に帰った。部屋で正力に対面した惣太郎は全身から力が抜けていくのを感じとっていた。

「悲しくて自然に涙が流れ出た。」

様々な思いはあった。けっして簡単な言葉で言い表されるようなものではない。同夜、宮沢コミッショナーは、ナイターがおこなわれる四球場の旗を半旗にするべく指示した。プロ野球の父への哀悼である。この日、後楽園では巨人の選手は喪章をつけてゲームにのぞみ、五―二で中日に勝ち、通算二四度目の優勝、五連覇をかざった。

一〇月一四日、武道館の葬儀会場は、前年の吉田茂の国葬を三倍も上回る二万五千人もの人々が集まった。それこそマスコミ人は当然として、財界人から政治家、プロ野球関係者、読売の販売店関係者、その数もさることながら、肩書をみるだけでも正力が関与した事業の多彩ぶりを示すものだった。野球を通じて四〇年もの間、紆余曲折ながら正力に仕えた惣太郎も弔辞を述べた。

「隆盛をきわめるプロ野球の現状を思うとき、『プロ野球の父』の死去に無限のさびしさを感じる。」

惣太郎にとって、正力との関係は尊敬と畏怖と葛藤が交錯する日々だった。本来は惣太郎が受けるはずかもしれなかった「野球の父」は正力の下に行き、彼は理想家として読売内で知られるようになった。

「巨人軍を作ったのは、間違いなく正力さんの力がなければ組織化することができなかった。」

これを慰めとしながらも、結局は読売の広告塔と化した巨人を見て、惣太郎は、ついに正力の生前に日米決戦を実現できなかった無念さも感じていたはずである。生来、自制心の強い夢想者たる惣太郎にとって、ジレンマを感じながらも、日本でのプロ野球発展において偉大な足跡を残した正力の豪腕ぶりと、かくいう惣太郎も自らの老いを感じる葬儀でもあった。

ところで、読売内ではポスト正力をめぐってしばらく混迷した。本来なら亨が副社長から昇格するわけだが、娘婿の小林與三次（一九一三～一九九九）をも乗り越えて、務台光雄が絶大な力を発揮した。半年の闘争を経て、務台は社長に就任、亨は巨人のオーナーで社主、日本テレビでは平の取締役になった。また正力タワーも中止になり、正力亨の力は読売内で限定的なものとなった。

ドジャースタジアムの石灯籠

巨人は、正力の死後もＶ９路線を走っていた。オマリーからは時折書簡が届いていた。一九六九（昭和四四）年にはアフリカにサファリに行かないかという誘いもあった。同年水原は中日ドラゴンズの監督になった。水原は中日球団小山武夫社長を惣太郎に紹介、丁重な礼があった。再びドジャースのサポートの依頼があった。

ただ助っ人外人は直ちに日本で良い成績を残すわけでもなく、一年か二年で帰国する選手も多くいた。日本球界は助っ人にすぐに結果を求めるが、外人選手は異文化日本での新しい生活に慣れるのに多少時間がかかる。ドジャースから紹介されてもすぐいい成績を残す選手ばかりではなく、助っ人外人では試行錯誤が続いている。

一〇月、ピーター・オマリーが日本シリーズ視察のため来日した。二八日、惣太郎は再会を喜んで、小林與三次日本テレビ社長らとともに、読売ランドで食事会に出席した。そのまま都心にもどり、新橋で惣太郎は車を降り、ピーターは羽田に向かった。手を振る惣太郎に、後部座席からピーターはふり返り手を振り続けた。なかなか接待できなかった高齢の惣太郎は「これがピーターとの生き別れ」と思ったという。

しばらくして帰国したピーター、そして父ウォルターから翌一九七一（昭和四六）年二月に書簡が到着した。惣太郎夫妻をまたベロビーチに招待したいというのである。八〇歳の惣太郎にとっては大変な旅となる。だがオマリー家の好意も嬉しいが訪米はラストチャンスかもしれない。「もう一度真剣に渡米のことを検討」したいと考えるようになった。惣太郎は体調に注意したが万全ではなく、時間は過ぎていくだけだった。

それから一年後の一九七二（昭和四七）年一月一日、惣太郎は「今年の願いは、夫婦してアメリカ旅行」とたてた。着実に準備は整っていた。二三日、惣太郎は夫婦で渡米するとウォルターに書き送った。

「私どもにとっては大きなアドベンチャーである。努力して成就させたい。」

ほどなく惣太郎の冒険は、ついに三月実行に移された。ハワイを経由してカリフォルニアに入った惣太郎夫妻は、オマリー家に大歓迎された。一行はディズニーランドで遊び、巨人からコーチ修行にやって来ていた福田・城之内の両コーチと会い、ヨギ・ベラなどとも旧交をあたため、オマリー手配のドジャース機に乗ってアルバカーキーに行って生原の世話になった。

惣太郎は渡米すると訪米中の水原夫妻や多くの友人に面会しているが、次に紹介する古き友人の江籠フランク与春も大切な友人の一人だった。こうしたメンバーで会食することなど「もう生涯望めない」と感慨深いものだった。

江籠は、ロサンゼルス近郊のガーデナ市に住むオールド野球ファンである。彼は一九二一年五月三一日ロングビーチで生まれた。父親は鹿児島生まれでクリーニング業を営んでいたが、三歳のとき日本で教育を受けるため母姉兄弟四人で帰国した。小さい頃からの野球狂だったようだ。だが日本の学校で教員と衝突してアメリカへ帰国してしまった。ほどなく太平洋戦争が始まり、江籠は強制収容所に入れられた。戦後江籠は強制収容所から出され、日本に戻った。横浜に到着して彼が向かったのは、鈴木惣太郎宅だった。ノーアポである。そのころを振り返って、彼は「もちろん面識などなく、そこにいるかどうかも分からずに」(『月刊メジャーリーグ』)と述べている。

野球通で知られる惣太郎に会いたい、ただそれだけだった。彼の御土産はアメリカ野球関係の雑誌数冊である。惣太郎はこの向こう見ずな野球狂青年に好意をもち、付き合いが始まった。一〇年間ほど日本で貿易関係の仕事をして一九五五(昭和三〇)年、江籠はまたロサンゼルスに戻った。そして庭師となった。まだこのころはメジャー・リーグといえば「ヤンキース」というのが彼の関心だった。ところが一九五八(昭和三三)年ロスにドジャースが移転してきてメジャーが身近なものになった。ドジャースに好意をもった江籠は球団職員になりたいと思い、惣太郎を通じてディック・ウォルシュ弁護士に推薦してもらうよう惣太郎に頼んだ。この一件は家庭の事情で結局断念したが、惣太郎との関係でドジャースへの愛着は高まった。二人の交流は続き、一九六二年四月一〇日の新球場開幕第一戦に江籠は惣太郎とドジャース球場で観戦した。

このときドジャースタジアムの落成記念に何かを寄贈したいと考えていた惣太郎に、石灯籠はどうかとアドバイスしたのが江籠だった。絶好の日米交流の証しと思った惣太郎は、彼を通じて愛知県知事の紹介で石灯籠をロスに送ったのは一九六六年、その後八重桜を植えることもアドバイスして、一九七六年石灯籠の周辺に桜が植えられた。さらにオマリー父子の家の庭にも桜は寄贈され、これらの桜の世話をしたのも江籠だった。

残念ながらその後の干ばつでスタジアムの桜は枯れてしまった。この庭園は最近手入れする者もいなく、球場の外野側駐車場の所に位置し、一般人はなかなか知ることも少ない。だが惣太郎とドジャースの親密さを後世に残す絆である。野茂英雄はドジャースで名を上げ、中日の山本昌弘はアイク生原の世話になり、さらに生原の娘がドジャースの球団幹部と結婚するなどドジャースは日本野球と関係が深いだけに、この石灯籠を通じて日米交流の歴史を知るべきであろう。

三月三一日には第一五回全米野球大会に出席、夫妻共々一千人を越える参加者の前で、「日本のプロ野球創設者の一人」と紹介され大変な歓迎を受けて帰国した。アメリカにおける野球文化の成熟度を改めて肌で感じさせる旅行だった。最後のアメリカ旅行は読売の仕事でもなく、惣太郎夫妻の文字通りのセンチメンタル・ジャーニーだった。

第13章 ❖ 別 れ

顧問退任

帰国して二週間、疲れがまだとれきれないで休んでいて八二歳になった直後の六日、読売本阿弥運動部長から四日の誕生日付で、惣太郎に顧問をやめてもらうとの電話があった。またまた唐突な通知だった。ただ惣太郎も高齢で反論する根拠もなかった。評論家としては峠を越え、残るのは巨人ＯＢ会長職のみである。

「読売がアメリカ野球についての私の功績を認めていない点は、どうしても納得できない。私はどう出るべきか？　よく考えたい。」

晩節にいたっても葛藤は続いていた。九日、渡米報告のため惣太郎は久しぶりに正力亨オーナーに面会した。席上顧問を「やめさせられた」ことも報告したが、正力亨はなにも知らなかった。

正力亨と惣太郎の間では昔話に華が咲いて、ジャイアンツの起源に及ぶことがあった。

「巨人創立時のニックネーム制定に手間どり、サンフランシスコまで先行。私がオドールとの打ち合わせで、大日本東京野球倶楽部ではどうも長く電報に困るので、決断して電報中にGiantsを使い始めた。それを先代正力さんがGiantsとはなんだと質問したので山口幸一さんが運動部のデスクにいてGiantsとは＝〈巨人〉と訳すと説明された。正力さんは、喜んでGiantsを了承した、と説明した。」

顧問を降りれば、巨人レギュラークラスの長嶋、王、高田、柴田、土井、黒江など主力クラスとの恒例の懇親会は惣太郎の残された唯一の楽しみだった。

一九七三（昭和四八）年九月下旬、惣太郎はプロ野球界で初めて勲三等瑞宝章を受けることになった。群馬県伊勢崎球場には惣太郎のレリーフが飾られた。生原は受勲を知って惣太郎に書簡を送った。

「勲三等瑞宝章は、昭和四一年ドジャースが日本訪問した折、ウォルター・オマリーが贈与されたものと信じます。オマリー会頭もさぞ喜ばれるでしょう。」

その後、巨人は奇跡の九連覇をなしとげた。まさにドジャース野球の集大成のようなV9だった。再びピーター夫妻が来日したのもこのころだった。彼らは京都に旅行したりしたこともあって惣太郎はなかなかゆっくりと話すこともできなかった。彼らに付き添っていた生原からは時々電話があったが、体力も衰えてきた惣太郎は接待ができなかったと悔いている。同年一一月七日には、球界三長老パーティーが開かれ、惣太郎、鈴木龍二、小西得郎が招かれた。主催は宮沢俊義コミッショナー。席上、務台社長、水原、川上といった面々が次々と彼らの功績を讃えた。一方、惣太郎は、川上監督夫妻を「田村」に招待して、「巨人をやめろというまで監督をやめてはいけない」とアドバイスし、また長嶋には、「現役を続けること」を切望したことも彼らしい誠実さだった。

翌一九七四（昭和四九）年五月一一日、八三歳の惣太郎は初めて春の園遊会に招かれた。プロ野球界では初のことだった。プロ野球が野球文化として広く日本で認められた証拠だった。惣太郎の受勲、園遊会の出席は、関係者の尽力とはいえ、遅ればせながら日本プロ野球界の歴史で正当に評価すべき動きのひとつである。

「この喜びを胸に、これからも球界のためにお役に立ちたい」とはいかにも惣太郎らしい。惣太郎の喜びをよそに、V10を目指す巨人の力は明らかに落ちていた。長嶋はすでに峠を越えていた。とはいえ、「百年に一人か二人出るかでないかの名選手を監督に早く追いやることはない」と、惣太郎は長嶋監督待望論に当初反対していた。同年、ついに巨人の一〇連覇は止まり、中日が優勝した。川上は辞任、長嶋が監督になった。

巨人の外人助っ人獲得工作

優勝を逃したこともあって、正力亨オーナーは「伝統の純血をすてて、外人選手をとる」と発表した。これは常勝巨人の伝説に貢献してきた惣太郎にとっても、「一層の不快」だった。しかし、長嶋新監督を応援するために惣太郎は考え方を変えた。生原を通じてピーターに巨人へ助っ人を依頼している。ホームラン打者は王一人、これでは心もとない。巨人は助っ人外人を獲得していくことになった。

そこで、ピーターは送り込む選手を探した。さらにピーターは、来春の巨人のベロビーチ・

キャンプに、正力亭オーナーか惣太郎に全権を持たせて来ること、また事前の打ち合わせに渡米してはどうかと正力オーナーと惣太郎に送った。ドジャースが正力を招待することにかこつけて、父親オマリーの友人惣太郎を招きたいという本心だった。

惣太郎は、うれしいことだが、「いろいろのことが考えにうかんで心が乱れる」と葛藤している。ピーターは惣太郎を何度も連絡して招待しようとしていた。ドジャースの惣太郎への配慮はまさにファミリーへの配慮だった。時々の権力構造で対応が変わる読売の比ではない。一九七五（昭和五〇）年一月二二日、ついに決断した惣太郎は生原への書簡で、ピーターへの伝言を依頼した。「一切秘密」という。要件は、巨人のベロビーチ・キャンプに合わせて惣太郎夫妻のベロビーチ行きを、ピーターの招待という理由で使おうというものだった。この意向を受けてピーターは正力オーナーに書簡を送った。

正力オーナーは惣太郎を呼び出した。

「……正力さんから、ピーターの手紙（私共夫婦を巨人軍と同行させることについて）を示されました。私は入念に読み、ピーターの私共夫婦に寄せる心情のこまやかさが短い文章のうちによくうかがえました。正力さんは自ら何も言いませんので、私から質しましたら『巨人軍の渡米人員は決まっていて、私はその中にふくまれていない』とのことでした。このわずかな会話のムードのうちに、正力さんがピーターの勧説に従って私共をベロビーチに送る意志がないことをうかがいましたので、私の方から『はっきりした用件もないのに巨人軍と同行は反って邪魔になりますから辞退いたします』と述べ、会話はごく短時間のうちに極めてフレンドリーに、ビジネス・ライクに終わりました。

以上ピーターに御伝え下さい。私は大いに失望しました。それは渡米できないことではなく、ピーターの情味ある深意が正力さんにくみ取れ得なかったことです。この点、松太郎御尊父とは大いに違います。……」

この生原に書いた惣太郎の書簡は正力亨に直接言えるようで言えない、心の内が理解できる。惣太郎の今までの貢献を考えれば、正力亨オーナーも惣太郎の心情や境遇に多少配慮してもよかった。が、ピーターとはビジネス・ライクの付き合いでいく正力亨オーナーの姿勢では、惣太郎の思いは伝わるはずもなかった。

一九七五（昭和五〇）年三月一日、羽田飛行場は大騒ぎになっていた。長嶋巨人のベロビーチ・キャンプ出発の日であった。一行は正力オーナー、佐伯文雄球団常務以下総務四〇人、マスコミは五二人も帯同した。そこには新人定岡正二の顔もある。記念写真を撮り、ビールとジュースで乾杯、そして同行しなかった惣太郎の巨人ＯＢ会長としての「万歳三唱」が続いた。それでも病気がちの惣太郎には久しぶりの晴れやかな気分だった。

充実したキャンプだったが、ポスト長嶋の穴は埋まっていなかった。南海からトレードした富田勝に当初三塁を任せたが打率は上がらず、次にピーターの紹介でデーブ・ジョンソン（一九四三〜　、北京オリンピック・米チーム監督、第二回ＷＢＣ米チーム監督）が入団した。アトランタ・ブレーブスで本塁打四三本を打ったこともありポスト長嶋として鳴り物入りの入団だった。だが、一年目は本職の二塁ではなく三塁を守り、不慣れな生活と守備で十キロも体重を落としたという散々の不出来だった。

巨人の調子がでないころ、五月二一日生原から書簡が到着した。アメリカ生活もずいぶん長くなり、ドジャースでは可愛いがってもらっているが、「依然としてグランドボーイ的な仕事で、デスクに落ちつくのは試合時のスコアボードの仕事のときだけで、将来の事が心細い」というものだった。生原の気持ちを汲んで惣太郎はピーターへの書簡を出して生原の待遇の改善を依頼した。ピーターの動きは早かった。生原の待遇改善はすぐおこなわれた。生原から六月二三日付の礼状が届いた。

「……特にピーターへの私の今回の昇格に対しての礼状には衷心から厚く御礼を申し上げます。私の伝えたい気持ちが誠に明確に表現され、ピーターへよく判ってもらえたと信じます。有難う御座いました。尚……デーブ・ジョンソンに頑張る様、今日手紙がピーターより出されました……」

惣太郎の尽力に対する生原の感謝の気持ちが短いながらもよく現れているし、ピーターが惣太郎に配慮して巨人入りしたジョンソン（二年在籍）を励ましていることもわかる。だがジョンソンは、慣れないサードを守り、打撃も今ひとつで「ジョン損」、「壊れた扇風機」などと酷評され、壱年目は打率一割九分七厘、一三本塁打という惨状だった。青年監督長嶋との確執も生まれたと言う。

この年は、広島カープが初優勝、巨人は四七勝七六敗七分という散々の成績で球団創設初の最下位という屈辱をあじわうことになった。長島監督のベンチでの顔は沈痛そのものであった。巨人〈V9〉の選手の「九穂会」の会合の楽しみも沈みがちだった。惣太郎は生原にさらなるサポートを依頼した。かくして翌年もう一人のメジャー・リーガー、クライド・ライト（一九四一〜　）投手（三年在籍）が入団する。

最下位となった長嶋巨人だったが、惣太郎は一二月七日のOB会に出席して巨人の低迷ぶりに老体に鞭打って熱弁した。

「永遠に覇者であることなど、勝負の世界にあるべきはずがない。最下位は当然あり得ることであり、悲観すべきことではないのだが、一点差負けが二一〜二二試合あることは注目すべきだ。伝統の巨人魂がなく苦言を呈した。」

さすがに明るい長嶋も頭を下げっぱなしの状況だったが、OBたちも「過ぎてしまったことより、これから」と来年を期待する声になっていった。巨人は杉下茂を投手コーチにむかえ、トレードで張本勲、加藤初を獲得、中畑清、篠塚利夫、山本功児らも新人として活躍し始めた。

一九七六（昭和五二）年一月六日、巨人の球団仕事始め、惣太郎の乾杯の音頭は「復興と前進」だった。長嶋監督からは、早速春の宮崎キャンプの招待を受けて喜んだが、妻トクの体調がおもわしくなく旅行を取り止めた。巨人〈V9〉の選手の「九穂会」の会合の楽しみを味わいながら身体は確実に衰えていた。

五月にはピーターに依頼していた外国人助っ人ライト投手が登板して左腕の一角を担った。六月一六日付の生原の書簡では、加入するライトについて、今回テキサスでわずか八イニングしか投げておらず、現在まだ「スプリング・キャンプの段階と思われます」、ゆえに不定期な登板、異様な暑さ、蒸し暑さ等、「日本に慣れるまで本人も相当苦労するでしょう。頑張って欲しいものです。ピーターも非常な関心を寄せています」と送った。ドジャース側もいろいろ気を使っていた。

ライトはなかなかの問題児で、杉下コーチとトラブルになったり、ベンチで大暴れするなどメジャー・リーガーのプライドは高かった。こうしたこともあり球界も、メジャー頼りの助っ人外人獲得から徐々に日本野球に順応する選手獲得という変化をしていく。いずれにせよメジャーの助っ人投手を主軸に使うようになったことは巨人史上画期的なことだった。以後巨人は助っ人外人の支援が常態化する。

好不調の激しいチームだったが一九七六（昭和五一）年巨人は優勝した。惣太郎もほっとした。だが、このシーズン終了後、ベストナインにも選ばれたジョンソンは巨人に不満を顕わにしたため球団は彼を退団させてしまう。おそらく今日も、日本に対して複雑な感情を抱いているかもしれない。

巨人優勝のとき長嶋監督以下選手が日本テレビに出演した。このとき巨人の歴史と共に正力や惣太郎の尽力が紹介され、巨人の一期生（苅田久徳）も登場した。巨人の歴史をあまり知らない若手選手には緊張で戸惑うばかりの状況が伺える。だが長島は違った。長嶋監督は、マイクを向けられて「惣太郎先生には大変世話になった」と繰り返し、かつて惣太郎から来日したベーブ・ルースのホームランバットを受け取ったことを本当にうれしそうに話していた。惣太郎は手渡すとき、「このルースのサイン入りバット、私の遺言と思って受け取って欲しい」と感慨深く言った。長嶋は感激でいっぱいだった。

「惣太郎先生からの記念品ですからねー。もう宝物ですよ、家の床の間に飾ってありますよ。」

先人への恩義を忘れまいとする、また巨人に対する長嶋の想いが伝わる素晴らしい光景だった。

一二月五日の巨人ＯＢ会は、日本シリーズを逃したものの、セ・リーグ優勝の話題で久しぶりに盛大だった。ＯＢ会長としてマイクを持った惣太郎は満面の笑みで、「昨年のＯＢ会は、正直に申しまして誠に暗担たる気持ちで開催されました」と初の最下位体験を振り返りながら、今年は「開幕以来トップに立ち、アメリカ野球百余年の歴史にもない……最下位から一躍優勝の誉を全うしたのであります。これこそ日本のプロ野球史に金字塔を押したてたものでありま す」と述べた。

正力亭とピーターの確執

一九七七（昭和五二）年五月四日、生原から惣太郎の誕生日を祝うメッセージが到着した。

「Happy birthday to you !! 先生、御健康で、そして今秋には当球場でおこなわれる可能性大のワールド・シリーズに是非御出下さい。一九六三年ワールド・チャンピオンの先生の指輪も古くなったと思います。」（結果は、ヤンキース対ドジャースとなりヤンキースの優勝）

惣太郎の誕生日を祝いながら、ドジャースの勢いを紹介している。こうした内容の書簡は、惣太郎にとってなによりのプレゼントだった。一方引退していた川上は、大先輩に気配りを忘れなかった。敬老の日のことである。お祝いの電報が到着した。

「今日の日をおすこやかにおすごしのことと存じます。いつまでも御元気で御指導下さい。川上哲治。」

すっかりイヤな気分もふっとんでしまった。誕生日には、「お元気ですか　ますます御健康で御活躍下さい。川上哲治」という電報も到着した。川上はこうした敬老の日や惣太郎の誕生日などに電報や花、洋酒を送っていた。いつまでも惣太郎への感謝の気持ちを忘れない心温まるエピソードである。

「日本で屈指の野球人川上さんからこれだけの電報を頂くのは大変名誉なことである。」

読売側のクールさと対照的に、ささやかながらこうした現場にいた旧友の気配りがとてももうれしかった。再びピーターから惣太郎夫妻をアメリカに招待することを伝えてきた。すでにウォルター・オマリーも病気で入退院を繰り返していた。息子ピーターは、父親ともう一度惣太郎を対面させたかったのだろう。

八月二六日、アメリカから帰国した川上から電話があった。それは、読売がワールド・チャンピオンを招致する話だった。惣太郎は、ドジャースではなくレッズを日本に呼ぶと言うことを知った「ピーターは正力さんをよく思っていない」という報告だった。憂慮した惣太郎は川上に「他に対して口止め」をして考えることにした。ピーターと正力の間に意思の疎通ができていなかった。後にこのことが大問題になる。

一二月一四日の「日記」

「新年にならなければ手に入らないとあきらめていた王の色紙が届いた。一二日に発送したので恐らく王はホノルルへ向け出発した前日、前年最后の仕事を書き上げて家の者に託して発送させたのであろう。すばらしい誠実さである。」

この一文を見るだけで、王の人柄がうかがい知れる。

さて、話を戻そう。一九七八（昭和五三）年一月二四日、正力亨オーナーは惣太郎を呼び出した。この秋にレッズを招くことの問題だった。すなわち、昨秋ヤンキースがドジャースに勝ちワールド・チャンピオンになり、同チームが来日することになったが、この来日をヤンキースが辞退した。このため準優勝のドジャース側は自身のチームに来日の話があるものと考えていた。ところが正力オーナーはヤンキースを諦めて簡単にレッズに代えたと報告をした。これを聞いてピーターは不機嫌となった。

フレンドシップよりビジネスパートナー優先は、交渉がこじれた時かなりやっかいである。ビジネスライクの時代になったことは明らかだった。一方、務台社長一行が渡米してボウイ・キューン米コミッショナー側と協議したとき、シンシナティ・レッズを来日させないと「もう日本へは行かせぬ」と主張したこと、ドジャースはすでに二度も来日していることも問題になったことも判明した。このため務台社長らは、レッズ来日を飲まざるを得ないことを理解したのである。

「読売・巨人一切の仕事の決定権はオーナーにあるが、読売の決めたレッズを招くことを認めた……と述べて正力オーナーの権限をはっきり明言する。非はこちらにあるのだから、もうあまり理屈をいれずあやまって和解を求めて方がいいでしょう、とオーナーにすすめると賛成してくれた。」

ピーターへ書簡を書き終わって「日記」にも「疲れてグッタリ！」と疲れがありありと記されている。惣太郎は、この書簡を正力亨オーナーのところへ持参した。するとオーナーから予想外の発言があった。文中に「読売全体の主権者であることが私の手紙に出ていない」と言うのである。務台社長との葛藤の現われか、正力オーナーは自身の立場を明示してピーターにアピールしたかった。またまた疲れて惣太郎は「不快」となった。

一一月七日、再度オーナーと協議した。何度もやりとりがあるだけにぐったりの惣太郎だが、さすがに正力亨に「故正力松太郎さんの御世話になった御礼として献身的に仕えている」と思わず注意を促してしまった。オーナーのワガママに振り回されていることに触れると、さすがにオーナーも恐縮の意を表したようだ。

ところで、惣太郎は自ずと将来の夢を長嶋や生原に託すことになる。それだけに惣太郎は巨人の関係者が彼を頼りにすると、義理堅さを発揮して奔走した。長嶋が渡米するときは、わざわざピーターに渡す個人的な書簡を彼に託した。「長嶋を頼む」というのである。一一月三〇日長嶋が来宅、いつか果物がないと言っていたのを覚えていたのか、彼は大きな果物籠を持参した。ピーターのことや生原のことを惣太郎が話して書簡を託し、長嶋は帰り、ほどなく渡米した。

長嶋は、一二月一四日、午前九時ごろ電話をかけてきた。「九時半までに行きます」というのだ。「驚いたことに九：三〇きっかり」に車を飛ばして御土産を持参した。長嶋と会見したピーターは、メジャー・リーグ招待について「巨人のやり方は信頼できない」というのである。根強い不信感がピーターにあった。他方で「鈴木のような年寄りに心配かけてすまぬ」と言っていたこと、また、このまま「巨人と切れて仕舞うことはない」こと、少し間をおいて「巨人の性根を直して旧友にもどりたい」こと、巨人の求める選手はキャンパネラたちと相談しているること、惣太郎の書簡は「熱心によく読んでいる」こと、だった。

だがピーターは、助っ人外人選手を苦労して探しているようだった。一方、ウォルター夫妻の体調は予想以上に悪く、渡米した長嶋も面会を辞退してメモを置いてきたということだった。

結局、七八年レッズが来日、ピート・ローズやトム・シーバーらがやって来て日本側を圧倒した。

オマリー夫妻との別れ

一九七八（昭和五三）年のペナントレースはスワローズが初優勝した。オフを待っていたのは、「空白の一日」、いわゆる江川事件である。クラウンライター・ライオンズの指名を拒否してアメリカに留学していた江川卓が、一一月二一日、巨人と契約を結び、翌二二日のドラフト会議を巨人はボイコットした。出席した阪神は抽選で江川を引きあてた。大混乱が始まった。巨人は、読売包囲の中で中央突破を図っていた。

二六日、巨人の納会で乾杯の音頭をとった惣太郎は、「負けの連続は決して常道ではない」と激励した。だが、かつてコミッショナーの意を受けて三原事件や別所事件を裁定した惣太郎が、この江川事件について多くを語っていない。長嶋のことを「百年に一人出るか出ないか」と見ているだけに、その彼を追いつめられないとの考えもあったのだろうか。規則にあれほど厳格な惣太郎が、なぜ甘くなってしまうのか。ここだけはどうも筆者も釈然としなかった。長嶋巨人を否定する行動は取れなかったかもしれない。

翌一九七九（昭和五四）年一月三一日、阪神は江川と契約、そして巨人の小林繁とトレードという形で決着がついた。金子鋭コミッショナーによる、いわゆる金子裁定だった。

一方、一月二二日、第二回の九穂会が開かれた。長嶋会長、王副会長の挨拶もあり、束の間の休息だった。その後惣太郎は長嶋への書簡で、九穂会は全員のもので今後も楽しくやってもらいたいと書き送った。ピーターとのことで惣太郎にいろいろ世話になったからだろうか、二月二四日、宮崎キャンプを視察していた正力オーナーから初めて一箱のみかんの贈り物が自宅に届いた。

「珍しいことがあるものだ。私が動けなくなる前兆か。」

皮肉のひとつでも書きたくなるのはわかる。確かに少し態度が変わり始めていた。ピーターとの仲介に尽力した惣太郎に敬意を表したのか、オーナーの気分はよかったようだ。三月三日には、正力オーナーから阪神と西武からＯＢ戦を申し込まれているが、わざわざ惣太郎に「やっていいか？」という電話があった。ドジャース対策で奔走した惣太郎は、正力亨オーナーからようやく一目を置かれるようになったようだ。

「こうした質問は私にとって初めて。正力さんも変ってきたと思った。」

惣太郎は「もちろんやった方がいいでしょう」と答え、合せて贈り物の礼もして、なかなか巨人事務所に行けないことに詫びをいれると、「大事にしなさい」と返答があった。

「こんな点も正力さんは変ってきた。傲慢の風がとれてきた。」

三〇日にはオーナーから丁重な挨拶状とともに四月七・八・九日の巨人・中日戦の指定席が入っていた。長嶋監督からも果物が届き、五月四日、八九歳をむかえた惣太郎に病気のウォルター・オマリーから、夫妻を案じる書簡が届きうれし涙を流した。

明らかに惣太郎の体力は落ちていた。外出も極端に減り、球界関係者との面会もすっかり減った。それだけに後輩たちや、正力オーナーさえも気配りをしていたようでもある。川上も盆、暮れなどに御見舞として花を送っている。「日記」の文脈から惣太郎の感慨がにじみ出ている。

「珍重の名花で私は初めて見る。何と形容してわからぬ。私の方はもらいっぱなしで、何の御返事もしない。ただ誠意をもって御礼状を書くだけ。」

こうした惣太郎の生活に衝撃を与えたのが同年七月一四日、ケイ・オマリー夫人の死去という生原の電話だった。妻トクと悲嘆して惣太郎はぼんやりとすごす状況が続いた。さらに追いうちをかけるように、再び生原から八月九日にウォルターが死去したという電話がはいった。落胆したトクは寝込んでしまった。

「オマリーさんの死去が私共二人に与えたショックは実に大きく、オマリーさん御夫妻は何かにつけて私共の両親のようにふるまってくれたので、両親をわずか一ヶ月のうちに失ったのだから、その悲嘆は単なる涙ではいやされない。」

終生の友人ウォルター・オマリー夫妻の死去は、晩年を迎えた惣太郎にとってまさに光を消してしまうほどのダメージだった。いつも書く内容が多岐にわたる「日記」だが、明らかに記述が減った。筆力も弱い。八月二一日の正力オーナーの渡米見送りも不可能ほどの脱力感を与えた。

「歩行がイヤだ。」

悲嘆にくれる惣太郎に九月八日、渡米していた正力オーナーから、ドジャース側との話でピーターが正力オーナーにハワイか日本で会見したいと言ってきていること、またその時、惣太郎を同行してほしいという伝言があった。うれしい話だがさすがに体力に自信がなかった。

正力亭の日米野球

一一月、アメリカよりメジャー・リーグ（ナ・リーグ選抜）のオールスターチームが久しぶりに来日した。七日の開幕式に、日米野球交流功労者として記念品を受けることになり、惣太郎は久しぶりに龍二会長、水原など、さらにラソーダ監督とも対面した。惣太郎はピーターに書簡を書いた。ハワイか日本で正力・ピーターの会見を実現して「仲なおりをする」機会となるので、「私の九月二六日付の手紙にぜひよい返事をくれ」という内容だった。正力オーナーにも伝えると、その方向でスケジュールを考えるということだった。惣太郎の工作は実を結び、正力とピーターの会見は順調に終わった。「努力したかいがあった」と惣太郎は喜んでいる。

翌一九八〇（昭和五五）年一月三〇日、渡米した正力亭オーナーはロサンゼルスから何度もわざわざ惣太郎に電話をかけてきた。ドジャースとの提携問題でピーターとの会見がうまくいっているというのである。

「万事好都合に進行し、ゴキゲン。」

惣太郎も安堵した。一年がかりの修復工作がようやく終わったのである。その後、ピーターからも来信があり、生原からも様子を伝える手紙が来着した。

帰国した正力亭は惣太郎を食事会に誘った。テーブルでは、ピーターが用意したドジャースやジャイアンツの来日のアグリーメントについて協議が始まった。問題の中心は、昭和五五年一五万ドル、昭和五六年一五万ドル、昭和五七年二〇万ドル、ということ、つまり巨人のベロビーチ・キャンプの経費の補充だった。その他友好的な取り決めをしたが、細目は話し合いで何時でも解約できるというものだった。このように、ドジャースとの協議について正力は惣太郎に気を配っていた。宮崎のホテルにいる長嶋監督から電話があった。

「鈴木先生のおかげで巨人とドジャースのこじれが直って仲良くなったそうで…」

ともかくドジャースとの協議で六年ぶりに巨人の選手がベロビーチに行けるようになった。ここでまた正力亨オーナーから惣太郎に話が持ちこまれた。ドジャースをあらためて日本に招待することで、手を貸して欲しいというのである。

「また難しい問題を私の方へ持ち込んできた。厄介なことである。この種の問題、勝手にオーナーが口火をつけている…」

「九〇歳になってまた難交渉をやるのはやり切れない。」

五月四日、惣太郎は九〇歳になった。惣太郎は、一九八一（昭和五六）年秋のドジャース来日の話（これは不可能になる）にふれ「私は問題に介入することを避ける、ピーターにすがりなさい」と、書き送った。結局カンサスシティー・ロイヤルズの来日になる。このとき巨人中心の連合軍で対戦は拮抗状態で終了した。

大洋ホエールズからのラブコール

一九八〇（昭和五五）年の巨人は全く不振だった。長嶋のカンピュター野球と揶揄され、読売内が長嶋続投問題で揺れていたころの夏、ライバル大洋ホエールズが動き出していた。八月三〇日、大洋のロサンゼルス支社にいた新治伸治（東大卒で初のプロ野球選手）課長代理から連絡があった。要するに、惣太郎と生原に大洋ホエールズに入団を誘う中部新次郎オーナーの希望だった。ゆくゆくはドジャースとの提携、さらに長嶋の獲得も視野に入れていたようである。大洋はチーム改革を真剣に考えていた。

いずれも惣太郎の経験とドジャースを最大活用しようというものだった。惣太郎は読売と離れつつあり、大洋の改革志向がこの間隙をついていた。ピーターはこのときのことを語っている。

「大洋ホエールズからアイクに仕事の話があったとき、彼は真剣に考えていた。ドジャースタジアムの近くにあるレストランで、私は彼と夕食をとりながら話し合った。彼が悩んでいた理由の一つは鈴木のことだった。アイクがドジャースを離れることを鈴木さんはどう思うだろうか？　アイクが最も気にしていたのはそのことだった。私はアイクに言った『心配することはない。もちろん、鈴木さんはアイクをドジャースに紹介した責任を感じているだろう。しかし、鈴木さんはアイクの決めたことをわかってくれるはず。私からも、鈴木さんの理解を得られるよう話してみるよ。アイクは日本に帰って、大洋ホエールズの社長になることを望んでいると』、そして私は、この問題において最も重要なのは、鈴木さんがどう思うかということではないことをアイクに納得させようとした。日本に帰って何をしたいのか。ドジャースで任されている仕事と大洋でしようとしている仕事はどう違うのか。話の主題はそこにあった。」（『ドジャースと結婚した男』）

このピーターと生原の話をみると惣太郎にも大洋入団の話があったことは言及されていない。知らなかったかもしれない。三原、別当と、惣太郎の知人が監督を経験し、さらに球場建設で大洋に協力した惣太郎にしても「大洋は私の好きな球団」だった。

力は貸したいと言いつつも、大洋側の意向に惣太郎は「明確に一つ一つ反対した」という。惣太郎らしい慎重さが光った。大洋の監督を経験した別当薫を招き、「私を大洋球団が欲しい理由は?」と聞き、別当は「球団を立派に且つ強くしたい」ということ、次に「生原を欲しい理由は?」と聞くと、別当は、第一の理由と同様、最後に「ドジャースが目的」であることを明言した。つまり大洋は惣太郎とパイプがあるドジャースとの提携を視野に入れていたのである。実は、この時、ドジャースのピーター一行が来日していた。大洋球団首脳は密かにピーターにも会っていた。

さらに九月二日、別当は大洋の武田五郎社長を連れて惣太郎を訪問した。熱心な説得工作だった。

「いずれにしても、私は大洋球団に好意をもち、別当さんと友人関係で大洋球団のために計画しようと答えた。」

読売との正常なつながりが続いていればこうジレンマに陥らなかったはずである。逆に大洋はそこをついてきたわけである。そこへ、九月一一日生原から書簡があった。そこには「大洋ホエールズには興味がない」との報告だった。

実は武田社長は訪米して生原への説得工作もおこなっていた。本人の回顧によると、一行の帰国直前まで入団を前向きに考えていた。だが最後は「ノー」だった。この書簡を惣太郎は見て、「私の決心についていい参考になる」とした。生原が「ノー」ならば、惣太郎とともに「ドジャースを大洋の味方にさせることまで不可能」となる、となれば、「私を大洋に売り込むことも至難」となる。

惣太郎が思い悩んでいるとき、一八日、正力亨オーナーから速達便が到着した。正力亨は、ピーター一行が来日して大洋球団と接触していたことを把握していた。そこには、「大洋漁業の不況」に触れていた。大洋はメジャー・リーグ流に球団体質を変革しようという意図はあったものの、本業が順風ではなかった。正力亨オーナーからの報告は、大洋球団に身売り説もあり、企業本体に問題点ありとのアドバイスがあったのである。これは決定的な情報だった。

これを見た惣太郎は「私はウカツには動けない。慎重を必要とする」と決めた。こうして、惣太郎、生原、それぞれの大洋入団は幻と消えた。その後、生原は会長秘書から会長補佐（昭和五七年）国際担当となり、対外的にはピーター・オマリーの名代となるのである。そして日米の大学野球選手権や野球のオリンピック種目実現に尽力していくことになる。

長嶋監督退陣を語る書簡

一九八〇（昭和五五）年、惣太郎が大洋からラブコールされているとき、長嶋巨人は再び厳しいペナントレースを迎えていた。春ごろには大阪読売の社長が長嶋解任を示唆して周囲を驚かせた。後援会の無名会から「巨人軍再建案」が出され、務台社長に気に入られていた藤田元司の名があがり、週刊文春のOB座談会でも監督采配を批判する声がでていた。八月下旬になっても巨人は低迷し四位、五位のあたりで苦戦は続いていた。

長嶋は正力オーナーに直談判してAクラス確保ならば留任の約束をとった。しかし巨人の不振を重くみた務台光雄社長は責任を問うた。最終戦でAクラスを確保してホッとして帰京した長嶋を待っていたのは退任だった。長嶋はあわてて正力に談判した。すると「実は私には、以前から人事権はなかった」という驚くべき実情だった。オーナーの権限はすでに限定的だった。それが長嶋を庇えなかった原因だった。

務台は販売現場の不満の声、テレビ視聴率の低迷、財界人からの声を踏まえて、長嶋更迭、藤田の監督就任を決断した。外部にいる惣太郎も読売の内情はわからない。一〇月二一日午後五時、長嶋監督の退任が発表された。国民的人気のある監督の解任劇に大騒ぎになった。

務台にしてみれば、空白の一日事件と同様に、かえって部数激減の現象を生む事件となった。長嶋自身は「若手も伸びてきたから来季もやる」と終盤戦が始まったころに言っていただけに辞任ではなかった。惣太郎は「いさぎよくやめたものだ」としているが、「あれほど、私と約して……自分からはやめぬ…ということになっていたのにどうしたことか？　真相を知りたい」と思っていた。王貞治の現役引退もこの事件でひと月遅れの引退となっている。

惣太郎は成績不振ではあるものの、記者会見で、長嶋が辞表を出したことに、自身のアドバイスが生かされていないと思ったのだ。

一〇月二五日午後一〇時ごろ長嶋から惣太郎に電話が入った。辞任云々の話だった。惣太郎は入念に問い質した。長嶋は「常務にならないかというオーナーの話であったから辞職したのです」との報告があった。

「私に対して自分からは、誰に対しても監督をやめるなどと、最初に言わないという約束を固く守ったわけだ。」

これは確かだった。この二五日、生原は惣太郎に書簡を送った。実はすでに長嶋がピーターに書簡を出していたのである。その内容を生原が紹介してきた。それには、九月三日以来オーナーと長嶋との間には全くコミュニケーションのなかったことが判明した。オーナーは会わないようにしていたのだろうか。長嶋書簡は次のような内容だったと生原が明らかにしている。

「来春ベロビーチで会う約束をしたが、果たせない、済みません，何故このような事態にならざるを得なかったか、全く理解、納得できない。しかし、自分の情熱には一向に変わりがない、今までのピーターさんの私（長嶋）に対して、そして巨人軍に対しての親切、配慮は忘れない、感謝する。」

末尾で生原は次のように記した。

「長嶋問題は単に国家的英雄を球界が失したというセンチメンタルなだけでなく、フロントの野球経営並びに運営に於いていかに無力無意味であることを如実に表し、将来日本野球の健全な発展に教訓を残してくれたと信じます。

今年巨人軍より四人当球団に大リーグ運営視察に来られましたが、どんなことを学び、得ようとしても、それ等を生かせる基盤、先生の書かれた一茎九穂基と成る良き FOUNDATION 無くはよき物は育たないでしょう。」

生原は、国民的英雄に対する処し方、伝統にたいする敬意などをふくめてフロントに問題を提起している。かくして長嶋の長い浪人時代が始まった。それは務台体制から渡辺恒雄体制が成立するまで続いた。龍二会長は長嶋に会って言った。

「君はユニフォームの男だ。しかし、あわてて、いま進退を決することはない。半年か一年はアメリカの野球を見学するなりして、ゆっくり遊ぶがいい。軽率に動いてはいかんよ。」

長嶋は「そうするつもりです」と返事したという。後任監督は藤田元司、王は引退して助監督に就任した。惣太郎は直ちに長嶋のためにピーターに書簡を送り、以後長嶋は何度もアメリカを訪問することになった。かくしてメジャーとの交流は生原と長嶋に引き継がれていった。

生原は、生前の功績が認められて二〇〇二年野球殿堂入りをはたし、日本での表彰式にドジャース経営から身を引いていたピーターもかけつけた。生原はロス郊外のホーリークロス墓地に、ウォルターの隣で眠りについている。

エピローグ

日米プロ野球交流に生きた正力と惣太郎

最近、球界は統一球問題で一騒動があった。一九六六（昭和四一）年四月二七日付『スポーツニッポン』の惣太郎の連載「アマカラ随想」は、実に問題の核心をついている。

「……日本のプロ野球を考えてみる。明確に繁栄をねらう〈ビジョン〉など見当たらない。いたずらに実質の伴わぬ盛況、かたよった人気に酔って、遠大の計を見失っているようだ。早い話が、コミッショナーなど、老齢や二マタかけた兼任ではいけない。壮年にして有為の人に、生涯をぶちこんで努力してもらう必要がある。どうも、コミッショナーを〈裁定の機関〉と、最初から誤認してその方面の大家を求めてきたいところにビック・ミステークがある。野球について素人でもよいから、アメリカのように日本のプロ野球を大繁栄に向かって、ぐんぐん引っ張っていく大器量人はでないものか……」

このような半世紀前の文脈が、今日においても我々には耳が痛いとはどういうことだろう。その意味でメジャー・リーグを知っている惣太郎の指摘はけだし至言である。だが彼一人で日米野球を背負ってきたわけではない。正力松太郎の存在も欠くことができない。側近の一人だった柴田秀利の「時代の流れを軌道に乗せる上で、正力はまたとない、良き働き手であった」

という言葉は的を射ている。日米野球は正力一人でも惣太郎一人でも不可能だった。正力という一流好みの興行師と理想を求める惣太郎の絶妙な関係で進展していたことがわかる。

「私は毎日、神様に一日でも長生きができますようにお祈りをしています。そして少しでも野球界のためお役に立てるようにしたいのです……」

晩年、惣太郎が親しい人に語っていた言葉である。生原は、この言葉を「生涯のバイブル」とまで述べている。野球に真摯に取り組み、日本にプロ野球文化を咲かせた惣太郎の足跡は生原の言葉に表れている。その惣太郎は、壮大な日本プロ野球の歴史を自身が綴る予定だった。だが、長嶋が退陣して惣太郎の体力や気力もかなり衰えていた。八九歳を越えた一二月二一日の「日記」には次のように記している。

「死んでいく鈴木惣太郎のことは、……ベースボールにかかわる限り自分自身で書き残すのが一番良いのだが、もう気力が乏しい。資料の写真、日記、抜粋など参考にすべきものがたくさんあるが、私の生きている間でないと正確に記すことはできないだろう……」

残念ながら惣太郎は、最後の仕上げが出来ないまま旅立った。本書は、まだまだ不十分だが、惣太郎の意図を少しでも汲んで、惣太郎や正力が尽力した日米野球の足跡を記したものである。

一九八二（昭和五七）年五月一一日、惣太郎は九二歳で死去した。葬儀委員長は正力亨オーナーだった。一四日の葬儀には藤田元司監督以下、巨人選手、川上哲治、長嶋茂雄、千葉茂、アイク生原など七百人もの人々が参列、鈴木善幸首相、渡米中の下田武三コミッショナーなどから二百通を越す弔電があった。

各紙に掲載されたコメントである。

盟友鈴木龍二セ・リーグ会長。

「惣さんの功績は、なんと言っても大リーグと日本野球の関係を結んでくれたことだ。昭和九年のベーブ・ルース一行の来日交渉以来力を尽くしてくれた。それともう一つ、現在おこなわれている一シーズンのスケジュールを作るようにしたことだ。これには反対も多かったが、彼は譲らなかった。筋を通す剛直な人物だったな。」

このとき巨人監督だった藤田元司。

「二六年、ジャイアンツが初めてベロビーチのドジャー・タウンでキャンプをした時、鈴木さんは団長格で行かれた。西も東も分からない我々を、通訳代わりの仕事をして面倒をみてくれた。その時ドジャースの鈴木さんに対する態度を見て、改めて大リーグ通であり米球界に信用ある鈴木さんの偉大さを知った。」

前巨人監督だった長嶋茂雄。

「……私の大リーグの知識の基礎は鈴木さんに仕込まれたものです。数年前から鈴木さんを囲む九穂会の会長を務めさせられ、年に何度か会食するのが楽しみでした。……日米野球の架け橋となられた功績は偉大です。」

正力や惣太郎の日本プロ野球、特に日米野球における功績と残された課題は数知れないが、二人の生きた時代を次のように評価できるだろう。

第一は、惣太郎は、正力をスポンサーとしてベーブ・ルースを招き巨人創立に大きな役割を果たしたことである。本来は独立組織を目指したがこれは挫折、興行師正力の決断が読売の広報となる巨人に、惣太郎が生涯葛藤を抱くことになる。第二は、日米野球交流の窓口が、従来のハンターからオドールに転換したことは劇的なことだった。ルースを招き、本格的な交流の先鞭をつけた彼の功績はきわめて大きい。他方で以後、アマチュアとプロという別々の日米交流が始まることになった。

第三に、戦後プロ野球復活に惣太郎はESSのマーカット少将、原田と協力して一シーズン制の導入や球団の愛称、コミッショナー制の実施など球団のオーナーと激論しながらプロ野球の近代化に取り組んだことだ。惣太郎は球界で理論的指導者として存在感を見せ、メジャー志向を力説していたことは注目される。第四は、安田ら反正力派の台頭で、正力のパージ後日米野球は安田ら反正力派に委ねられ、彼らが原田やオドールと組んで交流が推移したことである。パージされていた正力は静観を余儀なくされ、惣太郎も同様に不遇の時代だったことがわかる。

第五に、正力のパージ解除、読売復帰と安田の死去により、原田・オドール路線が求心力を失い、惣太郎が復帰して読売がドジャースのオマリーと親交を結んだことである。オマリーとの出会いは、惣太郎や巨人には大きな転機であり、またオマリーもアジア進出を考えていたこともあり、利害は一致し、さらに二人の絆は終生のものになった。正力はドジャースとの接近にビジネスを見出し、彼らの協力で実行したベロビーチ・キャンプは今日の巨人野球の成果になったことは疑いない。

第六に、ドジャースとの交流を通じて読売は、日米交流の架け橋になり、その後に助っ人外人の獲得などに道を開いたことである。だが他方で三者協定の成立、WBCの開催など、球界や日米野球は読売を中心に動いていく背景をつくることになった。これは今日的課題でもある。

第七に、惣太郎の後継者というべきアイク生原がドジャースに入り、彼を通じて日米野球交流の拡大が図られたことだろう。生原は惣太郎を信奉し、惣太郎が果たせなかった夢の続きを継承したことは特筆しなくてはならない。

夢の続き

生原は、一九八二年オーナー補佐兼国際担当として日米大学野球選手権の開催、野球のオリンピック正式種目昇格、その後山本昌広（中日）の野球留学をサポートした。まさに日米の野球の架け橋役になった。一〇年後に病で若くして死去したが、彼の情熱は日本プロ野球に引き継がれていった。

さて、正力や惣太郎の夢の続き、それはWBC（ワールド・ベースボール・クラシック）で多少なりとも実現することになった。二〇〇六年第一回WBC大会で日本が優勝した。そのとき、三月二二日付のニューヨークタイムス紙は「野球への愛のために」という「社説」で、日本の対キューバ戦を絶賛している。そこでは「米国が独占的な地位を占めているという考えは永遠に消し去られるだろう」と述べつつ、他国の熱狂ぶりを見て「野球への愛を再発見することになるかもしれない」と指摘した。

二一日のスポーツ専門局ESPNは、日本チームについて「米国人が忘れてしまった野球をしている。米国は日本の野球から学ぶべきことがある」と指摘した。そして二〇〇九年第二回大会の優勝では、米チームキャプテンのジーターは「基礎がしっかりして」、「彼らは三振はしないし、一塁まで全力で走る。私たちも彼らのように基本に忠実な野球をするべきだ。子供たちには彼らの野球を教えたい」と加えたのである。日本野球は、世界大会でスモール野球の真髄を見せつけた。

日本プロ野球の歴史を理解しているであろう原辰徳監督のコメントは秀逸である。

「ベースボール発祥の地という意味で、米国を尊敬している。そこに日本の野球の歴史を刻めた。アメリカを追い越したとは思わない。ただどこかで日本の野球を認めてくれる存在になったとは思っている。」

この言葉は日米野球の歴史を知っているものでしかわからない発言だ。惣太郎と親交があった水原、川上、長嶋時代の日米野球を十分理解していたことになる。さらに夢の続きは日米の文字通りのワールド・シリーズ実現だろう。

巨人が創設されて八〇年が経過しようとしている。この長い歴史の中で日本のプロ野球は何が変わって、何が変わっていないのか、球界の盟主たる巨人の責任はますます重くなっている。同時に、現場だけでなく、彼らを下支えした人々の記録を吟味して日本の野球文化を後世に伝える使命もますます重くなっている。

あとがき

鈴木惣太郎を詳しく知ったのは池井優慶應義塾大学名誉教授の『白球太平洋を渡る』の出版が発端だった。その後筆者が、池井教授の一年間のアメリカ滞在中、ゼミ生四人を連れてカリフォルニアへ赴いた。そのとき池井教授と共にドジャースタジアムを見学したことは夢のような思い出だった。ラソーダ監督の監督室、スター選手のサインが記されている監督の大きな写真、フェルナンド・バレンズエラ、スティーブ・ガービーなどの素晴らしいロッカー、抜けるような青空の下のマウンド、芝生と赤土の見事なまでなコントラストのグラウンドに我々は圧倒されたことは鮮明に記憶に残っている。それから四半世紀、まさか鈴木惣太郎の資料と遭遇するとは思わなかった。

さて、鈴木惣太郎関係文書を確認したのは二〇〇〇年だった。日記や電報、書類など多様な資料があり、これらを分析することに多くの時間が必要だった。

研究の成果の一部は『日米野球史』で紹介した。調査を進めると「惣太郎日記」「電報・書信」に驚くことが多くなった。政治家の日記には虚栄心、自己満足、自画自賛など首を捻りたくなる回顧録や裏を取らないままに記述する回顧録もある。そのうえ、回顧録を複数出版することによって、その人物から見た歴史が正当性をもつという弊害もある。本書執筆は、従来の事実を検証することにもある。

惣太郎の資料は、実に率直で、それもきめ細かい内容だった。彼の資料はまさに日本のスポーツ文化遺産であり、巨人の歴史であり、日米野球の歴史だった。先人がこれほどまでに詳しい記録を残されたことによって埋もれていた野球史の一部分でも明らかにすることが出来たことは幸いである。

本書は、二年前の渋沢研究会で報告した「国際協調時代における日米スポーツ交流」がベースになっているが、出席された方々にはいろいろお世話になった。本稿を出版するにあたって、多くの人にお世話になった。ご遺族の鈴木洋子氏には、快く多くの資料を提供していただき、感謝にたえない。学部時代からお世話になっている池井優先生、先輩でもあり研究会で座長だった片桐庸夫氏に厚く御礼申し上げたい。また、資料整理をサポートいただいた大矢耕司、大石紋子、飯村早苗、谷村玲子、良知令子、岩本早百合の諸氏にお手数をおかけしたこと感謝したい。またこの資料などに歴史的価値を認めて出版を快諾していただいた芙蓉書房出版社長平澤公裕氏に厚く御礼する次第である。最後に私事だが、娘の絵美子、久美子の健康を祈ってこの書を捧げたい。

池井優先生のご健康と池井研究会ＯＢ諸氏のますますの発展を祈りつつ、本書が日米野球交流を発展する材料となることを、また日本のコミッショナーの権威確立と真の日米決戦の実現に何らかの貢献をすることを祈ってやまない。

大日本東京野球倶楽部創設百年を祝しつつ

波多野　勝

参考資料

鈴木惣太郎の一次史料
＊一次史料「鈴木惣太郎関係文書」（詳細は以下）
「鈴木惣太郎日記」（現在一三二冊確認）

プロ野球の草創期から沢村栄治のこと、巨人の遠征、数多い日米野球交流、巨人のことなど内容は濃い。

「鈴木とオドールら米人野球関係者との往復電報や書信」

昭和六年の野球交流後の、昭和一四年ころまでのオドールを中心にアメリカの野球関係者との往復電報・書信。

「書類及びメモ」

「原稿草案」及び「鈴木惣太郎宛書書簡と葉書」

プロ野球関係者(巨人、読売、他の球団関係者)や歌舞伎、ジャーナリストが多い。

「各種アルバム」

巨人の訪米アルバム、昭和六年日米野球アルバム、昭和九年日米野球アルバム、シールズ来日アルバム、そのメジャー・チーム来日アルバムなど)。

＊ＧＨＱ・ＳＣＡＰ
#300、SanFrancisco Seals
1949.6 – 1949.10 GHQ/SCAP Records Legal Section（憲政資料室）（シールズ招待の許可を求めた文書）

＊「体育並運動競技雑件」（1、2、3、4、5、6巻）外交史料館所蔵
「国際オリンピック競技大会一件」同右所蔵。

主要参考文献

青田　昇『サムライ達のプロ野球』文春文庫、一九九六年。
青田　昇『ジャジャ馬一代』ザ・マサダ、一九九八年。
荒井一悦「江籠・フランク・与春」(『月刊メジャーリーグ』ベースボールマガジン社、一九九九年五月。
生原喜美子『ドジャースと結婚した男』ベースボールマガジン社、一九九七年。
池井　優『大リーグへの招待』平凡カラー新書、一九七七年。
池井　優『白球太平洋を渡る―日米野球交流史』中公新書、一九七六年。
池井　優『東京六大学野球外史』ベースボールマガジン社、一九七七年。
池井　優『ウイリー・メイズ自伝』ベースボールマガジン社、一九七九年。
池井　優『ハロースタンカ元気かい』講談社文庫、一九八六年。
池井　優『野球と日本人』丸善ライブラリー、一九九一年。
池井　優『メジャーリーグに挑戦する男たち』日本放送協会、一九九八年。
池井　優「日本における野球雑誌の消長1」(『ベースボーロジー』第五巻、二〇〇四年五月。
石井代蔵『巨人の素顔―双葉山と力道山』講談社、一九八五年。
市岡弘成・福永あみ『プロ野球を救った男キャピー原田』ソフトバンククリエイティブ、二〇〇九年。
ウォーリー与那嶺・山本茂『野球を変えた男』ベースボールマガジン社、一九九二年。
内川芳美、春原昭彦「原四郎　聞きとりでつづる新聞史」(『別冊　新聞研究』第二五号、一九八九年三月。
内村祐之『アメリカ野球物語』ベースボールマガジン社、一九七八年。
江夏豊・波多野勝『左腕の誇り　江夏豊自伝』草思社、二〇〇一年。同新版、新潮文庫、二〇一〇年。
加瀬俊一『加瀬俊一回想録』上下、山手書房、一九八六年。
川上哲治『巨人軍の鬼といわれて』読売新聞社、一九七四年。

川崎徳次『戦争と野球』ベースボールマガジン社、一九九七年。

菊　幸一『近代プロ・スポーツの歴史社会学―日本プロ野球の成立を中心に』不昧堂出版、一九九三年。

木村　毅『日本スポーツ文化史』洋々社、一九五六年。

キャピー原田『太平洋のかけ橋～戦後野球復活の裏面史』ベースボールマガジン社、一九八〇年。

球愛山人「職業野球時代来る」(『中央公論』一九三六年一月)。

慶応義塾体育会野球部史編纂委員会『慶応義塾野球部史』上下、慶応義塾体育会野球部、一九八九年。

河野安通志「日本職業野球への注文」(『中央公論』一九三五年四月)。

小坂一也『メイド・イン・オキュパイド・ジャパン』河出書房新社、一九九〇年。

腰本　壽『米国遠征記』大岡山書店、一九二九年。

コニー・マック「私の日本野球観」(『中央公論』一九三四年一一月)。

佐伯達夫『佐伯達夫自伝』ベースボールマガジン社、一九八〇年。

佐野真一『巨怪伝』(上下巻) 文春文庫、二〇〇〇年。

柴田秀利『戦後マスコミ回遊記』上下、中公文庫、一九九五年。

渋沢青淵伝記記念財団龍門社『渋沢栄一伝記資料』第三九巻、一九六四年。

ジョセフ・ダッソー、武田薫訳『アメリカンドリーム―大リーグとその時代』ベースボールマガジン社、一九九一年。

杉本尚次『スタジアムは燃えている―日米文化論』ＮＨＫブックス、一九九二年。

鈴木惣太郎『米国の野球』三彩社、一九二九年。

鈴木惣太郎『近代野球戦術』博文館、一九三九年。博友社、一九五〇年。

鈴木惣太郎「職業野球の再出発」(『改造』一九四一年五月)。

鈴木惣太郎『ベーブルース』朝明書院、一九四八年。

鈴木惣太郎『プロ野球　今だから話そう』ベースボールマガジン社、一九五八年。

鈴木惣太郎『アメリカ野球史話』ベースボールマガジン社、一九六六年。

鈴木惣太郎『日本プロ野球外史』ベースボールマガジン、一九七六年。

鈴木惣太郎『不滅の大投手　沢村栄治』恒文社、一九八二年。

鈴木龍二『鈴木龍二回顧録』ベースボールマガジン社、一九八〇年。

関　三穂編『プロ野球史再発掘』(一〜四)、恒文社、一九七五年。

関　三穂編『戦後プロ野球史発掘』(一〜六)、ベースボールマガジン社、一九八七年。

竹中　純「ニグロリーグの光と影」(『ベースボーロジー』第六巻、二〇〇五年)。

竹前栄治『ＧＨＱ』岩波新書、一九八三年。

田代正之「中等学校野球の動向からみた『野球統制令』の歴史的意義」(『スポーツ史』第九号、一九九六年)。

田鶴浜弘『日本プロレス二十年史』日本テレビ放送網・読売新聞社、一九七五年。

伊達正男『われら野球人』ベースボールマガジン社、一九九五年。

鶴岡一人『御堂筋の凱歌』ベースボールマガジン社、一九八三年。

東京読売巨人軍50年史編纂委員室『東京読売巨人軍五十年史』東京読売巨人軍、一九八五年。

飛田穂洲『早稲田大学野球部五十年史』早稲田大学野球部、一九五〇年。

永田陽一『東京ジャイアンツ北米大陸遠征記』東方出版、二〇〇七年。

中野晴行『球団消滅』筑摩書房、二〇〇〇年。

ナターシャ・スタルヒン『ロシアから来たエース』ＰＨＰ研究所、一九八六年。

西原茂樹「１９１０年前後におけるメディア・イベントとしての野球試合」(『スポーツ史研究』第一九号、二〇〇六年)。

野口　務『プロ野球読本』プレス東京、一九六四年。

橋本頑鐵「職業野球の展望」(『中央公論』一九三六年四月)。

波多野勝『日米野球史　メジャーを追いかけた70年』ＰＨＰ新書、二〇〇一年。

波多野勝『東京オリンピックへの遥かな道』草思社、二〇〇四年。

波多野勝「鈴木惣太郎文書序論」（『ベースボーロジー』第五号、野球文化学会、二〇〇四年四月。

波多野勝「日米野球交流」（波多野勝編『日米文化交流史』学陽書房、二〇〇五年）。

波多野勝「国際協調時代の日米スポーツ交流」（『渋沢研究』渋沢栄一研究会、二〇一一年一月）。

ベーブルース・宮川毅訳『ベーブルース自伝』ベースボールマガジン社、一九七三年。

牧野　茂『これが巨人戦法だ』鷹書房、一九七五年。

松島利行「野球と映画の文化関係論」（『ベースボーロジー』第六巻、二〇〇六年）。

水原　茂『私の見た裸のジャイアンツ』ベースボールマガジン社、一九六一年。

三原　脩『風雲の軌跡　わが野球人生から』ベースボールマガジン社、一九八三年。

三宅大輔「巨人軍悪戦苦闘記」（『文藝春秋』一九三五年一一月号）。

村上雅則『たった一人の大リーガー』恒文社、一九八五年。

森　茂雄『大洋ホエールズ十五年史』大洋球団、一九六四年。

諸岡達一「大正二年の大リーガー物語、マッグローとコミスキー」（『ベースボーロジー』第六号、二〇〇五年）。

諸岡達一「サンフランシスコ・シールズと不眠症」（『ベースボーロジー』第二号、二〇〇一年）。

大和球士『真説日本野球史』明治篇、大正篇、昭和編全八巻、ベースボールマガジン社、一九七七～八一年。

山室寛之『野球と戦争』中公新書、二〇一〇年。

山室寛之『プロ野球復興史』中公新書、二〇一二年。

山本　茂『七色の魔球―回想の若林忠志』ベースボールマガジン社、一九九四年。

読売新聞八十年社史編纂委員会『読売新聞八十年史』読売新聞社、一九五五年。

読売新聞一〇〇年史編集委員会『読売新聞一〇〇年史』読売新聞社、一九七六年。

リチャード・ルー・ツインガー、佐山和夫訳『伝説のレフティーオドール』ベースボールマガジン社、一九九八年。

※　※

「聞き取りでつづる新聞史―原四郎」（別冊『新聞研究』第二五号、一九八九年三月）。

ベースボールマガジン社編『戦後プロ野球50年史』ベースボールマガジン社、一九八四年。

ベースボールマガジン社編『戦後プロ野球70年史』ベースボールマガジン社、二〇〇四年。

『日米野球交流史』（永久保存版）ベースボールマガジン社　二〇〇四年。

「職業野球発生の回顧」『野球界』（昭和一三年）など多数。

『週刊ベースボール』

『週刊　日本野球』

『野球倶楽部』

著　者

波多野 勝　（はたの まさる）

1953年岐阜県生れ。慶応義塾大学法学部卒、同大学院修了、法学博士。日本外交史、国際政治専攻、現代史研究家。
主な著書『浜口雄幸』（中公新書）、『日米野球史』（PHP 新書）、『裕仁皇太子ヨーロッパ外遊記』『東京オリンピックへの遥かな道』『明仁皇太子エリザベス女王戴冠式列席記』（以上、草思社）、『海軍の外交官　竹下勇日記』『内田良平関係文書』（以上共編、芙蓉書房出版）、『浜口雄幸日記・随感録』（共編、みすず書房）、『左腕の誇り・江夏豊自伝』（新潮文庫）など。

日米野球《にちべいやきゅう》の架《か》け橋《はし》

――鈴木惣太郎の人生と正力松太郎

2013年11月28日　第１刷発行

著　者

波多野《はたの》 勝《まさる》

発行所

㈱芙蓉書房出版

（代表 平澤公裕）

〒113-0033東京都文京区本郷3-3-13

TEL 03-3813-4466　FAX 03-3813-4615

http://www.fuyoshobo.co.jp

印刷・製本／モリモト印刷

ISBN978-4-8295-0604-2

情報戦争の教訓

自衛隊情報幹部の回想

佐藤守男著　本体 1,500円

日本はなぜ「情報戦争」で遅れをとり続けているのか？「大韓航空機」撃墜事件（1983年）の事件当夜「情報当直幹部」として、事件発生の兆候情報に関する報告を最初に受けた著者が、国家警察予備隊草創期から保安隊を経て自衛隊に至る42年間の情報勤務を、反省をこめて振り返る

原爆投下への道程

認知症とルーズベルト

本多巍耀著　本体 2,800円

恐怖の衣をまとってこの世に現れ、広島と長崎に投下された原子爆弾はどのように開発されたのか。世界初の核分裂現象の実証からルーズベルト大統領急死までの６年半をとりあげ、原爆開発の経緯とルーズベルト、チャーチル、スターリンら連合国首脳の動きを克明に追ったノンフィクション。

海軍良識派の支柱山梨勝之進

忘れられた提督の生涯

工藤美知尋著　本体 2,300円

日本海軍良識派の中心的な存在でありながらほとんど知られていない海軍大将の生涯を描いた初めての評伝。ロンドン海軍軍縮条約（昭和５年）締結の際、海軍次官として成立に尽力した山梨勝之進は、米内光政、山本五十六、井上成美らに影響を与えた人物。

世界遺産・聖地巡り

琉球・奄美・熊野・サンティアゴ

沖縄大学地域研究所編　本体 1,900円

世界遺産を守り、活用して、地域の持続的発展のツールとするにはどうすればよいのか。沖縄の世界遺産（琉球王国のグスクと関連遺産群）は「聖地」でもある。

靖国の杜の反省会

あの戦争の真実を知る11人の証言

早瀬利之著　本体 1,700円

もしも、あの戦争のキーマンが本音で語り合ったとしたら……

誰のために戦ったのか、何を間違えたのか、軍人、政治家、官僚など11人が８月15日深夜の靖国の杜に集まった。設定は架空だが、内容はすべて史料に裏付けられた事実である！

自滅する中国

なぜ世界帝国になれないのか

エドワード・ルトワック著　奥山真司監訳　本体 2,300円

中国を知り尽くした戦略家が戦略の逆説的ロジックを使って中国の台頭がいかに自滅的なものかを解説した異色の中国論

太平洋戦争開戦過程の研究

安井　淳著　本体 6,800円

陸軍を中心に、海軍・外務省・宮中などが対米戦争を決意するまでの経緯と政策の決定、執行の詳細を、徹底的な資料分析によって明らかにした論考。

太平洋戦争期の海上交通保護問題の研究

日本海軍の対応を中心に

坂口太助著　本体 4,800円

日本は太平洋戦争で保有船舶の80％以上を喪失し、海上交通は破綻するに至った。海上交通保護任務の直接の当事者である日本海軍はこれをどう捉えていたのか？

暗黒大陸中国の真実《普及版》

ラルフ・タウンゼント著　田中秀雄・先田賢紀智訳　本体 1,800円

戦前の日本の行動を敢然と弁護し続け、真珠湾攻撃後には、反米活動の罪で投獄された元上海・福州副領事が赤裸々に描いた中国の真実。なぜ「反日」に走るのか？　その原点が描かれた本。ルーズベルト政権の極東政策への強烈な批判になることを恐れず言論活動を展開したタウンゼントの主張は、70年以上を経た現代でも、中国および中国人を理解するために参考になる。